钻石途径系列之四

无可摧毁的纯真

阿玛斯［A. H. Almaas］著

胡因梦 译

深圳报业集团出版社

译者序　超个人心理学划时代运动的先驱

现代西方心理学最主要的任务之一，乃是要整合它们对人性的深度理解与世界宗教传承早已发现的心灵解脱之道。心理学不但要治疗人类在俗世生活里的烦恼，还要为人类带来真正的解脱及身心灵的统合。A. H. 阿玛斯将毕生献给了这项任务。他从客体关系心理学及弗洛伊德派的自我心理学撷取了许多概念和经验，同时也汲取了心理动力理论及其他的心理学体系。他更从自己的咨商过程中累积了深厚的个案经验。他受过最高层的佛法训练，接触过其他的东方修炼法门，他自己在修行上也有深刻的证悟经验。他的观念反映了葛吉夫（Gurdjieff）的教诲、苏菲神秘主义、金刚乘及禅宗的精髓。他提醒我们不但要观察人格与心智的内涵，还要洞察到人类内心最深的本质。

阿玛斯发展出来的"钻石途径"是一条精准而直接的道路，它提供给我们的除了对心理活动的深度知识之外，同时也邀约我们发展出智慧、爱、喜悦、活力、祥和、热情、好奇、快乐、信任、感恩等等的品质。它把上述的品质视为我们生命本体的不同面向，如果我们能允许自己在每个当下开放地体验内心所有的感觉，我们自然渴望活出具足本体的生活。对大部分人而言，这份渴望在感觉上似乎是一种深沉的哀伤和痛苦，它埋藏在我们日常的觉知和意识活动的底端。这个背景场域是那么平常，所以我们经常忽略它。某些人甚至会紧紧抓住这股渴望，把视野放在遥不可及的彼岸。还有的人则基于自保而刻意贬低这股渴望，甚至认为它是不可能达成的一种幻觉。或许绝大部分的人终其一生都在梦游中，丝毫没考虑过我们这份最深的渴求。

一旦隔绝了本体之中的能量、热情及力量，我们的生命就无法拓展了。我们会感到虚弱、匮乏、不满足，而这又会促使我们向外追求各种的赞美、肯定、安慰和支持。我们想要说服世界我们并不是那么虚弱，然而我们越是努力证明我们的力量，我们的虚弱就越明显。这又会形成一种想要批判自己和别人的冲动，于是我们的超我——内化的母亲形象——便开始全盘掌控我们的人生。人类因为和本体失去联结而造成的"心理坑洞"，往往是我们最想填满，也最不能面对的问题。这些心理上的议题一向被视为自我认识的障碍，但"钻石途径"并不把它们看成是障碍，反而将它们当成是发现终极真相——本体——的重要线索。"坑洞理论"可以说是钻石途径对人类阴影层问题的核心洞识；它最能补足东方修行传统在心理支持上的不足。几乎所有的匮乏、自卑及不安全感问题，都是源自于童年的创伤经验。这些由创伤所形成的心理坑洞既是我们不愿意面对的一种内在威胁，也是发现我们早已丧失某些本体品质的机会。整个"钻石途径"的精髓就在于揭露坑洞里的情绪能量，并探入更深的本体品质——譬如上一段曾提过的爱、活力、祥和、喜悦、信任、感恩等高层精神境界，而这些品质都是钻石般的本体的不同切面。

钻石途径采用的方法非常广泛，它整合了情绪治疗、认知治疗、直觉式的揭露、呼吸技法及精微能量的探讨，而这些全都包含在灵性的架构之内。多年来阿玛斯已经训练出一批老师，学生们的小型聚会便是由这些老师所带领的。大型聚会则是用来发表演讲，进行经验性的练习，譬如静坐及其他的锻炼方法。阿玛斯和钻石途径的其他老师也带领长期闭关。学生们则必须靠自己来消化老师的教诲，并且进行某些特定的练习。这个途径会随着学生的需要继续发展下去，不过其中最重要的方法就是"探索"。

"探索"与通过高次元的觉知来鸟瞰意识活动不大相同,后者是东方传统的禅定修持所采用的方法,其优点是比较容易进入定境与不认同的境界,因为基本上它并不去研究意识的内涵,但缺点却是无法发展出心理动力式的观察,也无法"确知"人性错综复杂的问题症结是什么。"探索"则是一种"理解"的途径,它不仅是头脑的认知,而且是整合了智力、情感、身体觉知、精微能量及直觉的一种自我认识。"探索"鼓励也容许自己去体验当下所呈现出来的坑洞——深层的负面情绪能量,而不带有偏见、定论,也不去担忧结果会如何。这种体验越来越深化之后,我们的觉知就会通达本体的各个面向而得以整合。这样的方式能带来真正的成长、疗愈与解放。

超个人心理学界的精英肯·威尔伯(Ken Wilber),将钻石途径誉为西方心理学和东方智慧的最佳整合途径之一。威尔伯说:"它整合了向上回旋和向下回旋之道,成为一个前后连贯而又十分有效的内在工作形式。"连托尼·施瓦茨(Tony Schwartz)和拉里·斯皮罗(Larry Spiro)这两位难以取悦的知识界精英,也给予钻石途径高度的肯定。《狂喜之后》的作者杰克·康菲尔德(Jack Kornfield)更是对钻石途径倍加赞誉,他说:"阿玛斯将深刻的灵性智慧及心理学知识注入到钻石途径里,这项工作令他成为现代心理学划时代运动的先驱。"

"钻石途径"系列丛书(共有四册),是阿玛斯与学员互动时的心得记录,也是他十本著作中最贴近一般大众的教诲。但愿这个划时代的整合途径,能够为我们带来有别于传统的启蒙和洞识。

作者序

我们活在一个美妙、神秘而不可思议的世界里，但大多数人很少能享受这真实的世界。我们能够觉知到的世界，多半充斥着争斗、痛苦及无意义感。这种情况起因于未能充分活出和证悟人类所有的潜能。若是能证悟和开显出人类的本体，潜能才得以充分实现。

"钻石途径"系列著作，是由我多年来对加州和科罗拉多州内在工作团体的谈话结集而成。这些谈话的目的，乃是为了引领和导正那些专心致志于证悟本体的人。

这些谈话是针对特定学生在证悟过程中所出现的状态和阶段而准备的。我们采用的教学方法称为"钻石途径"。谈话一开始探讨的是内在工作所面临的各种状况以及必须了解的知识和问题，接着探索的是越来越微细而深入的各个发展阶段，最后探讨的则是证悟的条件，以及最成熟的几个状态中有哪些需要了解的细节。

每一次的谈话都会阐明本体或存在的某种状态，而相关的心理议题和障碍也会加以精确的探讨。我们所采用的是现代心理学对存在状态的理解，以及对个人心智、生活和内在揭露过程的解析。

然而，这一系列的谈话并不仅只是细微而详尽的引领，同时也表达和彰显出人类本体的揭露过程，使我们能看到实相——我们真正的天性——中的神奇、奥妙、优美与富足。

每一次进行谈话时，老师都会针对学生的需要而阐明存在的某个次元。老师既是这实相的体现，也是能传达攸关这实相鲜活知识的管道。

我希望有更多我的人类同胞能加入这真实的世界，并能体尝到生而为人不可思议的美及尊严，充分示现出对真理之爱。

目 录

译者序　超个人心理学划时代运动的先驱 ………… 1

作者序 ………… 1

第一章　人格的净化过程 ………… 1

　　我们的许多模式、冲突和无明其实是求生本能的一部分，现在我们已经卡在这些为了防止太多的痛苦或遭到灭绝而发展出来的模式和机制作用之中。我们一直没有能力放掉它们，于是它们便决定了我们的人格内涵……

第二章　存在和追寻 ………… 17

　　在所有的追求之中都埋藏着一种假设：你是有缺憾的。借由追求，你强化了自己的匮乏感……

第三章　臻于成熟的人 ………… 35

　　一个自尊自重的人很清楚生命的重点不在于好或坏的感受，而是在于不丧失自尊自重，不放弃自己最真实的实相——心中最高最纯净的面向。不论事情有多美妙或多痛苦，你自重的程度都足以维持住自己的完整性。这不代表必须获得成功、胜利或达成心愿，而是以最诚恳的方式面对自己，展现出最核心的价值。

第四章　成熟与真相 49

一个成熟的人决不是没有问题的人，成熟的人是能够以成熟态度处理问题的人。

第五章　彻底整合的人 57

开悟经验的确存在，但这只是平衡的意识需要的起码元素。它们既不是灵修唯一的元素，也不是最终的结果。换句话说，若想活出和谐平衡的人生，只凭开悟是不够的。开悟只是个起点罢了。

第六章　一体性与人生 79

认为自己有一个独特的身份，而且是从单一个体的角度在生活，乃是人格所有的问题、心理议题和误解的主因，因为这两种状况根本不存在。它们是集体和个人想象力的产物。

第七章　体悟空无 103

疆界感是源自于身体的紧张。身体是个甲胄，它就是我们的疆界。当身体放松下来完全平衡时，我们就不再需要疆界了。因此你可以说，自我了悟在某种程度上必须从身体下手，到了最后，自我了悟便是彻底放松身体，没有其他东西了。

第八章　直接体验实相 123

世界就像你屋子里的某个角落，它已经有一百万年没晒到太阳了。当纯真的实相出现时，就像阳光照入屋内，突然一切事物都变得鲜活起来。

第九章　当下的创造力 141

成为你自己意味着安住于当下，创造则意味着活在当下。你愈是能成为自己，就愈能自在地展现创意，然后自我了悟和人生的历程便成了创造力的展现。

第十章　两种动机 149

错把表相当成实相，就像是把衣服当成了自己一样。如果你把衣服当成了自己，就很难再换别件衣服了。这听起来似乎很荒谬，其实把表相当成实相才是最荒谬的事。

第十一章　勇敢的心 165

你很明白关系之中永远有挫折和困难的时刻，而且对方有时会不喜欢我们或我们不喜欢对方，但这并不会减损爱的勇气。我们的心可以包容一切。

当心变得勇敢时，爱就是无条件的；当心恐惧时，爱就会出现条件。

第十二章　我们的知识就是我们的世界 185

它们是真实的吗？这就是一切了吗？我有没有可能在强化概念及形成特定思想的过程里，扼杀了一些东西？我是不是把某些精微、鲜活、无法用概念来捕捉的东西扼杀掉了？

第十三章　内在与外在 205

内在工作要求我们为真理献身。愈是把自己奉献给真理，你的生活就愈充实，但这并不是进行内在工作的目的。如果你的目的是为了让生活变得更充实，便仍然是在求取物质的满足，令自己无法与实相联结。

第十四章　概念与思想 229

概念在意识里一旦变得固化，我们就觉知不到崭新的当下，也觉知不到眼前不断在改变的细微现象了。甚至连我们的姿态和说出来的话，都是重复再三的。

这便是所谓的业力模式。

第十五章　物质现实与无念实相 251

无念实相就是我所谓存在的真实状态。这样的状态不能借由超越概念来察觉，而是要洞悉概念、令思维过程变得透明化。

第十六章　宇宙意识 269

解脱意味着灵魂被个人心智影响的程度逐渐减低了，而且愈来愈跟宇宙意识和谐相融。我们会逐渐觉知到普世性概念，而不是我们自己建构出来的概念和反应。因此当下的存在会变得愈来愈重要，因为存在就是安住于当下的真相，亦即宇宙意识的本体场域。

第十七章　无我 295

我们通常认为圣诞精神就是给予和分享，但我们到底给出了什么？如果你给出的是钱或礼物，那并不符合基督所强调的给予方式。如果你给出的是自己，如果你为了真理而舍弃自我，那才是真正的给予。

第一章 人格的净化过程

我们的许多模式、冲突和无明其实是求生本能的一部分，现在我们已经卡在这些为了防止太多的痛苦或遭到灭绝而发展出来的模式和机制作用之中。我们一直没有能力放掉它们，于是它们便决定了我们的人格内涵……

许多心灵导师描述他们的开悟经验,就好像他们的人格突然消失,然后就证悟了。因此你也可能幻想有一天自己打完坐之后,人格就不见了。这样的自我了悟概念是被误导的,虽然你的确可能体验到突如其来、改变一生的洞见或启悟。至于那些声称自己的人格自发地彻底消失的人,我的观察是,他们的人格深处遭到扭曲或欠缺整合的部分,有一天还是会显现出来。这意味着他们虽然有深层的体悟,但人格并没有彻底净化;那只是一种自我层面的超验经验罢了。如果人格遭到了弃绝而并未完全统合,那么生命仍然无法变得完整。

我们可以从超验的角度来看开悟,也可以从在日常体现悟境的角度来看它。当一般人谈到解脱自我时,指的多半是一种超验经验。超越人格或自我的确可能办得到,但真正体现悟境却是很困难的事。这种境界不但要超越人格或肉身的局限,而且还要在日常生活里真的活出本体来。

当然,某些修行体系是可以包含这两种途径的。从彻悟的角度来观察在此地的经验,你会发现钻石途径走的路子就是先有超验经验,然后再把这份经验体现于生活中。这样的方式有时被称为"先死再生"——死亡是一种超验经验,再生则是一种具体的体现。在体现的过程中,人格本身的穿透性会愈来愈强,因为有了对"存在"的体悟,才可能依照悟境来生活,然后才能活在本体中。不过你仍然是活在现实世界里面——有事业、兴趣、自己爱做或不爱做的事,以及各种关系的互动。你仍然是个人,不是一个没有具体肉身的魂魄。

第一章　人格的净化过程

体现悟境是让生命一切元素都和谐圆满

这个体现悟境的过程非常有趣又令人兴奋，它带来的圆满和满足感，会令你觉得人生是有深刻意义的。它会为你的心智、情感、人格及肉身都带来意义。除非你把这份体悟统合到自己的每个面向里面，让生命的一切元素都变得和谐，并且认清眼前的各种情况，否则人生永远是不完整的。如果有一部分的你被排拒在外或仍然分裂，生命便无法彻底统合。

人格必须彻底净化了，悟境才能充分体现，但人格的净化是个令人困惑的概念，因为我们往往会把人格视为烦恼的源头。当我们在自身上下工夫时，我们不断地会看到自我的痛苦和问题——愚昧、怨恨、愤怒、恐惧、嫉妒等。因此我们禁不住会产生质疑：人格真的可能属灵吗？我们充其量似乎只能忘却自我、向人格宣战，或是进行一场内在的游击圣战。其实战争的胜利并不意味打败敌人，它最后带来的是领土的合并。这本来就是战争最初发动的理由，它其实是一种扩充而非摧毁的举动。

我们经历的这场本体与人格的挣扎，是一件很奇特的事。它的确像是一场战争——一方胜了另一方，但即使是扩充了领土，内心的骚动仍然会持续下去。内心的反革命活动不会因为一方胜了另一方，而彻底止息下来。只要一方仍然在掌握着另一方，和平就不可能降临。为了解决这份冲突，我们必须先了解人格的本质是什么。让我们以客观的态度，毫无偏见地研究一下人格这个东西。它为什么会制造这么多的问题？为什么每个人都在怪罪"自我"？许多灵修著作把人格视为魔鬼、野兽或是怪物，不断地批评它、排拒它，嘴上同时还不断鼓吹着爱，要你们把人格或自我交托出来。

没错，当我们用内心的慧眼去观照时，人格还真有点像怪兽或魔鬼。人格有时像小孩，有时像男人或女人，它既是失败者、破坏狂，也可能变成观察者、行动者或叛徒。然而，人格究竟是什么呢？它势必有某种智慧，某种惊人的力量，可以示现成各种面貌——这一分钟它天真如孩童，下一分钟却成了怪兽；这一刻它是脆弱无助的，下一刻却变成了神鬼战士。

到了人生的某个阶段，我们会突然洞察到内在孩童、自我、自我身份、情绪、心智、虚假人格、观察者、行动者、演出者、抗拒者、怨恨者等，全都是同一个东西。它们都是在不同的情境里以不同形式呈现出来的人格面向。我们会发现人格是一种具实质性的存有。对此我们可能会非常吃惊，但不妨去观察一下——我们可能会发现人格也是一种物质，它是有内在质地的。

人格是带有实质性的具体存有

人格和思想、感受以及各种觉受相连。成长到了某个阶段，你会开始觉得人格的确是个有实质性的存有。它在感觉上并不是清新的，也不是一种当下的现实，更没有本体的光明性或明亮感；它不给人一种真实不虚的感觉。事实上，它往往给人一种混浊、迟钝或沉重的感受[1]。但人格并不是由思想堆积成的；它有自己的实质成分。

许多灵修体系声称人格是不存在的，自我亦非实存；从某种观点来看，它的确不存在。但人格如果在它所属的层次上是不存在的，那么别的东西也都不存在了。不但你的身体不存在，连物质现实也都是非实存的。因此，只要有概念活动，就会有人格和其他事物的存在。我们必须把人格看成是一种具体的存有，才能了解人格的净化是什么。

就大部分人而言，人格一开始会示现成一种抗拒、沉重或乌云般的感觉。当人格仍然困惑不明时，质地一般是不清明、不纯净的。这里所谓的"不纯净"，并不带有批判或道德意味，而是说它没有依照

---

[1] 有实修的人会明白，这里指的其实是内在的能量体或脉轮上面的业气感受。

自己的本质存在。但人格的不纯净特质究竟有哪些呢？被净化的又是什么呢？答案其实很简单：过往的一切历史，你经验到的混浊、沉重和痛苦的感受，起源就是人格并非以纯粹的形式存在着。它携带了一堆的冲突、记忆、未释放的感觉、误解、蒙昧，以及种种的反应、联想和幻觉，而这一切都和过往的生命历史有关。

　　人格就是洗东西的水，而且始终没有净化或过滤，因此过往的一切必须先释放和排除掉。人格的实体状态——我称之为假宝石——会在脾脏和胰脏部位造成一种紧缩。我认为脾脏和胰脏与心理层面的关系，就在于胰脏的功能是排除坏死的白血球。白血球存在的目的是防卫和保护，而这正是人格试图完成的事。这些白血球一旦达成了任务，就会从血液里排出去，但人格很少把老旧、不再需要的防卫模式摒弃掉，所以这些老旧的模式就是人格不清明或沉重的主因。内在工作会在不同阶段经验到不同面向的不清明感，端看你专注修行的领域是什么，或以往净化了哪些层面的问题。举个例子，你也许一直在安全感和意志力的核心面向下工夫，另外一段时间则是在力量的环节上努力放下防卫反应。其实你走得愈深，愈容易看到人格结构精微面的虚假性。我们称这种不清明状态为"假宝石"，而它是跟我们所谓的"珍宝"截然不同的。

　　现在我们也许已经开始了解人格的不清明或愚钝是怎么形成的，它其实包含了早就该排除掉的一些元素。其中最需要排除的就是曾经带来保护和防卫作用、甚至有利于求生的制约反应。我们的许多模式、冲突和无明其实是求生本能的一部分，但现在我们已经卡在这些为了防止痛苦或躲避灭绝而发展出来的模式和机制之中。我们一直没有能力放掉它们，于是它们便决定了我们的人格内涵。

识破心理议题，让本体显现

　　以下是净化人格的整个过程：每当你认清了某个心理议题，或认出了和过去的历史有关的某种冲突,或是发现防卫反应已经没有必要存在了,你就是在释放与当时的心理议题有关的某些老旧的感觉,同时也识破了这些感觉和背后的信念。如同你们多次观察到的那样,识破某个心理议题——涉及不再认同它——就等于是让本体显现出来。在处理和本体品质相关的心理议题的过程中,人格会面临自己结构的一部分,而且这个部分的结构早已取代了本体的某种品质,或是补上了那份品质的空缺。举个例子,和本体的"力量"有关的心理议题,往往会透过人格的虚假力量而呈现出来。这种补偿作用一旦被识破,本体的力量就会释放出来,这时就不再需要那份错置的力量了。

因此每一个示现出来的本体面向,都会揭露人格的某种无明。当你们在探索内心时,本体的某种状态会让你确知自己的心理议题是什么。在探索的过程中,每当你真的发现了本体的某种品质或与其相关的心理议题,人格就会变得益发清明和纯净,因为你释放了某些老旧的信念、自我形象以及紧缩感。当你感受到人格终于放松下来的时候,虽然你意识到它仍然有点沉重和迟钝,但同时也有一种温暖舒适的感觉。人格就像小婴儿一般,总是裹着小毯子走来走去。它会使你联想起自己的毯子、床以及在生病时照料你的母亲。这其实是一种自保诡计。但本体一呈现出来——当人格无法借由自保诡计来制造本体境界时——便可能清除掉人格的困惑无明。当然,本体有时也可能借由禅定或其他修行方式(与洞察人格议题无关的方式)呈现出来,但那种禅定境界并不能厘清人格的心理议题,因此人格仍然维持在旧有的状态。

这种发展经常被称为灵性上的启悟:某人进入了一种本体状态,而且在某种程度上认同了本体,但人格仍然维持原样。因此,为了使人在日常生活里体现本体,本体就必须转化人格。只有透过洞悉人格的真实心理议题,理解它们在所有生命领域显现的方式(特定的以及一般的),才能把本体的影响统合进来。如果你试着去了解人格的某个特定心理议题，而本体的某种状态突然显现了出来，这时你会发现当下的体验并不能停止内心的挣扎。人格与本体的二元对立仍然存在着。灵性层面的经验或本体状态或许能使你的日常生活变得和谐轻松，令你感觉满足一些，但内在的二元对立仍然持续着。同时你会意识到，你仍然处在一种发展过程中，而且是以人格、非本体的角度在看事情。这种持续性的缺乏清明感，就是人格的标记。

心理议题中深埋着人格与本体的二元对立

在你的成长过程中，特定的人格议题会变得愈来愈清晰，你的个人历史和心理议题也愈来愈能获得厘清。但是你必须在某个阶段开始直视人格本身、看见它的全貌，而不是去探究它的特定议题。你不再关切"我缺乏意志力"、"我为什么找不到女朋友"或是"我感受不到任何自我价值"之类的议题。虽然每个议题仍然是真实及需要解决的，但这些议题的底端其实埋藏着另一种东西。你探究这个深埋的东西时，会察觉心中的冲突就是源自于二元性本身。你会发觉内心有两个存有——本体与人格——这才是问题所在。

这时对二元性的洞察就会变成内在工作的焦点。打从有记忆以来，这种分裂就一直存在着，你一直在把自己的经验冠上"好"或"坏"、"纯净"或"不纯净"的标签。你的某些经验可能充满着爱、智慧和清明感，但部分的你仍然困惑不明，而且很顽强地继续维护着自己。在没有觉知到本体之前，你会认同人格困惑无明的部分，而且仍然渴求快乐。觉知到本体时，你又发现这些境界并不能解决问题。或许你拥有了许多对本体的证悟——像是爱、力量、价值以及真正的美，但只要你仍然认同人格，那么这些证悟就会使你的人格膨胀，继而发展出膨胀的自我，误以为自己已经拥有了本体。这么一来，你就会很骄傲地自以为认识了上帝，而且能够和上帝神交了。你会觉得你是一个重要人物，已经成就了某些境界。当你有了这些体悟时，可能充满着力量、意志力、清明的觉知或丰足感，但逐渐地你会发现，这种拿本体来充实人格的方式是有问题的。你会开始察觉你本身才是问题所在——你的身份认同以及看事情的方式。到了这个阶段，痛苦就不再源自于经验的内容或是你观察到的对象。痛苦其实源自于你内在的那个运作者、观察者、行动者和经验者。这个造作者、观察者、行动者才是问题所在。你开始察觉这个"我"必须有所转化，你开始认清痛苦其实源自于内在的二元对立。

只有当你非常深刻又完整地经验到本体，才会看透这一点。一开始进行内在工作时，你经验到的完全是人格本身，因此自然想让它变得更好。接着你开始察觉自己比较真实的部分——本体，往往是以价值感或心理真相的形式显现出来，但这并不意味本体从未存在过，而是你从未看过它，或者多年以来它一直埋藏在心底深处。因此，接下来的阶段你会挣扎着发展出本体，而且会愈来愈揭露人格的真相。

如此一来你就有机会更加了解本体与人格的二元对立。你会看见虽然你已经有了本体经验，但人格仍然持续活动着、维持着自己的身份，而这会让二元性变得更顽强。其实"想要做些什么"的心态才是问题所在。人格总是在造作着，想要证悟些什么，或者总想达成什么；就是这些活动制造了痛苦。事实上，造作、期望、欲望才是真正的问题。于是你开始关注身份认同的议题，然后你会发现身份认同是内在的一种意识活动。

自我意识活动构成了人格的内涵

过往的成长历史都变成了我们的意识活动，而人格的内涵就是这些自我意识活动。自我的活动在本质上是痛苦的，因为它不断地在紧缩；观察一下身体的脉轮活动，可以很清楚地发现到这一点。观察顶轮的活动,你会意识到担忧和挂虑;观察心轮的活动,你会意识到罪疚感和挫败感;观察脐轮的活动,你会发现执著和欲望。这一切都是自我的活动,而自我的活动一向跟你过往的心理议题有关。这便是所谓的个人业气或生死轮回。它就是你的心智、人格、选择、偏好、论断或抗拒组合成的活动。当你选择做某件事和抗拒某种东西时,就是在造作,而这种内在的意识活动便是人格的内涵,也是人格不清明的原因。它会让水变得混浊,使人格背离了本体的清明静止状态。

本体就是存在本身,而存在是完全寂静的,里面没有任何活动。当我们有所造作时,那些思维活动或欲望就会使你脱离本体,于是你就不再"存在"了。若是能察觉自己的人格活动而不随之起舞,有趣的事往往会发生;你会意识到,其实根本没有一个人在那里随之起舞或不随之起舞。

转化人格有两种方式:一是观察人格的活动,也就是所谓的不认同它;另外一种方式则是彻底潜入于人格之中。人格奠基于不认同的自我了悟状态,本质上是跟自我分离的,因此并没有完全和本体整合;它没有被彻底认清。人格只是被搁置一旁而没有真正转化。

如果我们采用的是第二种方法,就必须彻底了解"潜入于人格之中"是什么意思。这意味着我们必须清晰而完整地经验人格的内涵,不带有任何抗拒,也不试图逃避或超越人格。在这个过程中你必须成为人格本身,与它结为一体。你必须体认"我就是我的人格,我就是它,而且自我的活动本身就是痛苦"。你不能从高处鸟瞰人格;你必须成为它。这种体验必须是直觉的、感性的,而且是在身体上发生的。这决不是一种反省或反思,而是超越散漫心智活动的一种直观力。

现在我们会发现厘清人格的心理议题有多么重要了。如果你仍然认同人格的某个部分,而这个部分是卡在潜意识的某些心理冲突之中的,你就很难完整地看到自我的活动;在这种情况下,你会被那个潜意识里的议题掌控,而持续卡在自我的活动中,无法认清它。这些议题一旦获得厘清，就比较容易觉知自我的活动——不是去看什么东西被翻搅出来，而是去看翻搅的活动本身。一旦察觉你就是那个在活动中的机器，而且彻底被说服这个活动本身会制造问题，便有可能停止轮回。轮回的活动若是静止了，一切的防卫机制也会跟着停止，如此一来你就不再以任何方式护卫自己，因为我们已经发现人格的活动就是一种防卫机制。当这些活动静止的时候，你会认清你大部分的思想、欲望和努力都是一种抗拒，而且你一直在抗拒的就是"当下"。

如果你发现"当下"即是你的存在本身，你就会开始体验到当下这一刻的你——这个至上的存有。这份体验会让你看见，抗拒当下正是令你和存在分隔开来的原因。只要有自我的活动，你就不处在当下，虽然你仍然能意识到存在。当轮回的活动正在运作时，它们会把你和存在区隔开来，这种界分同时也会让人格感到匮乏不足。

如果你察觉这个防卫机制的恶性循环，就会清楚地看见你一直在抗拒的原来是自己，而且这份抗拒是不必要和徒劳无益的，然后你就会放松和静止下来。一旦对这种恶性循环活动有了洞见，就能够停止轮回，人格也自然会被清明的觉知消融掉。清明的觉知之所以会出现，是因为不再有跟存在分隔开来的人格活动了。

要发现这份洞见必须下很大的工夫，我们必须花很长的时间才能看见自我活动的全貌。若想直接体验自我的活动而非不认同或超越它，就必须深入探索人格涉及的所有领域。我们必须了解潜意识里的各种议题，同时要发展出对存在的体认，才能真的证悟到存在。当你在处理某个特定的人格议题时，也可能看见这至上实相的某个部分，但若是能在你所有的心理议题上下工夫，就更有可能看见它的全貌。

你必须在当下看见你人格的全貌——它所有的思想、欲望、感受和梦想，而且是从过去延续到现在的。同时你会发现，你的人格一向跟你周遭的社会结构相关；社会持续不断地影响你的关系和人格。你会发现自我的活动将你和社会的人格网络连贯起来，使你容易受外境影响，认不清自己是谁，真相是什么。只有彻底认清这一切，你内在的活动——使你和社会产生联结的活动，才会静止。当它静止时，你就会变得纯净、清明，成为一个没有自我结构的灵魂，而这会疗愈与本体分隔的伤痕——其实分隔是根本不存在的。了悟的瞬间你会发现自己和至上的实相本是一体，你此生首度发现了人格的真实本质。原来人格的基本结构，使你成为一个人的基本法则，或是你一直在抗拒的那个东西本身，就是至上的实相。人格的本质即是我所谓的"珍宝"或至上的存在：它没有任何属性，而且是纯属个人性的存在。它是最精纯的一种存在形式，但却能示现成一个人，因此当人格彻底净化时，你仍然觉得自己是个人。你的人格并没有消失，你只是变成了最真实的至人。

到了这个阶段，终极实相开始被看成是个人的现实，而不再是非个人性的至上存在。体证这至上的存在之后，接下来的过程则是要统合人格与终极实相，最后它们会合而为一。这其实跟彻底了解或净化人格是同一回事。最后你会发现自己其实是至高无上的，有人称这种境界为"神子"，因为这跟耶稣基督提到的"我与父是一体的"有关。

净化人格是为了发展个人性本体

这个净化人格的过程——也是净化灵魂的过程——就是要发展出个人性本体，或是我们所谓的无价之宝。这个发展无价之宝的过程，可以进一步地净化人格，直到它变成至上的个人性本体为止。随着人格的净化，每一种本体状态都会变得个人化，而本体的每个面向都会与你合一；你本身会变成这个本体的现实面，而且会在那无价之宝的层次上获得统合。譬如当你经验到慈悲心时，这份慈悲心与你是合一的，"我就是慈悲心。我就是真理和价值"。一旦拥有了这些品质，你就不再经验它们，因为你已经知道你就是它们。你人格的穿透性会变得非常彻底，而且能够跟这些本体的面向完全融合，这便是我所谓的本体状态的个人化。当本体的面向都个人化的时候——包括仁慈、爱、意志力、平安、价值、身份认同等，你就会进一步地发展出更无限量的个人特质，亦即至上的本体完全个人化了。

到这时你会感到十分惊讶，因为你会发现自己其实一直处在这种状态里，从来不是其他的状态。一直以来你就是这个至人，你的本质就是它，包括你的人格内涵在内。此即你会一直想认同它，而且无法不认同它的原因，因为你就是它。你如何能不认同它呢？你怎么能摆脱掉它呢？它根本就是你啊。至此我们会发现，企图不认同人格，或试图从超验性的身份来脱离人格，就等于背离了现实的基础，因为你和你的人格从来没有真的分开过。

你终于发现，那个被净化或厘清的人格，我所谓的至人，只是明觉本身罢了。你会体悟到自己就是明觉本身，但这并不意味只有你的心智是清明的；其实你整个人就是彻底开放和清澈的明觉之光。当所有不纯净的杂质消失之后，你就能维持在开放和光明的状态里。但这种开放的解脱状态是带有个人性的，这并不说明你是一个解脱的人，因为你就是解脱本身。这是一种彻底的个人性解脱状态。当过往的历史完全被消化和排除之后，个人性的解脱就会跟至上的本体融合，这时你就变成了以个人形式体现出来的透明净光。

这至上之人是永恒的，处在这种状态中你会亲身经验无时间的境界。当人格被厘清和统合时，你会发现自己是超越时间的一种永恒合一状态——它和时间是无关的。某些人主张"自我"根本不存在，因为处在"无我"的层次上，你的感觉是一种空无，而且充满着光。但这并不意味它没有引力，它像是一种空无的引力。你充满着喜悦和光明，而且是带着个人性的。你终于彻底成为了"你"，但这个"你"是个人化的至高形象。这并不是一种不自然的存在状态。虽然感觉上好像什么都没了，但其实是处在没有任何属性的空无状态里。

第一章　人格的净化过程

当你完全成为自己的时候，你就变得清明了，你的行动也变成了爱，不再是充满挫败感的自我活动。从真实人格产生的行动就是一种爱的流动，这其实是人格发展过程的真正基础。这种爱的流动并不是从人格统合的经验中产生的，它在整个过程中一直存在着。即使是制造痛苦或抗拒痛苦的自我活动本身，也是基于对自己或他人的爱和仁慈。

努力成为一个人，就是朝着至人推进的一种发展，但多数的时间你都误解了这股推进的力量。你误以为自己必须成为这样或那样的人，而这也就是你为什么一直抗拒和排斥痛苦的原因。保护自己的这份渴望是被爱所驱动的，有时抗拒痛苦也是基于想要保护他人，例如你的父母，你这么做是因为你爱他们。我们常常忘了那份最初始的爱；历史的积累使我们不再认识这股原始的驱力，因此你必须了解心理反应的所有层次，直到洞察意识最底层的东西为止。只有这样才能明白抗拒痛苦的那股驱力原来就是爱。只有觉知到底端的爱，才会发现你并没有被本体排除，因为你和本体是合一的。二元对立性从来没有真的存在过，存在的只有无明和消化不良的经验。

人格与本体合一，就是圆满

当你体悟到这份合一性，并且了解它一向都存在着，就会明白我们的学校为何取名为圆满学苑（ridhwan）了。在阿拉伯文里面，ridhwan 意味着知足、满足或圆满无缺。你在个人和非个人层面其实都是圆满无缺的，你对自己或他人都有一种客观的圆满感，你和他人的故事在合一境界中都是有道理的。缺乏这份对合一性的体认，你心中的困惑就无法获得解答。某些有过开悟经验的人说，开悟并不能为心中的困惑带来解答；困惑只是自然而然地消失了。处在这种合一状态里，所有的困惑，包括头脑中的问题，都会得到解答，因为你已经彻底无憾了。那时你的心中会充盈着圆满感，整个人（而非某个面向）都是圆满无缺的，也不再有二元对立。你的身心和人格——每一个面向，全都统合到一起了。

这便是我所谓的"统合性身份认同"。人格、本体、至上的存在、身和心，全都变成一个完整的身份在运作着。这时你会变得十分平常，不再是一个刻意修行的人。你只是单纯地生活，做自己想做的事，不再觉得自己有什么不对劲，或者有一部分必须排除掉。

你不必再刻意对治自己的某个部分。你能想象一头老虎不断地对治自己吗？真的，老虎是一种很统合的存有，而真正统合的人也不会再刻意对治自己了。再想想你家的狗，试着去了解它的"狗格"是什么模样。这听起来似乎有点荒唐，但你决不是一个由各种不同的东西组合成的人。这些界分是由你的心制造出来的，它永远会用某个部分来对治另一个部分。当你真的彻底统合时，你的整个系统会自然地运作——需要消化的自然会得到消化，需要排除的自然会排除掉。当这种状态出现时，就不再有不和谐的感觉了，这才是最健康的状态。这是人最正常不过的状态了。当你处在健康状态时，你是不会去想健康议题的；你不会驻留在这上面，因为每件事的感觉都很好。同样地，当你彻底统合时，就不再考量自己了，你只是以健全的方式活在世上。

人格就是我们的灵魂

到目前为止我们下过的所有工夫，最后都会统合成这份了悟。我们要看到的就是净化人格过程中的所有线索。现在是说明这整个过程的好时机，然后你才会了解人格并不是一个罪人，也不是一个必须排除掉的东西；它只是充满着恐惧，因为它不知道自己真正的本质是什么。人格必须被了解和珍惜，但只有借由慈悲、接纳和客观的爱，才能真的了解人格的实相。

借由认清人格的真相，我们就能获得这份了解，然后我们的心自然能得到彻底的滋养。由于心中圆满无缺，所以爱能够流畅无阻，于是我们的心就彻底感到满足了。当爱从心中溢出时，你不会觉得有什么大不了，它只是自然地满盈于胸。你仍然是个很平常的人，以健全的方式过日子，但就是无法不去爱别人；你所有的行动都是源自于这份爱。

你活在喜悦之中，以爱来联结别人，行动之中没有任何界分感。一开始的沉重、迟钝和晦暗不明全都消失了，你变成透明、永恒和充满着光的存有。借由理解和厘清人格的内涵，你学会了体谅自己、爱自己。

一开始修行以及后续发展中所经验到的人格，其实就是灵魂本身。人格就是我们的灵魂，但我们的灵魂烙下了过往经验的印记，这些经验又形成了我们所体认到的自己，然后我们就停留在残余的经验内涵里，而障蔽了真正的本质。这些经验的残余物就是自我形象、内化的客体关系、压抑的感受和记忆，以及保护自己的各种防卫反应。净化人格的过程，基本上就是在消解掉这些残渣，方式是深入地去了解它们。如此一来，人格就能透过个体化的过程充分揭露自己。我们的灵魂会发展成一个无价之宝，亦即个体性的存在。

第二章 存在和追寻

在所有的追求之中都埋藏着一种假设：你是有缺憾的。借由追求，你强化了自己的匮乏感……

今天要很实际地探索一个跟基督的教诲有关的议题。基督教导过爱、仁慈及平安之间的关系，而我们要探讨的部分是：在创造平安的心境时，什么是最仁慈、最有爱心的方式（包括个人和宇宙性的面向在内）？我们可以说最仁慈以及最有爱心的方式，就是完全没有造作。我所谓的完全不造作并不代表什么都不做。我们等一下会解释完全不造作是什么意思，也会解释为什么这就是一种爱与仁慈的展现，而且能带来平安。

平安意味着完全没有痛苦，人之所以会痛苦，是因为他们并不渴求平安，他们渴求的是快乐。平安并非大部分人的首要选择，快乐通常才是最重要的事。但渴求快乐并没有什么错，快乐本身也没什么错，问题出在追求快乐会导致平安的消失，理由是追求快乐就是把快乐放在有别于当下的未来或不同的情境里。不只是快乐，连追求平安本身，都可能蕴含着这种假设。当我们在追求时，我们就脱离了快乐与平安的源头。因此当我说不再有任何造作时，我指的是心中没有任何追求——内心不追求快乐、平安、爱、安全感或任何一样东西，因为追求意味着有某个东西是可以被达到、被发现的，就好像有个目标可以达成似的。

追求快乐会使平安远离

几乎每个人都在追求某样东西，然而只要他们停止追求，真正想要的东西就会出现。人总是认为必须先得到自己想追求的东西，然后才能停止追寻，但真相是追寻的活动必须停止，才会发现自己真正想要的是什么。我们大部分的活动和最关切的事物里面，都有这种荒谬性——追求的活动本身往往会让我们脱离自己想要追求的东西。这份观察反映出大部分人无法洞悉的一个真相。即使有人从自身的经验认清了这件事，仍然不足以说服自己真的去改变追求的行为模式——他们仍然不相信快乐、平安、爱以及安全都在当下这一刻。

这所有的品质都埋藏于存在本身，它们不是在遥远的他方，你真正的本质就是快乐、平安与爱。不论你认为自己真正需要的是什么，人生的每一刻都只能靠着自己去圆满。如果你追求快乐，迟早会制造出痛苦。

这意味着我们生命里的其他事物——事业、成就、财富、名望——从我们真正的本质来看，都是没有意义的。当然这一切也都是必须面对的现实——人必须工作、赚钱等，不过这些事情仅仅是为了生存，而且它们并不能带来圆满感或内心的平安，甚至不会带来真正的快乐。有趣的是，只要观察一下眼前的世界，我们就能洞察个中的真相。许多人都拥有足够的钱财、食物和工作，同时也拥有别人的肯定和赞赏等，但99%的人仍然不快乐。纵使如此，我们仍然认为我就是那1%的人。如果我能得到自己想要的东西，就会快乐了。

事实上，那1％发现圆满境界的人，都是不太在乎世俗成就的——这就是他们会感觉圆满的理由。他们的快乐并不是源自于财富、地位、伴侣等。不要相信电视上那些描述自己如何成功的人，他们所说的并非真相。他们只是在头脑里设想出快乐的概念："我得到了我想要的东西，所以我必定是快乐的，因为我一向深信快乐就是这样获得的。"某些人可能会被这类说辞欺骗，但任何一个体认到圆满本质的人都知道这不是真相。每当我们得到自己想要的东西时，或许会感到兴奋，而且会持续一段时间，但同时又会期望别的好事能接踵而至。我不是在说成就、财富、地位是坏事，我说的是它们本身并没有任何真实性。

其实人生所有的活动——成就、情境和关系——全都是空洞的，如果你不存在于其中，它们都是空洞的东西。这就是人生的基本法则。

由于我们不相信这个法则，所以才会一直追寻。即使你们都体认到全然安住于当下所带来的和平与圆满，仍然会认为追寻和得到自己想要的东西，才能够带来快乐。当你在痛苦时如果能观察自己的假设，就会发现一旦认同了追寻的活动，便误以为平安是无法在当下出现的。几乎每个人在内心深处都绝对相信这个观点。

人们必须花相当长的时间，下许多的苦工，不断地感到失望，才会开始考量："也许我错了，也许世上没有一样东西能为我带来快乐。"你必须吃尽苦头，撞无数回墙，才会质疑自己对现实的根本信念。在帮助人的过程中，我的工作只是要人们认清自己的信念并不属实。人之所以会受苦，是因为他们总依照某些对现实的信念和观点来行动。即使他们来到一个团体里，想要探求真理或追求开悟，动机仍然是要更有效地得到某些东西。

安静下来，世界自然会美好而圆满

如果生活的动机是在追求满足或变得更好，我们就是活在一个空洞的世界里。若是能安静下来，忘掉并放下所有想要追寻的东西，世界自然会变得美好而圆满。当你在追寻的时候，其实已经脱离了意识、灵魂、存在以及你的源头，如此一来就忽略了存在本身。不论你想要追求或达成的是什么，内心都是匮乏的，因为你是靠一种贫乏无力的观点在运作。处在这种情况下，你只是不断地在固化那贫乏的感觉罢了。

追求的本质就是一种脱离圆满实相、快乐及平安的活动。实相是无法借由追求而达成的，因为我们追求的永远是另一种东西，所以你始终看不到它。不论你追求的是什么目标，看上去都似乎愈来愈接近实相或圆满的自性，但仍然不会带来任何不同。真正的关键就在于追求的活动本身——不论你追求的是什么，活动的本身始终带着同样的本质。或许你追求的是父亲的认同、爱人或工作成就，也可能是开悟，但这一切仍然是一种追求。

在所有的追求之中都埋藏着一种假设："你是有缺憾的。"借由追求，你强化了自己的匮乏感。我的观察是，不论你听到多少次这样的话，甚至已经有了体悟，仍然会不断地产生蕴含着匮乏感的行为。下面这种信念埋得很深："我们在根本上是有缺憾的，我们不具备美好或真实的东西。"从这种信念来看事情，就好像美好的东西永远在他方；似乎只有在未来和过去，才能找到美好的事物。

因此追寻或追求的本质就是痛苦。这时我们可能会产生一种疑惑：如果没有什么好追求的，而且追求是不对的事，那么内在工作又要如何进行呢？修行又是为了什么呢？你们也许已经知道内在工作本是为了解自己，觉知自己真实的本质，但"了解自己"到底是什么意思？如果我不去检视心中每个隐秘的角落，发现里面埋藏的东西，并试着去排除底端的那些恐怖的东西，又该如何进行自我探索呢？答案是：若想了解什么是自我探索与修行，就必须停止追寻，试着去观察纯然的存在和心的本质。

一个人进行内在工作一段时间之后，就会发现自我探索的活动也会污染内在工作。譬如，我说我们拥有一个本体，这时你就会去追求那个本体；我说你需要处理心理议题，于是你就开始挖掘自己的心理议题。每个人都会变成猎人，这就是我们痛苦的主因。到目前为止我们已经谈了许多有关追求、不满足或缺憾感的真相，而且已经很了解个中的模式了。今天我们要思考的，其实是追求这个活动本身。

你往往会借由自认可以解放痛苦的行动，让痛苦持续下去。许多人都假定自我探索和自我了解就是在心中寻找心理议题，或是去寻找身上的紧张部位，或者去发现生活中的困境，以便解决心理议题、释放身体的紧张感，排除生活里的困境。你期待这样的活动能减轻痛苦。如果你不是在试图解除痛苦，便可能在追求某种本体境界或是令你快乐的情境，以便抓住本体的某个面向。这其实是件荒谬的事，因为你就是本体。如果你就是本体，又如何能抓住它呢？那个想抓住本体的人究竟是谁呢？

这种试图抓住或排除某样东西的活动，恰好会让你认同追求的活动。这个追求的活动一直存在着，而你认为这就是你，于是不断地将它投射到外面。进行内在工作的过程里，你只是在借由追寻灵性上的目标，让追求的活动延续下去罢了。以往你追求的是适合你的人、适合你的工作、适合你的情境，现在你又在内心深处追求某样东西。你把追求真实的信心代替了寻求外在的赞赏，你从追求成就转向寻求开悟。不论是朝内或朝外，全都是同样的一种活动。

这种追求的活动决不是对己对人的爱或仁慈。这个活动会让你背离自己，并且会继续以奠基于幻觉的方式来行动，因此它本身就是痛苦。从人格的观点来看，追求自认为能带来快乐的东西，似乎是件美好的事，然而我们会发现，这种活动只会带来更大的挫败和痛苦。

当你不再追求时，才会对自己产生了解

因此，自我探索到底是什么，如果它不意味追求或排除的话？如果我们不寻求某种境界或排除行为的老旧模式，又该如何了解自己呢？答案很简单，了解的本身非常简单，只要你不再追求，自然会对自己产生了解。你不需要寻求了解，它不是一个可以被追求的东西。你也不需要付出努力来拥有洞见，因为努力无法换得洞见。当你真的放松不再追寻时，自我了解和洞见就会出现。观察一下你的经验，看看自己何时能体认到一种扩张和开放的状态，或者何时会有一种深刻的了解和洞见？当你忙着想把事情弄清楚的时候，这种状态会出现

吗？还是当你不再挣扎和努力的那一刻它才会出现？你可能会发现你的深刻了解和洞见，只有在心智不忙碌的时候才会出现。那时你只是单纯地存在着，当然那时你也可能正在进行某种修持，或正在思索着什么、质疑着什么，故而突然出现了洞见，于是就认为洞见是从这类活动产生的。但仔细地检视一下你会发现，在努力或寻找的活动之中，偶尔也会出现一段空当。你累了，于是暂时放下了努力和心中的挣扎，洞见就是在那一刻生起的。可是你往往看不到那个空当，因为它太短暂了，所以才会认为洞见是从心智活动中产生的。

当我说你必须了解自己时，我指的并不是开始思考你的问题，变成一个研究心理议题的猎人。我的意思是，你必须对自己怀着爱和仁慈之心，让自己只是单纯地存在着。如果你能允许自己存在，便自然会产生对当下事物的好奇。只是活着、放松着、让自己存在着，便自然会生起自我探索的能力。单纯的存在会使你不再忙着思考、担忧或只想把事情弄清楚。你的心会变得清明与空寂，如此一来，你需要了解的真相自然会呈现出来。事实上它一直都在那里，你看不见它是因为你的心太忙了。如果你的心能贯注于当下，并且能单纯地存在着，就会自然而然地看见真相。

因此我们会发现，真正的自我了解并不是一种追寻；追求自我了解，和追求财富、爱或任何一种外在事物是一样的。认为自己必须得到某样东西才能平安圆满，意味着你没有在看自己的真相。你没有发现你并不需要得到什么东西，因为你真正的本质就是纯粹的快乐与平安，是追求的活动让你脱离了内心的平安。

观察一下你的内心和你的生活，你会发现自己总是不停地忙着。我们指的不是忙着做某些事，而是你的脑子和情绪一直忙个不停。你的心从不停下来休息，除了深睡之外。你的心一直忙着衡量对错，衡量自己是否善良，担忧将要发生的事，为未来作计划，或者不停地想着过去发生的故事。你不让自己休息，你不停地娱乐自己或是和自己争执，然后又质疑自己是否快乐，而这种想法又会促使你产生新的头脑活动："也许我该接受心理治疗，或者加入某个灵修团体。"然后你就投入一个带给你新的承诺的活动，如果这个外在活动不生效或没有达到预期，你就会觉得加入的团体或人有问题。当你遭受挫折时可能会说："他们不爱我，他们不喜欢我。"于是你又希望别的人或团体能以你所期待的方式来爱你。你一直在追寻更多的活动，而从不停下来毫无批判地面对当下的经验。其实最简单的做法就是放松下来，只是存在着，心中不带有任何概念。你只要放下所有的论断、野心和追寻就对了，但是大部分的人都不去做这件事。

当然，大部分的人对何时可以放松下来，都抱持着某种看法。我们觉得自己必须满足了许多需求之后，才能获得内心的平安。事实上，当这些条件都达成了，我们仍然不允许自己休息，通常我们又会设定新的条件。这些条件大部分时候都是无法达成的。其实这些条件都是多余的，既然我们真正的本质就是爱、平安与快乐，又何须再设定条件呢？

如果我们真的投入于内在工作，真的进行自我探索，就会发现追寻的活动便是痛苦的源头。如果看不到这一点，势必会继续认为追寻能带来快乐。这么一来我们就会感到更挫败，即使达成了自认为能带来快乐的事，仍然不觉得满足。你仍然没有圆满感，因为追求的活动本身就是一种痛苦。

彻底消化和吸收经验，就能成长与发展

自我了解就是一种灵修，它不是追寻，也不是厘清问题，更不是试图在外面得到一些资讯，它是一种不费力的洞见。了解的过程并不涉及任何造作活动，它其实和当下的觉知有关。当你真的存在于当下时，洞见和了解自然会产生。

追求自我了解,试图解决心理议题,寻求和企图抓住某些境界——这所有的活动都源自于无明。我们经常以为自我了解是一种心智活动。你的心智或许能得到一些资讯,但并不是我所谓的自我了解。如果在了解的那一刻没有产生转化,就不是真正的自我了解。缺少了转化,自我了解只是一种心智活动,一种追求的活动。

自发地生起自我了解,意味着你的本体触动了你的心智,或者和眼前的情境产生了联结。和存在或自己的某部分心智联结上,就是一种自我了解。洞见或自我了解,乃是借由存在或本体消化了内在经验,这个过程就是一种转化。存在和某种经验或人格的一部分联结上了,你的经验或人格的某个部分就被存在消化吸收了。这不是一种心智活动,而是真正的转化——一种蜕变。这种蜕变本身就是自我了解,它永远不会导致懦弱、匮乏或缺憾感,反而会带来更大的力量、更高的成熟度和能力。然而成熟究竟是什么,难道不是彻底消化吸收自己的经验吗?

一个人的能力就是来自于消化和吸收内在和外在的经验。全然地消化及吸收经验,就能带来成长和发展,这份成长能够让存在、心智及经验产生联结。这也是一种炼金术的反应或综合力,它会让人更有能力在世上运作。这种综合力可以让我们变成一个成熟的人,而这是不需要追寻的。你只要单纯地存在着,自然有能力消化吸收经验。如果一直想弄清楚事实,一直在担忧、期待和渴望,就会脱离当下的存在。如果脱离了存在,你的存在与经验就无法联结,也不能产生自知之明了。缺少了自知之明,不可能有真正的蜕变,于是成长和发展也无法出现。

你现在明白什么是内在工作或自我了解了吧?从上述的观点来看,自我探索和自我了解的工作,只不过是要消化和吸收心中的食物,没有其他的东西了。到目前为止你已经拥有过许多经验,但你还没有完全消化吸收它们,于是这些东西就变成了你潜意识里的记忆、认同、思想、感受、行为和各种模式。它们带给了你许多麻烦，因为你无法消化它们。你的心应该是寂静的，它不该充斥着过往的历史、各种的反应和认同活动。但借由充分安住于当下的经验，你就能彻底消化它们，并且获得成长。至于过往的历史，这就必须借助内在工作来了解和消化潜意识的活动，以及我们的自我或人格。若是彻底将它们代谢掉了，就不会留下缺憾或虚弱感，而会带来成长、发展以及本体层面的运作能力。缺少了经验，缺少了对本体的证悟，你是无法健全地活在世上的。消化吸收经验会让你有能力单纯地存在于世间，这便是人生的重点。

如果你无法完全代谢掉你的经验——譬如抗拒它而导致了消化过程的中止——那么这些未消化完的经验就会带来痛苦。由于你的心中还残留着未消化完的食物，所以直接面对眼前经验的能力就会严重地缺乏，如此一来你就无法正确地进食。你的系统里存留着多年以来的腐食，因此首先必须把这些食物消化到某种程度，才有能力代谢眼前的经验。这会为我们的内在工作带来两种结果：一是清除过往的记忆；二是愈能做到这一点，面对眼前事件的能力愈强，而眼前的事件又会为你带来蜕变。如果真的能安住于当下这一刻，任何一种经验或印象都能带来蜕变和成长。

通常这样的蜕变和成长之所以无法产生，是因为未消化完的过往历史造成了障碍。因为你不想经验那些未消化完的东西，所以才无法彻底代谢掉。造成一个人在经验上消化不良的因素，往往是不愿意或无法和当下的经验共处。我所谓的消化吸收指的并不是去做什么，而是要单纯地存在着。本体的特质就是充分消化吸收经验，每当它遭遇某种经验时，都能消化掉它。这就是一种觉知、自我了解、贯注于当下的能力，也是一种智慧。

因此你会发现，我们并不是在寻找某种境界，也不是要排除掉某种东西。内在工作其实就是存在于当下的经验里面，不产生任何防卫反应,然后你的本体和内外经验自然会联结。当这种联结产生时,转化的过程就出现了,我们通常称之为"消化"或"吸收"。这个转化过程会让你变得愈来愈开放,心量愈来愈大,而这便是一种成长。你的身体需要透过进食来生长,你的灵魂也需要摄取一些经验来获得成长,从这个角度来看,就没有所谓的坏经验了,因为任何一种经验你都能消化吸收,但前提是你必须安住于当下。某些经验会带来痛苦,某些则会带来快乐,但它们都能促进成长。唯一的例外是,有些经验超越了你的消化能力,包括快乐或不快乐的经验在内。

自我了解就是直接而不防卫地与经验联结

自我了解并不是止念,从此不再思索自己是谁或现实是什么。真实的自知之明会带来更高的成熟度,让我们能够和谐地活在世上。因此自我了解是非常实际的事;透过它,成长就会在每个层面发生。

有时人们在进行内在工作时会认为这种方式无效,原因是他们想追求或试图排除某个东西,但没有达成目的。他们什么都尝试了,就是没有了解自己或自己的情况。这种追寻和试图改变事情的活动,不外乎就是想挪动那些消化不良的食物,但挪动并不能帮助消化,也不会带来转化。"自我了解"意味着深刻地处在当下这一刻,你的整个存在和眼前生起的思想、观点、感受或外在情况,都是紧密相连的。让存在与生命经验合一,就能促进一个人的成长和能力,这便是所谓的个人性本体。自我了解就是让个人性本体能够发展和成熟的过程。从一开始我们已经认清,自我了解并不是一种追寻、期待、渴求或追求,它其实就是安住于当下的经验,直接而毫不防卫地与自己的经验联结。如果你不去抗拒它,自然会有所成长;这是每个人身上都应该发生的事,也是我们的潜能和天命。

如果你允许自己存在,就会对自我有所了解。你不需要去寻找经验，因为它会不断地出现在眼前。你不可能不去经验它，关键就在于能否消化吸收。吃过东西之后你不需要做什么，消化的活动自然会发生。同样地，你不需要做什么，就能消化你的经验，只要让自知之明自然地出现就对了。你不需要设想什么，弄清楚什么，也不需要追求"消化吸收"这个目标。

从这个角度来看，内在工作并不是跟生命或事件分开的。自我了解不是一种额外要做的事，它没有什么特别之处。其实每个人都在做这件事，只是某些人的消化功能比较好罢了。所谓的内在工作，就是把焦点专注在这个消化的过程上面，以便让自己的功能更强一些。如果我们的消化功能增强了，自然会变得更成熟。每个人在日常的每一刻，都在消化吸收各种经验和意象，然后从中成长和学习。你根本不需要达成什么特定的境界或体认。自我了解并不要求你刻意探索心理议题，也不要求你排除掉它们，因为所有的经验都是生命的资粮。如果你真的活在当下，就能更快更彻底地消化食物。我们会另外找些时间来探讨这个代谢、吸收和排除的过程，现在我们只需要了解它的基本概念就够了。

从自我了解之中产生的成长，从消化经验之中出现的成熟度，会带来我们所谓的个人性本体："能够在世上运作而又能单纯地存在的你"。你身上的个人性本体，足以让你清楚地意识到你就是存在本身。它会使你觉得："我在这里，我是一个真实的存有。"那是一种圆满的存在感。事实上，每一次当你在追寻的时候，就是在推开存在的圆满性。一个人愈是不追求，愈是能感受到圆满。想要追求的心愈强烈，这个人就愈不幸。我现在指的是情绪上的痛苦，而不是屋顶倒塌在自己头上这类不幸的事。即使是屋顶倒塌在你头上，心只要不落入追寻的活动，仍然有机会复原，幸福地活着。即使你没有钱，只要能放得下，仍然可以感到快乐。反之，即使拥有几千万的财产，只要你的心还在追求，仍然是不幸的。不过当然，没钱就没食物，所以还是会因为挨饿而感到痛苦。但即便是这样,你仍然可能拥有另一种超越痛苦的满足感或圆满感。

心安静了,就有机会看见当下

我所说的话其实毫无新意,因为它已经被传诵数千年了,但通常听到这样的话,我们还是会左耳进,右耳出,因为我们会继续追求自己认同的活动。我指的当然不是像开车或买食物之类的事情,显然这些事都是必要的。我现在谈的是内在活动以及这些内在活动形之于外的表现,譬如,你也可能投入于非常激烈的外在活动,但内心是安静的。其实大部分的外在活动都反映了内在的活动;因为我们的心很忙,所以外在的行为也很忙碌。通常我们的心并没有安住于外在的活动上,这就是为什么许多教诲都告诉我们要放慢速度、让心安静、过俭朴生活。你必须放慢速度才能看见整个活动的过程,继而产生自我了解。并不是因为外在活动不好,而是你的内在与外在都太忙碌,以至于没有机会看见当下的真相。当你真的存在时,外在的活动有多快就无关紧要了。但若是没有真的存在,那么不论你的速度是慢是快,仍然是在背离自己。

我们存活的这个世界,包括其中的每样事物,都没什么不对。换句话说,所有的事物皆是中性的,并没有好坏之分。世界之所以会变成一个令人痛苦的地方,是因为我们没有真的在活;如果我们真的存在于其中。就会使它变成一个令人满意的地方,因为只有完整地活着,才会有圆满感。

世界如同一场魔术表演——显现于外的就是你内在的状态。如果你的内心有痛苦,外境当然会示现出痛苦;如果你的内心是快乐的,自然会把这份快乐显现出来,于是世界就变成了令你快乐的地方。你的内心如果尽是恐惧和仇恨,也会把这些东西示现出来。世界犹如你的梦境一般，事情就是这么简单。你的梦和你的心息息相关，并没有一个上帝在那里决定你的梦，也没有任何人在那里强迫你做这个梦或那个梦。你的梦代表的就是你这个人，整个宇宙都在你的梦中。

在我们这个集体世界里，也会看到同样的现象——我们共同制造了各式各样的事物，因此我们看见的人生以及看待它的方式，都跟我们的心以及我们认为的自己有关。譬如，你可能抱怨自己没有情人，而你一直努力地进行内在工作。当你对自己的某部分有了清晰的了解时，会突然因释放了心中的某个议题而产生一些变化，这时你的情人没来由地就冒了出来，好像奇迹一般。这代表过去你的内心可能有一股抗拒力，有一部分的你不想有情人，而且在工作和金钱上面也有同样的障碍。你可能一直想找份有意义的工作，也一直在处理心中的冲突、错误的自我形象和心理议题，但什么进展也没有。某一天当你的心真的准备好，理想的工作就像奇迹一般被你找到了。这种事我已经听过上百回了。如果你全心全意毫无抗拒地想要某样东西，它就会像奇迹一般地显现出来。

因此你比你想象的更能影响自己的现实。譬如某人很想有更多的生意上门，我试着去帮助他，但什么事也没发生，然后莫名其妙的客户突然冒了出来。这件事究竟是怎么发生的？往往是在此人完全放弃寻找客户之后，客户就出现了，因此真正的原因是他不再造作什么了。

我们从不信任自己的力量和存在的丰富性，我们永远是带着缺憾和匮乏感来看事物。我们已经被说服这就是真相，以及过日子的方式。如果你要这么认为也无妨，但痛苦是必然会出现的，不信的话，二十年后再来找我吧。

当然，有许多力量都会促使我们去追寻。我们有各式各样的欲望，对自己和他人也有强烈的恨意，而且对自己是谁以及实相是什么，都有数不清的困惑无明。我的理解是，我们必须探究这一切，以便让追求背后的力量和能量减轻，乃至于消失。打从一开始起，我们就必须看见追求即是一种痛苦,而且追求的本质就是在背弃自己,使我们脱离本体。追求是从错误的假定之中产生的行动,自我了解则是一种自然又毫不费力的行动。

学生:我发现我最近花了许多时间追求知识,我一直在背书和试着去学一些东西,因为马上就要考试了。我想我要问的是,我如何能……

阿玛斯:让我告诉你我的做法是什么。我会阅读各式各样的心理学书籍,而且非常专注地阅读它们。我阅读它们的理由是因为我喜欢这么做,这是既自然又不费力的事,因为我真的很感兴趣。通常从其中会产生许多了解,虽然我只是很自发地选一本书来读。从这样的角度去做这件事,往往能吸收许多东西,而且得到的知识也会使你更了解自己,认清自己和他人的某些真相。这其中存在着一些好奇心,而且是兴致勃勃的,所以阅读的速度会很慢。我并不想尽快把这些书读完,我只是对它们感兴趣,所以很想了解它们。这其中有一种乐趣,就像入神地阅读小说一样。在学校做研究也是同样一回事。看起来我们好像是在读书、追求知识、找参考资料等,其实并没有追求之心,这种自然产生的阅读活动非常有创造力。当我们在读一本书的时候,其中可能有些东西是我们不了解的,于是我们很专注地去查字典。别人也许会认为我们在追求什么,其实我们是在享受而不是在追求。

学生:所以关键就在于心态是什么。

阿玛斯:如果动机是源自内心深处的某种自然的动力,那就不是一种追求了。你的本体可以朝着特定方向流动而不涉及自我的活动。自我的活动就是在脱离本体,而本体不会根据你头脑里的话语"你该做这个,不该做那个,这是好的,那是坏的"来运作。论断事情应该怎么样,往往会导向追求和追寻。反之,你的能量或本体自然会朝某个管道毫不费力地流动。这种流畅的能量之中是没有追求动机的。

从这种真实的活动之中会产生许多的了解和认知，并且会统合成真正的了悟。这就是为什么两个阅读同样一本书的人，了解的深度往往是不一样的。这并不意味其中一个人比较聪明，而是他真的从心中产生了想要理解的欲望，但这并不代表他会知道得更多或变得更成功。大部分时候我读书的目的并不是为了什么显著的理由，我不知道这些书会把我带往何方，我只是感兴趣罢了。我以这种方式学到了许多东西，而且很确定每个人都有这种融入的经验。你彻底融入于某样东西是因为你很享受它，很喜爱它。当然读书有时也可能是相当索然无味的事，那时你不禁会问自己："什么时候才能读完啊？恨不得立刻就读到最后一章。"读科学书籍时，我也不是想获得知识，虽然获得一些知识是有可能的，重点是我同时也得到了娱乐。我读客体关系理论时，感觉上就像一般人看漫画书一样。这种书很不容易理解，但是不打紧，读它还是值得的。

此外，你也必须探索为什么你会爱某样东西。譬如你在做你爱做的事，而那件事可能跟你无关，它跟某个更宏大的东西有关。我阅读的书大部分和我的工作有关。我的阅读有利于我的工作和我要帮助的人，它对别人的利益往往大过于我，因此这种用途也会变成我爱读这些书的理由。就某个角度来看，这可以说是一种仁慈的行为。虽然我的学习是出自于仁慈以及对他人的关怀，但不意味我很关切和想要帮助别人。我们的行为并不是这样产生的，它通常会示现成感兴趣或喜欢做那件事，所以感觉上好像是在为自己做，但其实又不是为自己。当这种状态产生时，我通常不会去想这件事是为我自己或为别人。

我们是神之子，是生来就富有的

当本体出现时——如果你提醒自己单纯地存在着，它的本质就是爱、仁慈、智慧、理解、意志、力量以及其他的面向。一旦投入到追寻的活动领域里，我们就切断了和这些品质的联结，故而觉得匮乏不足。如果我们真的允许自己存在，并学会消化吸收自己的经验，个人性本体就会浮现出来，逐渐臻于成熟。个人性本体也就是所谓的"人子"或"神子"，因为我们就是它，我们就是神的孩子。我们是终极性的存在显化出来的一个人。我们其实就是存在本身，这不是你可以达成的一种东西，它一向都是我们最真实的状态，而且不可能以另外的方式出现。如果我们不是存在本身，就不可能有觉知。

圣诞节并不是在庆祝某个人的诞生，它是在庆祝每一个人的诞生，庆祝每个人最核心的部分。基督代表的是全人类，他并不是某个特定的人，他最特殊的地方就在于体现了生而为人最真实的意义。他让自己全然敞开，因为有勇气开放自己，所以成了我们的典范。当他说"我是神的儿子"的时候，我了悟到他指的其实是众人皆是神子，或者每个人都可能认出自己是神的儿子。当他谈到神就是他的父亲时，他指的其实是我们每个人的状态。

如果神就是我们的父亲，我们又为什么会觉得贫穷匮乏呢？追求某样东西的本身，不就是一种不尊重自己的行为吗？在追求的过程中，我们并不尊重自己，如果我们真是神的孩子，那么打从一开始我们就是富有的，因此为什么要像一无所有似的追求各种东西呢？

我们必须质疑这种追求和匮乏的生命态度，很客观地去检视它，认清它为什么和痛苦有关。我们必须认清它为什么是痛苦的源头，为什么是毫不必要和多余的。这跟解决某个心理议题无关，你只需要放下自己，安住于你最真实的本质就对了。

第三章 臻于成熟的人

　　一个自尊自重的人很清楚生命的重点不在于好或坏的感受，而是在于不丧失自尊自重，不放弃自己最真实的实相——心中最高最纯净的面向。不论事情有多美妙或多痛苦，你自重的程度都足以维持住自己的完整性。这不代表必须获得成功、胜利或达成心愿，而是以最诚恳的方式面对自己，展现出最核心的价值。

若想活出圆满的人生，就必须活得像个人。我们的烦恼、我们的冲突、我们的失望及欠缺感，并不是源自于通常认为的理由；由于我们没有按照应有的方式生活，所以才会导致这些问题。任何一个人如果没有按照应有的方式生活，那种脱轨的行为就会显现成不和谐、冲突、烦恼，或是肉体、心智上面的运作不良。

只有以自然的方式生活，才能脱离不必要的挣扎和奋斗，也就是以真人的方式生活。自然的生活方式并不是由某个权威决定的，而是应该按照存在的自然法则去活。真心关切这件事会彻底转变我们看待自己的方式，同时行为也会彻底改变，但首先我们必须承认，生活之中确实存在着不必要的活动和挣扎；这意味着我们真的不知道如何活得像个人。我们必须认清我们并不知道一个臻于成熟的人是如何生活的，也不知道这样的人会有什么样的价值观和人生准则。

进入灵魂的精微次元，乃是要转化人格，褪去幼稚的模式

首先必须承认的是，我们一向自以为知道"活得像个人"是什么意思，自以为懂得人生是怎么一回事，或者人应该有什么样的行为举止。但是由情绪概念、从他人和过往历史得来的信念所组成的正常意识，并不足以使我们成为真人。我们只是借由模仿、反应和未竟的企图，试着变成一个人罢了。这样的人的潜能还没有完全发展出来，他们只是按照掌理孩童的法则在生存。

这种掌理一般人的法则，不该用来掌理真正成熟之人的生活。如

果仍然按照这些价值观、影响力和法则来生活，就会停留在孩童的发展阶段。我并不是说这样不好，只是没有把成熟之人的潜能发挥出来罢了。如果我们不允许自己以应有的方式成长，生活就会出现冲突、紧张、痛苦、误解和烦恼。

若想真的了解什么是成熟之人，首先必须质疑自己对"人"的假设，同时也要质疑自己是否真的知道"人"是什么，"人"该如何过日子，该依照什么法则生活，该有什么样的行为。我们都很熟悉一般人的脑子受到的影响：不外乎恐惧、欲望、贪婪、不安全感、竞争性、嫉妒以及各式各样的原始需求。这些影响力都是由老祖先遗留给我们的，当然也包括外面学来的一些概念、误解和偏见。这些信念在人生的某个阶段是妥当的，但并不适用于所有阶段。它们对孩子来说是没问题的，但成年之后就应该摆脱掉它们。一个真正成熟的人是不该被这些东西影响的。

对金钱、权力、名望、赞美和肯定的需求，其实是一种孩童式的渴望，这些需求表现出了一个人不够练达以及不成熟的部分。甚至大部分人所认同的趋乐避苦态度，也不该是成熟之人应有的生命准则，因为这些准则是动物王国的生存法则。一个成熟的人应该超越这一切，活在更高、更练达、更有圆满感的价值观里面。

因此，如同我曾经说过的，首先我们要质疑自己是否知道"人"是什么？"人生"是什么？我们必须先承认自己并不知道答案，然后再看看我们是否对这类事所知甚微。也许你从未以这个角度质疑过自己；也许你把日常生活中发生的事，当成了一个人应有的状态；也许你把掌控自己及他人的生命法则，看成是正确而妥当的。

其实大部分的人都活在一种幼儿阶段，因此我们必须穿越这些阶段，不再滞留其中。社会接受的知识学问之中，并不包含对真人及其运作方式的了解，因为社会大众在这方面的知识都停留在未发展的层次。关于如何长大，我们并没有正确的引领，因为社会的存在只是要满足人的基本保障和需求。但真正的需求比这些要多得多，为了发展人更深的潜能，我们必须满足更精微更深层的需求，而内在工作就是要揭露那些动物性和孩童式的需求，让更精微的面向呈现出来。在这个过程中，我们会发现自己早已认同了内在的匮乏感，因此往往会用自己更精微的面向来满足那些原始需求。其中一个模式就是利用灵性体悟来胜过他人。但我们的灵性潜能并不是用来满足个人需求的，譬如想要获得赞同、赏识、爱、接纳、安全感、权力，甚至快乐。人类灵魂的精微次元乃是要用来转化人格，以便脱离幼稚的模式。与本体的各种品质联结，应该会影响你对自己的体认，使你变得更成熟才对。这些精微面向不该形成狭隘的成就感，或是形成一种过度良好的自我感。需要有良好的自我感，其实是孩子或年轻人的需求。你或许以为升起禅悦的时候，就拥有了精神成就。没错，你的确有了一点成就，但这只是十来岁人的成就，距离成熟之人的状态还差得远呢。

内在工作是要支持我们发展为成熟的人

我们在这里学到的一切经验，都会带来滋养，帮助我们长大成人。这些经验会带来改变，并示现成价值观和生命法则的转变。这种转变会影响我们的余生，也会更明显地影响我们的关系，以及我们和他人互动的方式。

如果你已经体认到自己就是价值、仁慈、清明以及平安的本身，而你和别人的互动方式仍然像个淌着鼻涕哭号的婴儿，那么你的内在工作就尚未完成。你还没有能力享受本体的这些品质。一个成熟之人会善用与人互动的经验，示现出真人应有的品质。

体认我们本质中精微次元的目的，并不是要我们像存钱一样将它们累积起来，以便带来富足感。如果你是按照这么幼稚的方式来进行内在工作，那么某些部分就没办法改变了。内在工作的目的不是要满足孩童式的需求,其目标乃是要带领你长大成人,与自己最真实的本质达成一致。

虽然内在工作的目的并不是要满足婴儿式的需求,但并不意味这些需求必须被排拒或贬抑。我们必须了解和认清它们,这样你才会发现自己已经不再是个孩子,于是就能超越它们,放下它们。

从这个角度来看,我们会发现在这里进行的工作并不简单。我们的原意也不是要让它变成一件简单的事。它不是奠基于大部分人所认同的价值观与准则之上的。这里的内在工作有一半会造成惯常的价值观和另一种价值观的冲突。这两种价值观的交集会制造出一种折磨,有利于揭露我们的那些老旧的信念和幼稚模式,并促使我们放下它们。这不代表人们没有权利按照婴儿式的价值观和准则来生活,每个人都有权利这么做。但选择内在工作的人所渴望的,应该是真的长大成人。他应该已经略为明白孩童式的价值观并不是本体的状态。内在工作的作用就是要支持我们发展为成熟的人,而不是拿它来抚慰婴儿。

我们这里的工作需要花费很长的时间,它十分困难,而且比你一开始所想象的要复杂得多。你当初来这里的时候,对内在工作抱持着许多概念和想法,如果一直坚持下来,就会发现内在工作比你预期的要多得多。你同时会发现,真的进行内在工作,真的想成为一个成熟的人,就必须下更深的工夫。因为成熟需要付出努力,而且要有很大的耐性和奉献精神。

你必须承认"我不知道",才能真的进行内在工作

开始进行内在工作之后的几个月或几年,你通常可以比较清晰地感受和表达情绪,而且比较能联结自己的身体。对许多人而言,这就是他们所渴望的,但这仍然是初阶。这个阶段的确很重要,不过尚未碰触到全部;真正成熟的人不该被他的情绪和感觉所操控。如同我曾

经说过的，如果你仍然继续被情绪和生理欲望操控，就势必对内在工作极度失望。你必须改变人生信念,而且必须勇敢地说出："我不知道。"你甚至需要更多的勇气承认自己"的确想知道"。

因此，内在工作一开始必须处理人格的情绪部分，然后要揭露我们对自己、对现实的所有信念、假设及成见。接着我们可能体验到存在不同阶段的面向，于是内在工作就变成去统合这些比较精微的部分。接下来整个人格都必须加以转化、产生蜕变，并且要跟这些深层的精微面调成一致。我们必须变成一个更细致、更成熟、更进化、更真实的人，然后才可能活出真人的生活。

这个过程既漫长又复杂，并且因人而异，但每个人都要下很深的工夫才行。你必须深入地了解自己的心智、情绪、性格的构成模式，以及导致行为的种种缘由。这是需要耐性和时间的。这个过程涉及许多的痛苦和困难，同时也带来了喜悦和振奋感。若想觉知本体的各个面向，体悟以及整合它们，就必须发展出毅力。老师只能点化你，你必须亲自去做这些困难的工作，但我们生活的社会并不支持这种工作，周遭的环境不明白也不支持这样的发展。我们就是被这样的社会制约着，因此自我解脱遭遇的障碍是相当强而有力的，况且它们早已渗透到你的内心和人格里了。

你必须经历许许多多的理解、体验和洞察，才能真的有所了悟，而这种了悟是涉及许多层次及面向的。你会从某个阶段进化到另一个阶段，而且是来来回回的，这需要对自己抱持极大的耐性和慈悲心。如果你想要有所收获，就必须下一些工夫，同时还要抱持慷慨、实际和成熟的态度。没有人可以为你做这件事，也没有人可以把本体送给你，因为你就是本体。

如果我们发现某个人很懂得怎么穿越这个过程，而且对潜能开发很感兴趣，那我们应该觉得幸运才对。这样的人在社会里是很稀有的，因此必须以尊敬和感恩的态度对待他。能帮助你走过这个过程的所有内在工作，都应该拿最深的敬意来对待，因为这么做就是在尊重自己以及人类的潜能。这样的工作应该被看成是最重要的事，因为在根本上它的确是超越一切的。我们应该将其置于那些幼稚的价值观、准则和影响力之上。但内在工作并不是一种道德观，而是很实际的观察。它必须以这样的方式来进行，否则是很难生效的。

这种敬重的态度不只要放在内在工作上或是我这个老师身上，而且要示现在你们彼此身上。如果你们的确想成为真正的人，就应该以甘心情愿和诚实的态度面对彼此，而不该把对方当成敌人或是能得到满足的对象。那是一般世俗人相互对待的方式。想成为一个真人，就必须从这一点开始做起。

内在工作不只是为了自我了悟，还得学会敬重他人

我想说的是，仅仅去发现内心的问题还不够；你的理解必须示现在行动和关系上面，只有这样，人格的统合才可能发生。这样你本质里的精微面带来的影响才能转化人格。缺少了统合，内在工作是不可能完成的。事实上，缺少统合很可能会造成各式各样的扭曲，以及不正常的发展。我们必须留意自己的行为和人际互动，而且要从内心更高的次元来进行观察。

如果你的外在生活无法与内在情况调成一致，就不可能成为真人。如果内在经验和对待他人的行为是冲突的，扭曲就会产生。如果你懂得了某些真理，但行为却是按照另外的方式在进行；如果你重视实相的某个部分，在真实生活里却把它丢出了窗外，那么非常怪异的事就会发生，而令你和周围的人感到十分挫败。内在工作不仅仅是自我了悟，也不是忘却周遭的人，只顾保有自己的良好感觉。成熟之人的本质，就是敬重他人。

如果你真的想体会做真人的滋味，就必须努力成为这样的人，不

论过程有多么辛苦。如同我曾经说过的，内在工作要处理的就是你早先的概念、信念和准则与内在工作之间的冲突。在这个过程中，你会了解和发现以前所不知道的自己，这会让你开始修正行为，而且是带着觉知持续地下工夫。

你的行为应该依照真人的方式来展现，不只是对我或对其他老师，对生命中的每个人都要按照这样的方式，否则就是在助长自己的不成熟。你仍然可能以动物性的方式来行动，因此不论是对待同学或你生命里的所有人，都应该清醒地付出努力，依你所了解的这些细致的品质来生活，而不是耽溺在老旧的模式里。理想上大家都应该彼此尊重、了解和友善对待，如果你不以尊重、感激和认同的方式去跟另一个人互动，就等于没有在尊重或认同自己的崇高面向。

大家都是一体的，我们的差异性仅仅在于物质次元。本质上我们并不是分开的，而是联结在一起的。其他的人和我们一样珍贵，而且值得我们付出尊重、爱及关怀。这份了解必须示现在每一刻的行为里，然后这部分的内在工作就会彻底转化你。

首先要下的工夫就是对本体的证悟，接下来的工作会更困难一些，因为我们必须学习把这份证悟示现在日常生活里。你得学会如何活出这份了悟，如何把生命变得更成熟。若想记住自己的本体以及那些更精微的面向，是需要下很大工夫的。让这些了悟影响自己的生活，改善与他人及环境的互动关系，也需要一番努力。过往的竞争心态、贪得无厌、嫉妒、排拒等，必须转化成慷慨、尊重、感恩和仁慈。如果真的想变得成熟，就必须按照这些价值观来行动。你不能因为别人的行为像个蠢蛋，而展现出不高尚的行为。如果你这么做，就是在违背自己的高尚本质，不尊重自己真正的身份。

如果你很想成为一名真人，就必须按照最高的价值标准来行动。认为把自己的了悟统合起来是很容易的事，便是在展现幼稚的一面，因为你完全不了解人生的真相。变得仁慈、慷慨、有爱心、清明又值

第三章　臻于成熟的人

得尊重，是必须下工夫的。并没有一个神在那里帮助你达成这件事，你必须在每个当下做出一些努力，否则不会有任何转变。当然，没有人是"必须做"内在工作的，选择权完全在你手上，如果真的想做它，就必须按照这些准则去做。

现在你可能会说："这实在太困难了，我很愤怒，我不想下这些苦功。"没错，它的确很困难，但如果你真的想变成一个成熟的人，此刻就必须觉察愤怒、挫败和受伤的感觉，而且要学会忍耐和承受。假如你说："这实在太困难了，我很想逃跑，不再管这件事了。"那么你的行为就像是遇到困难时找妈咪的小孩。真的想长大成人，行为就得像个成年人。

只是坐着一动也不动地打坐，很难在日常生活中体现爱、仁慈和真实不虚的品质。认为在工作坊里进行一些呼吸练习，或是跟一群人打坐、经验本体的某些面向就已经足够了，这样的观念也是偏颇的。你必须依照成熟的价值观来生活，直到它变成你的第二天性为止。要做到这点必须尊重自己，否则就是耽溺在孩童的模式里，背叛了自己最深的面向，也藐视了自己真正的潜能。我们最大的问题就是不断地背叛自己真正的本质，按照不适合我们本质的方式生活。

生命的重点是不丧失自尊自重，不放弃自己的实相

活出自己真正的本质意味着心中不趋乐、不避苦，不企图得到别人的赞同，也不想获得别人的赞赏。同时你也不去批判别人、打击别人，或是向外追求名望及权力。你只是真实而自然地活着，并且尊重和体恤他人。你的爱心是没有企图的，也不是刻意制造出来的。生为一个成熟的人，爱心、慷慨、体恤、恭敬有礼、行为举止细腻、态度成熟，就是你的第二天性。

若想让这些价值标准或特质变成第二天性，必须有意识地下工夫，

但这并不代表你必须变成一个严格冷酷的人。重点在于必须下工夫觉察自己和他人的互动方式，尤其是尊重自己和别人，诚恳地展现自己。我指的并不是要放弃享乐，而是不主动追求享乐。这也不意味要制造痛苦，而是不逃避痛苦。

一个自尊自重的人很清楚生命的重点不在于好或坏的感受，而是在于不失自尊自重，不放弃自己最真实的实相——心中最高最纯净的面向。不论事情有多美妙或多痛苦，你自重的程度都足以维持自己的完整性。这不代表必须获得成功、胜利或达成心愿，而是以最诚恳的方式面对自己，展现出最核心的价值。

体恤自己、尊重自己、爱自己，意味着学习维持自己的完整性和尊严。这意味着如果必须学习，就勇敢地去学；必须做什么，就勇敢地去做；必须说什么，就勇敢地去说。维持自己的完整性和尊严意味着不抱怨，而且不论自己的感受是什么，都能尊重和体贴别人，即使快要死了，仍然能尊重自己和他人。因为，你是谁比你将要死亡更为重要，也比可能失业或失去情人更重要。自尊自重比这所有的事更珍贵。

这就是为什么我们要练习不把情绪立即展现出来的理由。当你做这项练习的时候，不但要持续地留意自己，而且要留意不立即把情绪展现出来。你必须把它放在心里去深入地感受和理解，并且把它当成自我了解的资粮。你或许不能一直保持在这种状态，但即使无法做得很完美，也不要打击自己；重点在于尽量保持觉知，持续地做下去。

这意味着如果你的潜意识里有一股愤怒，就要试着去了解它，而不是把它发泄在某人身上。如果有人排拒你、令你感到受伤，你也要把它放在心里，而不是立刻告诉那个人："你排斥我，所以我觉得你很糟糕。"你只是去感觉自己遭到了排拒，然后试着靠自己去理解这份感受。如果有老师的话，你可以和老师一起进行探索。你要善用这股能量和资粮，以及从内在工作中产生的热力，将其用在自我了解和转化上面。

第三章　臻于成熟的人

觉知情绪，就是不压抑，也不发泄

所有的情绪都是自动化反应，譬如绝望或失望。不对这类感觉产生反应，意味着即使早上起来觉得人生无望，你仍然会起床、上班。不产生自动化情绪反应，指的是朋友来访而你正觉得孤独，需要拥抱，但你仍然不按照这份渴望去行动；你只是在内心里感受着它，因为你知道这只是一种原始的需求罢了。

你可能得花很长的时间来了解自动化情绪反应究竟是什么，但这也无妨，只要不耽溺在情绪化反应之中，一直保持着觉知就够了。我们现在讲的不是压抑情绪，而是不把情绪展现出来，因为展现它们就等于释放掉它们，这么一来你就无法深入了解了。展现情绪会阻碍转化过程，一个成熟的人是不会将情绪发泄出来的。这项练习非常重要，它能教导我们许多东西。了解这项练习或许很困难，但若想活出最真实的自己，就必须持续地练习。自我耽溺是无法带来任何帮助的，因为耽溺意味着助长原始的需求和价值观。

做这项练习时，需要运用所有的觉知和已经发展出来的意志力。我们必须带着觉知靠自己来转化人格。一个自尊自重的人不会宣称自己已经开悟，也不会渴望被视为开悟的人。一个人变得愈真实，就愈不想彰显自己，因为你会把体悟放在心中。渴望将其显现出来、留给他人强烈的印象，就是在满足原始的需求，而真人是不会按照这些需求行动的。一个成熟的人不会想取悦别人。

这项练习并不是要制止情绪，而是不让自己对情绪产生反应，因为我们发觉这是从幼稚又原始的需求产生的。这就好像养育小孩一样：你不会让孩子为所欲为，否则他会把屋子弄得一团糟，甚至伤到自己。不是吗？对待你自己也是同一回事：你不会让心中的那个小孩为所欲为，因为他会把你的人生弄得一团糟，继而伤害到你。事情就是这么简单，你必须学会自律。你必须认清自己的行为是不成熟的，而且是无效的,甚至具有破坏性。当一个孩子生气时,他会丢奶瓶或是摔东西,因为这么做会令他舒服一些。他不明白你为什么要制止他,因此当你制止他的时候,他会更生气。面对自己也是同一回事。你可能会说表达愤怒令我感觉舒服一些,但这种行为仍然会对自己和他人造成损伤。表达愤怒是一种自动化反应,为了长大成人,你必须学会不将其展现出来。这件事的重点不在于展现情绪是好是坏,重点是人必须自重以及诚实面对自己。

第四章 成熟与真相

　　一个成熟的人决不是没有问题的人,成熟的人是能够以成熟态度处理问题的人。

有时我认为你们来这里的理由是错误的，因为你们有许多人只想从内在工作中获得一些东西，但却不是它能提供的。有些学生想要靠我来解决他们的问题，当然我们每个人都有问题要解决，但这并不是内在工作的目的，也不是我助人的重点。当我在协助某人时，我一般关切的并不是如何解决问题。我不但不关切这件事，而且我发现为别人解决问题，或是与人共同解决问题，是非常乏味而徒劳无益的事，因为这并不是重点所在。解决特定问题不是最重要的事，因为问题还是会继续出现。人生总是充满着问题，如果你致力于解决问题，这辈子都处理不完的。不过当然，解决问题仍然有其重要性，而且学生们往往认为解决了一个又一个的问题，最后一定会带来快乐，但事实并不是如此。

执著于解决问题，会让问题不断发生

想要根绝问题的这种渴望，其实会加强对问题的执著。你会让问题不断地发生，因为这就是你所期待的，也是你擅长的事。助长烦恼和问题是很容易的，当这种机制掌控你的内在工作时，你的注意力就会集中在问题上面，其他的事就变得不重要了。

我了解人偶尔会出现非常紧迫、立即需要解决的问题，这时候我会很乐意帮助对方，但这并不是内在工作或这里的老师要做的事。我更感兴趣的是帮助人了解自我转化的过程而非结果。我不会去注意解药是什么，我会观察学生如何处理问题和眼前的情况，譬如，他是怎么在挣扎的？他抱持的是什么态度？我可以从其中看见这个学生学到了什么。如果有某个学生对解决问题不感兴趣，但是对眼前情况的真相感到好奇，我会觉得和这样的学生一起探索更有满足感。

内在工作背后有它自己的价值观、准则和美学。这些价值观、准则和美学与解决困难有所不同。如果我的目标是帮助人解决问题，那么这种工作可能连一两年都维持不下去。我会像有一百多个孩子的母亲，当他们哭泣时，我就得照料、安抚他们。我可不是母亲，而且即使是跟小孩相处，我也期待他们能为自己负起某种程度的责任。我不会一看到他哭，就立刻去帮助他。有时最富爱心的方式，就是允许孩子尽量靠自己发展成独立自主的人。成年人也是一样。不断挂碍着心中的问题，是一种自贬的行为，人应该有更高的人生目的以及更高的自尊。如果你关切的只有这些问题，你会发现问题无处不在，这其实是在浪费我们的潜能。我们的内在工作强调的是：了解自我和实相的本质。当我们变得愈来愈客观自爱时，某些问题自然会获得解决，但这是与自己的真相调成一致的副产品，因为我们有许多问题都是源自于不明白自己是谁。

如果内在工作的动机是要排除问题和痛苦，它们就会变得更糟，而你也会变得更挫败。痛苦和挫败感之所以存在，就是因为你想除掉它们。这便是痛苦的开端，也是它们会一直持续的原因。

内在工作的重点是超越得失

一个自尊自重的成熟之人，会学着去容忍和接纳某些问题，学着与挫折共处，同时又能欣赏人生美好的一面。如果一个人体认到了某些精微面向，或是某种本体的境界，但还是一味地追求圆满和至乐感，而忽略了过程中的心理内涵，就是一种不成熟和琐碎的态度。这种情况经常发生，其中的一种反应就是兴奋，因为开悟的感觉十分良好。

还有一些人则可能视其为不重要的事，因为"我的男朋友仍旧不够爱我"。她的心并没有敞开来接纳那一刻的灵性体悟，而只想满足婴儿式的需求。要注意，内在工作并不是魔杖。我想看到的是学生珍惜我们一起工作的过程而非结果。当两个人在互动咨商时，其中会有一种和追求满足十分不同的美，而感觉良好只是这种情况之中的一个元素。事实上，结果往往是相当有趣的，因为我们会看到情人不爱我们会造成什么感觉。我觉得当我们体验到那种感觉时，是非常有趣的。而且我们会发现，别人爱不爱我们根本不重要。这是非常重要的体认，不过这不代表一份关系结束时我们不会伤心或失落。感觉一定会出现，但内在工作的重点乃是超越得失之心。真的渴望看到内心的真相，最终一定会带来自由，这才是重点所在。

　　内在工作之中若是存在着想要了解真相的诚意，那么师生都会在过程里体认到一种美和感激。如果只想排除掉不舒服的感觉，本体就不会有所回应，于是咨商就会变得十分乏味，而且缺乏美感。学生感兴趣的如果是过程里的真诚、好奇与成熟的展现，那么师生两人就能一起共舞，这种交流是非常真实亲切的——这时人格的世界就会退让给实相。即使人格关切的东西又冒了出来，参与者仍然能从真相的角度去觉察，甚至连人格带来的恼人活动也会因而停止。从了解自我的过程中会产生一种对人格复杂性的欣赏，而不会一味地想要排除掉某些东西。这份欣赏又会带来真正的自尊自重，因为我们只是在觉察人格而没有随之起舞。如果一个人愿意体验自己的痛苦又不迷失或耽溺其中，就会出现一种美。

　　真相有时能减轻痛苦，但也可能导致痛苦，不论结果是什么，做学生的如果能允许自己去欣赏和爱心中的真相，就会跟自己产生一种亲密感。这种亲密感又会带来一种满足，不论结果是痛苦或快乐都一样。因得不到而抱怨，或者因得到了而兴高采烈，都只会阻碍你看到更深的真相。与真相亲密地贴近才能带来最深的满足，这种追求真相

第四章　成熟与真相

的态度，会使我们从幼稚的欲望、需求和梦想之中解脱出来。如果你能在这个过程里学会欣赏自己和自己的真相，就能和自己产生亲密的联结，而这是你从不认为有可能得到的能力。这份满足感远远胜过超越别人、获得权力财富，或是感觉重要和被人赏识。你愈是能和自己亲密，就愈会发现这些世俗欲望都很空洞。即使你达成了所有的目标和欲望，也比不上跟自己亲密带来的富足感。

从爱和真诚之中产生的洞见会带来谦冲的胸怀，但不代表你要变得谦卑，因为谦冲是源自于跟自己亲密，而这是非常人性又令人感到满足的状态。证实自己是正确的，获得自己想要的东西，这都是人生的一部分，但并不是我们真正感兴趣的部分，因为它们不会让你更贴近自己或心中的真相。

放下趋乐避苦之心，才能学会欣赏和爱惜心中的实相

我们必须决定人生中最重要的价值是什么。我们可能允许自己追求享乐、逃避困难，也可能让自己专注于自我了解和发现心中的真相。如果我们只想等待痛苦消失之后才学着欣赏或爱惜心中的真相，那么痛苦就永远不会消失。

我们会有层出不穷的问题、心理议题、冲突和误解，这些都该被视为内在工作的一部分，但却不是焦点或重心。其实当你在观察某个心理议题时，也该以欣赏的态度来了解头脑的机制作用，也就是不企图排除问题，只是专注在心理议题的真相上面。这两者也许看来并没有多大差异，结果却会带来很大的不同——后者往往能促进活力和动力，前者则会造成乏味和停滞不前。

如果你想活得更圆满，就必须发展出对某些价值观和真理的品味、内在的深度、精密性与细腻的觉知，还有坦诚及自尊自重的能力。这些价值都属于很精微的层次，它们会带来细致优雅的人生，为我们注

入色彩丰富的内蕴和自然美。本体丰沛的品质一直都存在着——你不需要达成它们，而是要懂得欣赏它们。你要开始爱它们，将自己导向它们，以便有足够的时间和机会展现它们。

同时你还得了解，一味地想解决冲突、问题和紧张感，只是一种依赖老师的幼稚行为罢了。如果学生能欣赏自我了解的过程，承受心中的真相，就能长大成人，与老师平起平坐。这样你的人生就会有一种统合感、艺术性和创意。这个世界充满着各式各样的奇妙事物、幽缈的精致性和难以言喻的美。当我们不再集中焦点于解决问题时，这整个自我了解的过程就会带来一种满足感。

我们经常有一种态度："如果这个问题不解除，好事就不会发生。"这种态度阻碍了我们敞开心胸面对当下的状态。如果一个人坚持必须以沉重的心情解决他的问题，那么此人就不可能快乐。我们现在探讨的是一种缩小焦点和冥顽不化的态度。如果你一直以狭窄的观点渴望得到美好的事物，就等于在说："我只知道什么是最好的东西，其他的事我都不在意。"而这显然只会导致痛苦、破坏和紧张。

学会放松，才能对己、对人更仁慈友善

如果你能学会放松，然后问自己："我为什么要这么折磨自己，为什么不放松下来喝杯茶？"这样就能对自己、对别人更仁慈友善一点。你为什么会认为只有在没问题时才能享受自己？你为什么要等到开悟才放松下来？为什么必须等到仁慈友爱的品质从天而降的那一刻，才能对自己和他人友善一点？这决不是人生运作的方式。你必须有耐性一点一滴地面对问题，并且在面对问题时，仍然能感受到快乐和圆满。

当你在处理问题时，这个"你"究竟是谁？当你看到自己的不足和挫败时，你是以真诚的态度在面对，还是怀着一肚子的气在面对？你是否只对抱怨感兴趣，还是肯花点时间学习以智慧来处理问题？某

些事是需要处理的；某些事则只能允许它变成生命的一部分。当屋顶漏雨时，大发脾气是不智慧的——你不该在这时怪罪于人。如果有某些事的确需要处理，就该在正确的时间以正确的态度面对它。如果你痛恨自己的房子以及自己沉重的责任，并怀疑上帝为什么要制造大雨，那么你只会感到挫败不已。你必须接纳这些事的确会发生，而且要面对它们。

　　一个成熟的人决不是没有问题的人，成熟之人是能够以成熟的态度处理问题的人。他或她能面面俱到地考虑问题，并且能按照自己的观察来采取行动。这种态度会取代婴儿式的行为举止，因为后者只可能导致挫折和更多的问题。成熟之人有能力把困难当成人生的一部分，而且愿意以妥当的方式处理它。人生的确有许多问题需要解决，但你仍然能享受这个过程。人生并不是在问题解决之后才开始的。某些人之所以比较能感觉圆满和快乐，并不是因为问题都解决了，是因为他们能够如实地接受事情的真相。成熟意味着尽我所能地理解问题，然后发展出专业知识和技术，去做自己必须做的事。成熟的人会默默地接受问题，视其为人生的一部分，最终他们必定会因为能全心全意地面对人生而获得喜悦。

　　人生比局部的事件要宏大得多，如果你认清了这一点，就会发现在接纳之中蕴含着一种诚挚的心态。你会从面对困难的能力之中获得一种喜悦，从接纳和感恩的态度之中产生独立自主的能力，如此一来我们就不再像婴儿一样需要别人照料了。

第五章 彻底整合的人

开悟经验的确存在,但这只是平衡的意识需要的起码元素。它们既不是灵修唯一的元素,也不是最终的结果。换句话说,若想活出和谐平衡的人生,只凭开悟是不够的。开悟只是个起点罢了。

人的确可以依照美、优雅和自重的态度而生活，但这种精致的生活极不易达成。人生的目的不是要获得成就、财富、安全保障或慰藉。这些事或许是必要和重要的，但毕竟是人生比较粗钝的面向。当意识出现不平衡或不和谐状态时，我们的价值观就会朝着人性的粗钝面发展。意识的精致化需要的是平衡所有的人格面向。一个人的意识和生活愈是和谐平衡，其人生愈可能变得优美、庄严、有效率。

我们并不是在说一般人的生活不好，也不是说我们要追寻更美好的生活，因为重点是在和谐与平衡。缺少了和谐与平衡，我们往往会发展出某种预期心态和假设，然后意志力就会把某些元素理想化或排除掉其他面向，继而变得坚实不化，导致更多的不和谐与不平衡。这就是意识不平衡的人不懂得平衡自己的原因，因为他总是从不平衡的观点来看事情。其结果是，此人的意识会被既定的观点操控，而深信自己的确需要什么或渴望什么。因此，人的意识首先必须平衡化及和谐化，然后才能认清自己的需要是什么。

不平衡的意识有一种特点，那就是总梦想着神奇的事会发生，而且会以理想化及过度浪漫的观点来看眼前的经验或人，误以为这些人事物可以让事情变得更美好。这种幻想出来的情境当然很美，但毕竟是从不平衡的意识中产生出来的看法。现实大多不是这样运作的，事情通常不会按照我们的期待去发生，因此我们经常感到失望。渴望事情和人能够奇迹般地出现，往往会在日常生活中示现成对成就、名望和人的过度理想化，譬如，梦想有一个迷人的王子，能够带我们从此过着快乐幸福的生活。

第五章　彻底整合的人

开悟只是和谐及平衡人生的起点

当一个人进入内在工作时,会把这种倾向投射到学校、老师和方法上面,而且不论是心理治疗或灵修,这种事都可能发生。在心理治疗上,你可能期待神奇的疗效;在灵修工作上,你可能会追求开悟之类的神奇经验。从比较平衡的观点来看,这些经验的确存在,但并不像不平衡的意识所认为的那么神奇。这些开悟经验的确存在,但只是平衡的意识需要的起码元素。它们既不是灵修唯一的元素,也不是最终的结果。换句话说,若想活出和谐平衡的人生,只凭开悟是不够的。开悟只是个起点罢了。人若想发展出正确的生活方式,除了开悟经验之外,还需要许多其他的经验。长年投入灵修工作的人往往会发现,他们的开悟经验不必然能转化他们的生活方式。我们这里的工作,有一部分就是要一再地平衡和再平衡这里的每个人、每个小组以及学校本身。每当成长的方向失衡时,就必须从其他的方向来平衡眼前发生的事。如果事情一直停留在失衡状态,必定会导致恶性成长。

从内在工作的角度来看,涉及成长的平衡性的元素,一般而言总共有三种。这三种元素就是"理解"、"存在"和"做"。大部分的人都比较强调其中的一种。有的人在理解人类经验上面比较能达成平衡,有的在存在和感受经验上面比较能达成平衡,另外有些人则是在做和行动上比较容易达成平衡。这种不平衡的发展会连带影响到三种状态,而内在工作就是要发展出一种能力来平衡这三个面向。每当某人或某个小组失衡时,必须即时调整来达成平衡,否则发展的方向就会失衡。虽然每个人的发展都可能有所偏颇,而且是可以接受的,但毕竟还是会导致整合方面的问题,使我们无法真的成熟。

内在工作的某些活动是朝着理解个人情况的方向在发展的,透过这个过程我们会认清现实和真相。有很长的一段时间,自我了解的一大部分就是要揭露虚假人格,认清这个人格的人生其实是十分空洞的。

认清掌控生活经验的正常人格其实是空洞的，往往会使我们意识到存在的圆满本质，使我们开始认清本体的状态。这种状态有许多称谓——开悟、自我了悟、合一境界，或是存在的合一性。然后我们会发现：本体境界虽然十分美好，仍然不是人类意识的全貌；本体境界和随之而至的了悟，必须统合到真实的生活中。[1]

了悟必须示现在日常生活的行为举止里

这时行动就变得十分重要了。自我了解仍然是不够的。对存在有所体认也仍嫌不足。为了彻底整合人格，这些境界都必须示现在日常生活的行动里。它们必须显现在行为举止里面，才算真的在按照这些境界生活。当然，某些人会觉得对人生有所了解已经很满足了，而且会不断地追求灵性洞见和各种悟境。虽然拥有灵性洞见以及对人生各种情境的领悟，是绝对必要的事，但仍然需要在日常行为里体现存在本身才行，而这是跟本体境界的显现有关的。事实上，"存在"是上述三种发展要素的核心部分；它是这整件事的精髓，而且与心轮的爱有关。虽然存在是其中的重点，但光凭着它仍不足以使我们妥善地活在世上，因为人生还涉及行动和做。活出成熟的人格，意味着不仅仅要活着，还得根据本体的境界来生活。如果不按照对本体的了悟来生活，那么你的体悟或发展就仍然局限在某些经验里面，而无法碰触到灵魂的深处，带来真正的整合。

当然，这三个发展要素都存在于正规生活的层次上。一般未经充分发展的粗钝生活里面，仍然带有存在、做以及自我了解的成分，但本质是造作虚妄的。一般人对事物的理解或是所谓的世智俗慧，只是一些惯常的预设、成见及信念，或是对人格的一般认知。正常人的经验里尽是些情绪、心智和生理活动，因此处在人格层次的行动只是一

---

[1] 佛教传统所谓的悟后起修。

般的生活方式罢了。当我谈到本体的行动和作用时，指的并不是一般的行动，事实上，大部分的人都是行动导向的。人们会有各式各样的行动，但不是我们要探讨的那种。我们所谓的行动是涵盖本体在内的，是真正的行动，而这真正的行动就是已发展和未发展之人的区别。

换句话说，人的发展有三个要素和三个阶段：一是理解、认知以及发展出洞见和直觉，然后是安住于存在本身，也就是对本体有所了悟；接下来就是去做的阶段，也就是将存在以及对生命的认知结合起来，活出自己的人生。你们有许多人来到这个团体或接受了咨商，而产生了很深的洞见以及自我了悟，或是体认到了爱和无限性等，可是仍然按照旧有的人格模式在活，就好像什么悟境也没发生过似的。对本体的了悟必须影响你们的生活，渗透在每件事里面，直到它的每个面向都整合进来为止。一个成熟的人必须依照体悟和洞见来生活。没有任何体悟或洞见的人，不可能以成熟的方式生活，因此三个发展面向都是必要的。如果只是朝着行动的方向发展，一心一意地追求成功，就可能无法体验真正的存在，也无法真的了解自己。如此一来你的行动就失去了重点，人生也不可能和谐，而只会一味地想满足欲望，达成人格对神奇经验的梦想。

这里的工作就是要让学员的意识有一天能出现对人格、人生、心智活动和过往经验的洞见及理解。这份理解会揭露虚假的面向，让本体显现出来。伴随着洞见和自我了解，这条道路终将使你在各式各样的经验中，体认到自己最深的本质。你会出现各种层次的悟境。这所有的洞见和经验都能带来完整的发展，而且到了某个时刻必须完全整合到你的行动里面。如果这件事不能自然地发生，你就必须刻意按照已经学到和体验到的东西来生活。换言之，把体悟整合到行动里面，这件事并不一定会自然发生。

某些洞见、了悟，甚至是行动，会如同天上掉下来的礼物一样突然出现，但某些仍然要靠努力才会出现，因此你必须下工夫来平衡自己。如果你够开放，对真相确实感兴趣，洞见就会产生，但也不尽然一定如此。就某些事而言，你必须采取行动才行，而且要下很大的工夫。自发的洞见和努力，这两种元素其实都需要。其中的自我了解是最简单的部分，但若想看见存在的意义、允许自己安住于各种不同的状态，则是比较困难的部分。但最困难的任务，还是把本体或存在统合到行动里面。

把自我了解和存在统合到行动里面，乃是整合人格过程中最首要和最有力量的部分。如果你不采取行动，如果不试着按照你学到的真理来生活，那么人格的不同面向就很难整合到一起。我们总有一种制造分裂的倾向，譬如一部分的你是很美好的，其他的某些部分却一团糟——充满着挫折、问题、抱怨或叛逆倾向。

转化受制的人格，使灵魂臻于成熟

如果一个人开始按照自己体悟到和学到的真理来行动，不再受制于过往的老旧模式，那么这些洞见和体悟就可能整合到灵魂里面，如此一来，灵魂就能借由消化人格的老旧模式而产生转化，变得更成熟。人格并不是一个需要堆砌或灭绝的东西，它必须透过时间来得到发展，变得更细致成熟，并且要和本体结合在一起。若想发展出完整的人格，整合的过程就是必要的，因为一个整合好的灵魂，其人格和存在本身就不再冲突了。人格其实就是灵魂受制约的部分。若想转化受制约的部分，只有靠着洞见和本体境界，才能够让灵魂成熟和完整，否则便可能搁置人格，一味地发展存在的状态。某些灵修体系就是以这种发展方向为主，亦即让一个人体验到各式各样的悟境，并且维持在那些境界里。其实这样的人并没有真的活在世上，他们可能达成了某种存在的境界，但只有在坐禅时才体认得到——他们无法在进入菜市场的时候，也拥有这种境界。

接下来的步骤就不能靠脱离人群、死死地打坐，或借着老师的咨商来了解自己的某个部分。你必须采取实际的行动，而且必须考量你所学到的一切洞见、认识和体悟，这样才能把人格的所有面向统合起来，变得愈来愈平衡完整。

因此从某个角度来看，这样的内在工作有点像是建构及发展自我和现实人生。你不可能只是下了一点工夫，美好的事就自然发生了。这是一般人的期待，但事情不会按照这种方式发生的。你很可能会把洞见和体悟视为奖赏或糖果，但如果你把糖果吃了，就会像一心想借着咨商来得到奖励的幼儿。如果你真想发展出自我了悟，变成完全成熟平衡的人，就得善用真实的生命经验来转化自己。

我发现有件不幸、会带来挫败的事经常发生，而且似乎是不可避免的，那就是人们一旦了悟到本体境界，往往会把这类境界看成是食物、奖赏或成就。对本体的了悟的确是一种资粮，但这些了悟是从根本或核心的部分产生的，因此是用来转化你的。它们的出现并不是要供你消费，而是要你吸收消化它们。其实拥有这类了悟还不够，"噢，这个感觉真是美妙极了，我现在觉得非常圆满"之类的感受是不够的。有很长一段时间我都在质疑这一点。虽然不是每个人都会落入这种模式，但我认为大部分人都会如此。当某个学生有了某种本体经验时（譬如意志力这个面向），通常会出现强而有力的支撑感和稳定性。那种匮乏、不足、缺乏支持的感觉会突然消失。这份体认或许很美，但仍然是不够的。

"了悟"当中存在着可以滋养灵魂的真相

通常当我体验到意志力和支撑感时，不会太去在意它，因为还有许多东西需要认清和了解，而且这份体验还会带来其他的利益。这时我会质疑的是："这种境界意味着什么？为什么我的那种缺少支撑和脆弱的感觉，会突然消失？这是怎么发生的？它意味着什么？它为我的生活带来了什么意义？这个令我感觉强壮的东西究竟是什么？"你必须对眼前的状态感到好奇，花些时间把它放在显微镜下观察一番，试着去探究其中的每个原子："这到底是什么东西？我以前从未见过它。"我发现人们一旦有了某些新的体悟，譬如，本体的力量，往往会感觉非常强而有力，因此很享受这种感觉，然后就算了。此人只是对消除虚弱感有兴趣，对眼前情况和经验的真相却不感兴趣。当某种境界产生时，其中一定存在着可以滋养你灵魂的真相。虽然这份体悟可能会减少你的饥渴感，但重点并不在此。真相会以很深刻的方式彻底而永远地转化你，如果你真的对它感兴趣的话。

或者某些人会体验到一种个人性之爱，那种感觉是甜美、细致又轻柔的，于是他说："好极了，我现在感受到爱了。我不再渴望别人来爱我，不再感到被拒绝或受伤。"然后他就带着这种感觉离开了咨商室。这是许多人都会做的事，但我认为你应该问自己："爱究竟是什么？我正在体验一种爱的状态，然而它究竟是什么？"于是你看着它，那种感觉非常细腻："我的胸中为什么有一种甜美的感觉？这股甜味通常是在口中出现的？"

那一刻你首度体认到了心中的甜美感，但是你不去质疑为什么心中会出现甜美感，为什么以前从未感受过。你觉得这件事并不重要，重要的是你感受到了爱。因此何不问问自己："这种体验似乎是非常根本的真相，而且和我对事物的假设是冲突的，但我竟然连看都不看它一眼？"为什么你以往从不认为人会体验到心中的甜美滋味，而且这个假设和你的体验是矛盾冲突的。这整件事究竟意味着什么？它会为你的信念、概念和生活方式带来什么启示？

除了探究、感兴趣和投入眼前的经验之外，你还需要去感觉并了解它，看看它带来的是什么滋味，如何影响着你的心智，以及该如何把它带到生活里面。任何一个简单的经验都有许多东西需要消化。五分钟的经验很可能得花好几个月的时间，才能从中获得养分，否则我们就可能会认为："我已经有了某种体验，下周我还要来得到另一种体验。"但前面的经验还未彻底消化，一段时间之后，就可能导致自我膨胀或因心理便秘而感到挫败。其实这些体验都可以从根本上转化我们的意识。

很不幸的是，这些局限是不可避免的，因为我们的意识都有不平衡的倾向。不平衡的意识只对能带来快乐和保障的经验感兴趣，因此我们可以说灵魂的视野是非常狭窄的。灵魂会集中焦点在经验的某个面向，然后排除掉其他面向。这么一来我们很显然会忽略真正的益处，以及这些体验带来的全面性影响。灵魂转化必须借由全然浸润于意识的根本状态来达成。意识所有的状态都在灵魂里面，当深层境界出现时，你的灵魂就会被它们转化。如果某种境界一出现，你就对它产生好恶反应，那么意识就无法彻底转化了。意识必须任由这些本体境界尽情地燃烧一番，否则是无法彻底转化的。

从我的经验来看，这些体验带来的影响会因人而异。某些人因为经验到个人性本体，而发现自己的意识和人生起了重大改变；某些人却觉得什么也没发生。你可能觉得很奇怪，其实我也觉得很奇怪，但我就是发现某些人虽然经验到了本体的根本状态，却觉得那不过是日常生活里的另一件事罢了，就像是吃了另一种汉堡或看了一场电影似的。这不代表他们有抽离倾向，而是对本体十分缺乏认识。

那些因为有所体悟而彻底改变人生方向及观点的人，往往是对本体有期待或者很重视本体经验的人。因此每个人寻找的东西都不同，但也跟一个人对真相的兴趣和爱好有关。有许多人对真相根本不感兴趣，他们只对获得安全感有兴趣，或是对这些体验带来的慰藉和快乐有兴趣。在传统的古老灵修学派里，老师并不允许修行人去经验这些本体状态，因为老师认为这是在浪费时间。其实浪费时间还算是好的，最糟的是可能会造成不平衡的发展。

根本实相是需要被了解、消化和吸收的

如果我们把自我了悟看成是一种变得愈来愈平衡的发展，就必须意识到爱和实相的重要性。了悟或存在指的就是对实相的体验，这是修行人必须一再学习的事。事实上当你处于存在状态时，就是在体验实相了：有关你是谁的实相。你的了悟并不是得到一颗糖或美好的奖赏。你了悟到的是根本实相，而它是需要被了解、消化和吸收的，然后行动自然会从实相之中产生出来。

这绝不是一件简单的事。这需要下很大的工夫。若想创造出美妙、优雅而诚实的人生，就必须在许多层面下工夫。你必须付出很深的诚意和承诺。这样的人生的确可能出现，但只有那些真的渴望它的人，才能够拥有它。如果你想要的是别的东西，它就不会发生，事情就是这么简单。这不代表不追求这样的人生会遭到惩罚。但是你不下工夫的话，是不会得到它的。

从实相的角度来思索成熟之人的生活，你会发现心理真相就是最基本的元素以及串联一切的那根线，因为它就是整件事的核心。如果你不想面对心理真相，就看不到实相。实相的本质就是不对自己说谎，如果你不想要它，是没办法借着假装想要而得到它的，因为你得到的一定是虚假的东西。一个能证入实相的人，必定是值得拥有它的人，这种人往往是爱真相超过一切的人。反之，你得到的就是别的东西。一个不计一切要看到真相的人，才可能证入实相，否则合理化的预设就会带来幻觉和障碍。但是谁会花时间、精力和努力，怀着高尚而慷慨的心，毫不抱怨地去探究真相呢？只有这样的人才能证入实相，缺少了这种程度的努力，悟境是不会出现的，因为它没有必要出现。

没有人主张人人都必须为追求实相而活。对许多人来说，这并不是他们的兴趣所在，也不是他们想要的。如果一个人最感兴趣的是获得安全保障、达成某种事业成就或得到社会认可，那都没什么问题，

但并不是内在工作要达成的目标。这样的人也许应该到别的学校、找别的老师来协助他。我们这样的学校是为了特定目标而设立的，它的目的不是要让一个人追求享乐、安全保障、声望或爱情之类的事。我们不是在批判这些事，只是这些并非我们的目标。

内在工作的目标就是探求真相

你们在这里能够获得的就是真相，因为我们的工作就是要探求真相。我所谓的有三个面向必须达成平衡，并不是说这三个面向是分开来的，因为自我了解会涉及存在，存在会涉及行动——它们都是息息相关的。只是不同的人在不同的阶段，可能会把焦点集中在三个面向的某一面。每个人都需要检视一下，看看自己是否在这三个面向上达成了平衡？会不会忽略了某些面向而自动朝着其中之一去发展？我们会发现每个小组都可能聚焦在特定面向上，这跟不平衡的发展有关，因此平衡这三个面向是很有益的事。如果情况是这样的话，这个小组就必须以各种方式来纠正自己的发展方向。

小组成员若想得到平衡的发展，就得按照学校提出来的方式。有些学员偏好其中的某种方式或架构，譬如只喜欢小组聚会，因为可以在里面探讨和理解某些事情；另外有些人则喜欢周日晨间的坐禅活动；还有的人喜欢周日午后的工作坊。但是从平衡的角度来看，你会发现愈是觉得困难的部分，愈需要下工夫。如果你发现周日上午的坐禅最困难，那就必须在这方面下更多工夫。如果你最不喜欢小组聚会或周日下午的聚会，就必须在那方面下工夫。由于个人和团体的问题是相同的，所以我在团体聚会上面更正了一些做法——我会谈些新的东西或做新的事，目的就是为了达成平衡。有时一个团体朝着特定方向发展了一段时间之后，每个人都觉得很高兴而认为那个活动很好，这时我却改变了做法。学员们会因此而失望、受伤或觉得遭到了抛弃。他们认为我是在惩罚他们、生他们的气或不想满足他们，但真相是我观察到这个团体的发展有点失衡了，所以试着让它平衡，因而把重点放在其他的活动上面。

如果你从各个面向来看我们在小组聚会里的活动，你会发现它们都涉及前面所说的三个面向。譬如，小组聚会是以自我了解为目标，团体和个人的坐禅练习，则是以存在和体悟为导向；另外像周日下午的活动，则是以做或行动为导向。有些人不喜欢周日下午的活动，因为感觉上比较像是反其道而行，然而这就是必须下工夫的方向。你可能会讨厌它很长一段时间，但这可能就是对你最有利的事。你会发现这个面向的工作令你看到自己和他人的许多真相。人们经常会说："我喜欢大型聚会，因为我喜欢其中的洞见。洞见、自我了解以及人际关系才是最重要的事。"你当然会这么认为，因为你的意识是偏向那个方向的。还有的人会说："不，我们必须有行动，否则修行就不会生效。"这个想法也可能是真的，但也可能是这个人一向重视的面向，因此他或许不需要再强化自己的行动力了。他也许应该加强别的面向，让自己朝着发现真相的方向去进展。

意识愈平衡、统合、圆满，愈喜欢看到真相

从你对心理真相的态度，往往可以看出你是不是愈来愈平衡。这不代表真相能带来平衡，而是平衡通常能导向真相，使我们和真相产生正确的关系。你的意识愈平衡，就愈喜欢看到真相。你喜欢看到它并不是因为如此才是正确的，也不是因为这么做很有用，看上去比较属灵或实事求是；你只是比较喜欢看到它罢了，而这就是平衡的意识以及灵魂的本质。当灵魂正常而又自然地运作时，就会喜欢看到真相，因为灵魂和实相的本质便是真相本身。意识愈是平衡、整合及圆满，愈是喜欢看到真相，以及爱那些喜欢看到真相的人。

你会发现你对他人的爱、体恤和尊重，全都仰赖对真相的发现。当你发现某个人喜欢看到真相时，你自然会更爱他们一点。你禁不住会这么做，因为这是非常自然的事。同时你会发现，愈喜欢面对真相，就愈尊重自己，而且会禁不住地去爱那些愿意面对真相的人。当你达成平衡时，自然愿意面对真相，但并不是从道德批判的角度去看事情。真相会让事情变得优雅、美以及高尚，而且意识的平衡性也会自然出现。因此，真相之中包含了上述三个面向。让事情变得美好的，就是个中的真相；让事情变得优雅的，也是个中的真相；让事情变得高尚的，同样的也是那真相。虚假则会带来丑陋、懦弱、自我耽溺，以及缺乏自尊自重。

一个人愈是喜欢面对真相，愈是能自动自发地按照真理来生活。真理不再是头脑所了解的东西，它会开始影响和掌理你的人生。按照对真理的爱来生活和行动，就能为人生带来美、优雅和高尚的品质。看看你在生活中做了什么，就可以了解自己有多平衡、多诚实、多细腻。你会不会按照真理来生活呢？在这方面你能做到什么程度？或者你只是按照既定的概念来生活？你会不会按照自己已经察觉的既定模式来生活？你会不会按照只需要一点觉知就能认清的耽溺倾向来生活？如果你发现自己有耽溺倾向而非按照真理在生活，那么你就得认清自己应该为此负责；你不能怪罪任何人或任何事。

某些人会认为开悟是在所有问题结束时才出现的，但开悟其实是发生在你问题的起点上。开悟就是认清你必须为自己的人生负责，你是唯一必须活出它的人。上帝不会为你生活，因为从最终极的角度来看，你就是上帝。你不能说："也许上帝会帮助我。"但上帝究竟是谁呢？当你认清真相时，你就会发现上帝与你是没有分别的。你不能说："我将等待上帝来解决我的问题。"因为上帝与你是没有分别的，恩宠就在你心中，当你认清你必须为自己的人生负起全责时，真正的内在工作就开始了。

当然，如何生活是由你决定的，在这上面没有任何通则。这完全取决于你所处的情况和你的特质，以及你想要在人生中完成的事，因此要不要亲密关系、婚姻、事业或财富，完全取决于你的需要。把这所有的事都纳入考量，认真地过生活，恩宠和美就会出现。你必须了解何时该采取行动，何时该按照你已经明白的真理来安排生活。如果你的内在工作需要采取许多行动，也需要许多力量，你就得如此活出你的人生。如果你的内在工作需要细腻而精微的觉知，那么该如何生活，才能让这件事变得愈来愈可能呢？它是不会自动发生的。当一个人开始想体现他所领悟的真理时，一定会产生强烈的抗拒心态。这种抗拒倾向会以许多方式显现，尤其会以沉溺于制约反应的方式显现，即使有觉知也一样。

活出本体的境界，活出真理

人一旦有了某种程度的自我了解和体悟，就必须采取行动。那份体悟必须在生活中体现出来，否则不平衡的情况就会增长、被夸大，而导致更大的不满足和挫败感。虽然你曾经有过美妙的洞见和体悟，但仍然继续从不平衡的角度来生活，那么这些体悟和洞见也只会使你变得更不平衡。如果你没有从这些体悟中学会一些事情，只是按照预先设定的期待来求取自己想要的部分，也会强化自己的不平衡。你做的任何一件事都可能强化自己的不平衡，即使是自我了解、存在、开悟和洞见都一样。

你体悟得愈多，自我了解就愈深，于是就更需要按照这些体悟来生活。到了某个阶段，你会拥有许多层面的洞见、理解和领会。你的生活必须把这所有层面的领悟都纳入考量，包括行为和做事的方式。如果你已经证悟到精微次元、本体次元以及至上的次元，就不可能从头脑的次元来生活了。因为这么做等于不符合现实。一旦了悟到这些次元，它们就会影响你的行动，如果这件事没有自动发生，就必须问自己："为什么它没发生？"然后要试着去弄清楚如何让它发生。你已经知道什么是爱、什么是真相、什么是独立自主，但仍然按照虚假的方式和伴侣相处，这种作风代表什么？代表你没有按照你已经体悟的真理来生活，如此一来你就强化了自己的不平衡。

洞见和了悟可能会被用来强化不平衡的状态，但也可能为意识带来和谐与平衡，这种平衡状态最主要的内涵就是行动。自我了解也非常重要，因为你也可能在缺乏自我了解的情况下体验到存在。许多人都体验过各式各样的悟境，但他们都不知道那些境界到底是怎么回事。他们对了解自己并不感兴趣。这跟无法在生活中体现本体同样不利，因为你会阻碍自我了解的发生。如果某种存在的境界没有被彻底了解，你就必须试着去了解它，然后化成行动。本体状态必须渗透你的生活，才能转化整个生命。

人类没有理由不能活出真理、爱、力量、完美无瑕和自尊自重。你不需要在特殊的情况下才体悟这些境界。任何一个过渡期都可以活出它们来，只要你能看见生命的恩宠与美。

学生：你可不可以谈一谈如何才能善用内在工作，把本体和自我了解带到行动中？

阿玛斯：我们已经知道劳动体力的工作坊就是为了让这件事发生。在这些活动里，学员会涉入各式各样的任务来实际地做一些事，而且应该带着觉知来进行。执行这些任务时学员必须保持纯然的觉知，不过当然，过程中或许会有很多东西冒出来，供你观察、了解和放下执著。一段时间之后，你所有的体悟和了解都应该结合在一起，而且应该体现在行动上面。光靠思想是无法体现的，因为一个人可能有成千上万的洞见。你无法靠头脑来弄清楚这些洞见，弄清楚如何将它们与生活联结在一起。你不能单靠思想将其统合到生活里面，也不能期待有更多的洞见出现。

只要能尽力安住于当下，维持着觉知，全然投入于行动之中，你的觉知就会变成一种理解以及行动中的存在。在过程中你会遭遇一些困难和障碍，使你无法在行动中保持觉知，但学习面对障碍，就是真正的实修。然后从其中又会产生一些后续的心理议题，而且要花一段时间才能厘清。借由不断维持在当下以及了解自我，就能克服这些障碍，并促使你将体悟统合到行动之中。你可能无法在一个周日的下午就学到这些事，但你可能会意识到自己的困难、障碍、偏好、偏见以及不平衡是怎么出现的。

如同我常说的，我们可以把周日下午的活动延伸到日常生活里。我们可以从真实的洞见来执行每日的任务。这项练习就是一种实修，也是内在工作很重要的一环。因此周日下午的内在工作应该是带着觉知的，而且要安住于当下，行动则必须有效率和节省能量。如果你心里想的是："我如果能带着觉知安住于当下，那么做不做这些事就不重要了。"这种想法就是不正确的，因为行动和在静坐中无所事事地进行觉察不太相同。我们必须试着在行动中保持觉知，然后行动就能体现出美、优雅与庄严。你必须以最佳的方式来做这两件事，但不是按照世俗成就的标准，因为"做得好"，反映的就是你的意识和存在的卓越性。你如果是以正确有效的方式在做某件事，这里面就包含着本体境界和清醒的特质。这两种状态都是同一种体悟的表现。人格的整合就是如此达成的。人格和存在会因此而彼此渗透，变成一个运作中的整体：一个练达的灵魂。

把事情做好，同时也要和行动联结

学生：我觉得我做的事大部分都还不错，而且够精确，但仍然是从人格出发的。

阿玛斯：没错，这就是我会强调自我了解和体验存在的理由。许多人都有能力把事情做好，变得很成功，但仍然没有和自己的行动联结。

学生：内在工作有个阶段可能会觉得很窘迫？

阿玛斯：当然，这种事的确会发生，尤其是匮乏和无助感。有时你会处在一种窘迫状态："我不知道该怎么办"，"这是成年人的工作，而我只是个小孩，我的手指还不够长"，这所有的感觉都会出现。

学生：这项内在工作的目的，是不是要把某些体验带到日常工作之中？

阿玛斯：没错，随时随刻。否则又有什么意义呢？行动的训练就是要锻炼灵魂的肌力。从惯常的角度来采取行动，通常会跟存在本身分开。人格虽然在做一些事，但存在感不见了，它们之中有一道缝隙。我们要学习的就是让"存在"和"做"连在一起。存在的能量会流入行动中，这样行动才会有效而优美。

学生：我发现当我专注地行动时，我会想借由对存在的体验以及自我了解，来找到进行的方向。但刚才听起来好像不是这么一回事。

阿玛斯：不尽然如此。本体知道如何以优雅、美、力量、效率和精确性来行动，但本体并不知道如何修一扇窗户。你的"真我"和修窗户这类事毫无关系，它对窗户一无所知，它也不知道该如何为植物浇水，这是人格应该负责的事。但是当你在浇水时，你的本体很清楚什么是最佳的方式，包括你的感觉、你付出的力量、你如何去做才有统合感等。本体会帮助你把美显现于外。这一切都必须结合在一起，达到一种平衡与和谐的状态。我们探讨的不只是本体境界，而是真实的生活，亦即在生活中实践内在工作。当我们还未诞生之前，早已是存在本身了，重点就在于如何将存在带到生活里面。这就是我们此生的任务：学习活在地球上以及活在身体里面，去做一些和享受一些本体不关切的事。换句话说，本体如何能显现在一个人的身上？人生的任务就是活出本体,此即我们的进化所处的阶段。本体早已存在,但你必须进入本体里面。你的确会忘掉它,是因为你仍然在学习如何把它带入生活中。在我们的主流生活里面,这种必要的生命智慧和引领是不存在的,所以人才会分裂。当人格和本体分裂之后,有一部分的意识就会自顾自地去做事和生活。其结果是,我们必须回来重新拥抱本体,让本体融入人格之中。重拾我们的本体就是一种悟境,但开悟并不是结尾而是起点。我们真正要学的其实是变成一个对自己诚实的人。

真正的整合就是彻底结合灵性与物质

学生:如果你的工作会造成不平衡的发展,那么该如何有效地对治它呢?

阿玛斯:如果你的工作会使你的人格发展得不平衡,那当然可以去找一份不会造成这种情况的工作;或者可以在工作的过程中付出更多的觉知,看看不平衡是如何产生的;你也可以投入其他的活动来跟这些力量抗衡。或许还有其他的方式,但是到目前为止,我只能想出这些对策。许多人没有能力选择足以带来平衡感的工作,这类人由于无法脱离自己的工作,所以必须借着其他的活动来保持平衡。譬如某些人的工作必须久坐办公室里打字,那么他们就需要另选一段时间来运动。

这种使生活保持和谐平衡的观点,是很实际而符合常识的,也就是要看见背后的真相。人格总是试图模仿真人的生活,但因为和本体脱离了,所以做出了许多虚妄的事。不过人格还是想活出真正的生活,它想同时拥有成就、关系及工作——这些都是真实生活的一部分。可是人格无法正确地生活,因为某个要素不见了。平衡的生活涉及人际互动、关系、工作、创造力的展现,以及各式各样的活动和享受。人格发展出了运动、艺术、文学、娱乐、哲学以及科学:这一切都是真人的日常活动,但这些活动里必须注入本体的存在性,才能变得真实。真人的生活不需要把这些事情排除掉,而是必须以真实的方式去做每件事。你可能以真实或虚假的方式结婚,也可能以真实或虚假的方式工作。由于缺乏真正的智慧和体悟,所以人们无法以真实的方式去做这些事。我并不主张弃世修行,或者撇开生活里必须做的事去过简约的苦行生活——这种观念是不对的。你仍然可以拥有世间成就,以舒服精致的方式过日子,享受地球上美好的事物,而仍然百分之百地属灵。真正的统合就是彻底结合灵性与物质。当物质面与精神面的努力彻底结合时,人格就完整了,这时两者是没有任何区别的。否则的话,你仍然不是一个完整的人,因为你只活出了一半的面向。

  一个完整的人并不是没有性生活或不喜欢性爱的人,一个完整的人会以真实的方式进行性爱活动。所谓的真人并不是不食人间烟火,他仍然喜爱美食,而且会以达人的方式品尝美食。

  因此当我谈到平衡与整合时,我指的并不是把你生活的某个部分抛弃,去拥抱另一种东西。这是错误的观念,因为你的弃世是虚假的,拥抱一切才是真实不虚的。抛弃生活里的某些东西以便拥有某种体悟,其实是比较容易的事。譬如:"我要到寺庙里生活。我只想打坐,这样才能开悟。"你当然可以做这种选择,但这其实是一种逃避。这样的人生是不完整的,不过你当然可以这么做,而且有许多人都在做这件事。如果这就是你想要的,当然没什么问题,但这毕竟不是完整的人生,因为它偏向的是本体或存在的生活方式。那行动这部分又该怎么办呢?你仍然得去商店买东西,为自己做饭,第二天早上仍然得去工作,这些都是另一半的人生啊。当你在寺庙里打坐时,有人会为你做饭,把你的食物放在你的门前,因为你一天只能做一件事。但这决不是完整的人生。可是工作、追求成就、赚钱和结婚等,也不是完整的人生。前者倾向的是内在生活,后者倾向的是外在生活。其实内在与外在都应该兼顾，否则人格就无法完全整合，而且分裂也会因此而产生。但整合是相当不易的事，而且是非常非常罕见的。

成熟的人有能力结合施与受

遇见一个真正成熟的人相当不容易，这跟遇见一个开悟的人是不一样的。从真正成熟之人的角度来看，开悟虽然必要，但仍嫌不足。开悟只会让一个人看见以往未看见的可能性。一个人愈是成熟，愈是完整，就愈不会偏向自私或无私。属灵的人是无私的，永远在为他人奉献，世俗之人则永远是自私和贪得无厌的。但成熟的真人却能结合施与受，变成一种完整的行为。有些东西要给自己，有些东西要给别人，中间没有任何冲突矛盾。

因此这和道德无关。你会说给予是很好的事。没错，给予的确很好，但接受也很好啊。你的确应该服务人类，但如果每个人都在为人类服务，那真实的生活又该怎么办？如果你为你的孩子牺牲了自己的人生，你的孩子又为他的孩子牺牲奉献，那么谁又能真的生活呢？因此施与受之间一定要达成平衡，而平衡往往是最自然的事。当一个人在给予时，他并不认为自己是在给予，也不觉得自己是在施舍。当他在接受时，也不觉得自己在接受什么。他只是做必须做的事罢了。当情况需要你去做某些事时，一个真正整合的人就会去做它，至于这件事是为谁做的，却不重要，因为他的行动会从每个层面、每个面向去考量，包括生理、情绪、人格、本体、存在、现在和未来。

这样的行动并不是从算计的态度产生的。只有平衡的意识才能有平衡的行动，在这样的行动之中，本体的能量会自然流动，而流动的本体能量就是行动本身。本体的智慧能够从所有面向产生作用力，并且能整合到一个行动里面。它的智慧是超越头脑和觉知的。如同我说过的，这样的行动有可能出现，但必须下许多工夫才能体现出来。你或许要花一辈子才做得到。这是一件不断在发展中的事，你可以成长、成长、再成长，因为成长是没有止境的。

你的内在工作不会因为这个团体的结束而结束。你的内在工作将会持续一生，就好像学习做画家一样：人有可能到了某个阶段突然变成一名完美的画家，然后就到此为止了？优秀的画家永远可以变得更优秀，你不能说："现在我已经会画画了，我已经是个优秀无比的画家了。"因为你的技术永远可以变得更卓越，这是没有止境的。因此，认为人格的发展有止境是个不合理的想法。发展本身就是一种成长和进化。或许不和谐的状态会停止，但人格的发展本身是没有止境的。这意味着一个完全整合的人在30岁的整合状态和40岁是不一样的，而且20世纪的一名在30岁达成整合状态的人，跟21世纪的一名在30岁达成整合的人，也是不一样的，因为人类一直在成长。

因此，我希望这次的谈话，能帮助你们去除想要达成某种境界的预设心态，发展出更成熟、更平衡的认识。

第六章 一体性与人生

　　认为自己有一个独特的身份，而且是从单一个体的角度在生活，乃是人格所有的问题、心理议题和误解的主因，因为这两种状况根本不存在。它们是集体和个人想象力的产物。

内在工作的目的不是要帮你找工作、求偶或解决其他世俗问题。社会有许多资源——学校、训练计划、专业机构——都可以支持一个人的外在生活，帮助人谋生和追求成就，但内在工作绝不是要帮你谋生的。如果进行内在工作的过程中你的效率增加了，某些人生问题也获得了解决，那其实是内在工作的副作用。它真正的作用是要提升我们的生命品质，为我们带来更高的价值感，诸如友善、温柔、感恩、尊重、体恤、爱以及享受生命的能力。

不过当然，学生如果面临内在工作和关系的困境，老师还是会尽其所能地帮助学生了解他的困难。但解决困难并不是我们的首要目的，也不该把它当成首要目的。我们探索眼前的情境为的是转化生命品质；我们观察自己的关系、工作和兴趣，为的则是认清自己是怎样的人，生活里的真相是什么，生命的最高品质究竟是什么。解决生存问题，显然不需要动用像内在工作这么精细深刻的方式。

我们感兴趣的是去发现一些方式，让人活得更像个人。我们要寻找更深的价值、更细致的生活方式，而这意味着变得更像个人。人的本性是爱、温柔、感恩、有能力享受生命等，因此内在工作就是要揭露我们最人性的部分。这些能力不是别人赋予你的，也不是从外面得来的，它们本是你的一部分。其实内在工作只是要把你最深的本质揭露出来，使你更能按照它来生活。当你理解和了悟自己最核心的价值时，你的人生意义就改变了，而你的工作、关系、家庭也将改观。你会从截然不同的角度来生活，虽然表面上看来你的生活并没有什么变化。

做个真人，就是要超越求生的层次

我们的任务就是在日常生活里做个真人，而做个真人显然得超越求生本能。如果活着只是为了谋生，那么进化就没有必要了，我们只需要停留在鳄鱼的层次就够了。如果你认为活着只是为了求生存，那就完全没掌握住人生的要领。求生存，在我们的文化里虽然不是多数人最关切的议题，但是在其他国家这仍然是最重要的事。做个真人，意味着以有别于其他生物的方式活在世上。我们人类的演化有很大一部分是要精微化——让知觉精微化，令心智活动细腻化，使我们的能力变得更精练纯熟。因此，你来这里的目的如果是为了找工作、找伴侣、生儿育女，那么就没抓住要领。大部分的人早已在做这些事了，他们不需要我们这种学校来协助他们。我并不是在说这些事不重要，它们都是人生的一部分，而且是重要又必要的，但我们今天主要想探讨的是真人的生命品质。究竟什么才是真人的互动品质、存在品质、关系的品质、经验的品质，以及在家庭、工作和朋友圈子里的交流品质？这些才是我们真正关切的事，也是内在工作能带来利益的部分。

我们的成长并不是要脱离正常生活，投入于特定的心灵领域。我们的教诲是要引导人们活出最真诚的生活。愈是能体悟生而为人最真实的本质，就愈能了解和认清如何才能活得像个真人。在未达成这种状态之前，我们只是听说有这样的境界，但从未体验过。此外，内在工作也不仅仅是要看到心理议题，以便了悟某些高层境界；我们的重点是如何过日子，也就是如何把你的了悟和能力用在日常生活中。譬如，你正在学习有关"爱"的议题，而你参与的那个工作坊使你体验到了爱的感觉，但是一离开那间屋子，你和别人的关系又回到了原先的愤怒或怨恨状态。这代表你的内在工作并没有成果。你来这里学会了如何过得平安，回家之后却活得混乱不堪，这么一来你的人生还是充满焦虑，不论你对平安有多少认识都没用。这是因为你没抓住要领，你的学习只是一种娱乐活动罢了。一个人的成长或精微及细致化的程度，会显现在他的生活方式中，以及他和别人的关系里面。

同时，在这里的学习也不是要让我们看上去"像"某种状态。社会教导我们的大部分是很表面的事：看上去像个人、很慷慨、很强壮。我们真正要做到的是把这些状态活出来，而不是用它们来求取别人的肯定，让自己变得更成功。重点是要活得更像个人。

自我感（我是谁）＋个体感（我的界线）＝人格

借由清明地检视人格或自我，就能了解人的价值观。一般人的生活方式或未发展之人的生活方式，往往是从人格或自我的角度在运作。如果把人生看成一个圆圈，它大概可以划分成两个主要的元素：外围与核心。这是比喻自我本质的一种巧妙的方式：圆圈的中心点就是所谓的自我感或"我"。当你说"我要做这个，我要做那个"的时候，你指的就是人格的核心部分，而不是整体人格。另外一个人格的元素则是圆圈的外围，它代表一种单独存在的个体感。因此核心部分是自我身份认同，外围的部分则是我们的个体性。检视一下你的经验和生活方式，你会发现自我的确有这两个面向：你要不是在考量自己是谁、自己的身份认同是什么，就是在考量自己的界线在哪里。你总觉得自己是个单独存在的个体，而且你的某种特质造就了自己的身份认同。人格或自我就像是带有某种色彩的个体，而且是有名字，有特性的。这两个元素最肤浅的层次，就是名字带给我们的身份感，以及长相赋予我们的独特性。我们会护卫自己的名字与独特性，因为这两个元素是自我结构最主要的部分，它们构成了我们的经验及灵魂的模式，而且是彼此纠结在一起的。

认为自己有一个独特的身份，而且是从单一个体的角度在生活，乃是人格所有的问题、心理议题和误解的主因，因为这两种状态根本不存在。它们是集体和个人想象力的产物。如果你永远是从自我的核心在运作和自保，就会形成自我中心和自私倾向。你考量的只有自己。如果是从外围的部分来定义自己，那么你考量的就是自己的版图有多大，以及它包含或排除了什么，等等。

　　了解一个人的人格结构并不容易，我们必须下很多工夫，才能揭露人格的结构和幻觉的各种成分。这个过程需要不断地探究，穿越接二连三的经验，觉察这些经验的不同层次，并且揭露各种情境的真相。这个过程中你会不断地发现自我结构并不是真实存在的，你也会发现什么才是真实的，而人格的结构根本是头脑创造出来的。这样的体悟可以转化我们的生命。只有当我们真的按照这份体悟来生活，转化才会出现。转化自我感——认为有个"我"在那里运作、论断、选择、排拒和接纳——比转化外围的自我疆界感要容易一些。自我的活动就是那个核心部分的内在经验：排拒、希望以及渴求的种种周期循环——它构成了核心部分的身份认同。对本体的了悟往往能揭露我们对这个核心部分的认同。当我们了悟到本体才是自己真实本质的那一刻，我们会突然觉得："这才是我，本体才是我真正的成分。"那时核心部分的地基就崩解了。在这之前我们会一直深信那个核心部分就是自己真正的身份。因此当本体显现时，当我们了悟到本体的某个面向时，我们才突然发现："我原来是由别的东西构成的，我并不是这些疯狂的活动。我不是这个不断在接受、排拒，想要又不想要，不断在恐惧和愤怒的东西。我的本质是另一种东西，譬如爱、和平与存在。"而这便是我们所谓自我了悟的过程。但是对本体的了悟并不能立即去除对自我的认同，关键在于一个人的我执到底有多严重。

从了悟开展对本体的探索之旅

　　从我们了悟自己真实本质的那一刻开始，对本体的探索之旅就展开了——这个旅程会让我们愈来愈了解那个核心部分,继而有能力消除它、换上我们真正的身份——也就是本体。到了某个阶段你会发现,你只是单纯地存在于世上——没有任何思想、感受、批判或选择——一种永恒的存在感。钻石途径最主要的工作就是要踏上这个旅程。我们的途径十分完整,而且有效。但处理了核心部分,并不代表我们能去除对外围部分的认同。只要外围仍然存在,就会把核心部分的身份又带回来,这么一来,疆界感仍然没有消失。也许你会以为不再需要外围的部分来显示自己的独特性,但你仍然需要有自己的版图。换句话说,你经验的内涵或许已经改变,但仍旧认为自己和宇宙的其他部分是分开的。

如同我早先说过的,这个旅程的前半部需要花很多的时间、经历和理解。把这份了悟实现出来是内在工作比较容易的部分,另一个部分要处理的则是外围的疆界感,并且要理解分别意识是怎么形成的,这才是比较困难的部分。当前半段的旅程完成时,个体的独特感就变成要处理的焦点了。众人皆知美国是最重视人的个体性的国家,在这里个体性最受到支持并被合理化。每个人都渴望独立自主,靠自己来建构人生。其他国家也有这种情况,但是在美国,这是社会共同的理想。

事实上,转化这种个体性在任何一个国家都是困难的事,因为整体人类都认为:成为一个人,就意味着从其他的存有之中独立出来,变成一个独特的个体。这是人格的基础比较深层的部分,随着时间它建构出了自己的名字和身份。这种独特的个体性是大部分人最不容易放下的部分,因为我们不认为还有其他的存在方式了。可是具有这层疆界感,又如何成为真人呢?因此对核心的部分有了洞见之后,内在工作就必须倾全力面对和消除这层疆界感。

但是达成了自我了悟,就能了解真人的生活是什么状态吗?悟到本体还不够,你还得放下那份单独又自主的身份感。显然每个人都会对这种观点产生强烈反弹；因为听起来像是一大损失。这么一来，剩下来的还有什么呢？听起来我们好像从未存在过？那种状态又有什么了不得？接下来我又该如何吃东西，转动我的手臂呢？如果我根本不存在，又为什么还要吃东西？在没有真的彻悟之前，这种境界一直是个谜。深思这一类的问题，将会带来更进一步的了悟，继而粉碎那份个体的实存感。这种经验和一开始的经验一样会震撼我们的脑袋，因为我们的头脑活动就是奠基在这份个体感上面的，我们无法想象还有其他的可能性了。

合一经验会去除疆界感

因此，这段旅程起先是从经验本体开始，最后则会与本体合一。旅程的第二部分则是朝着另一个次元去发展，它通常被称为至高无上的层次，也就是纯然的存在。事实上本体就是存在本身，不过是一种带有高层品质的存在，而且是在有肉身的情况下经验到的。至于涉及无边界的存在境界，则是所谓的至高无上的存在，它是没有任何属性的。对这种无上境界的体悟，势必会修正我们对现实的观点，让我们看到疆界感的虚妄，此即所谓的合一经验。

合一经验能够去除疆界感，但不代表你这个人从此就没有领域感了，那比较像是你的存在变成了一个完整的领域。你失去了疆界感却获得了完整性。我们早已假定自己是一个单独存在的个体——这是我的东西，那是你的东西，我和你是不同的；如果你是个好人，就可以按照自己的方式生活，而我也可以有我的生活方式。这种带有分别意识的观点，并不是最客观的。

处在合一境界中你则会发现，你看到的疆界其实是头脑制造出来的。它是我们想象出来的。我们制造了一些概念和意象，然后告诉自己说："这里是我的界线，那个人的界线是从那边开始的。我的领域到此为止,那张椅子的范围是在那边,你的范围则是从这里开始,到那里结束。"这便是我们经验自己的方式,但真相如果不是这样呢?由于你的想法是这样,所以你就会以这种方式看现实。若是按照这样的领域观去看现实,当然就会以这种方式生活,如此一来,别人的兴趣很可能不是你的兴趣,你的兴趣也很可能和别人的兴趣起冲突,于是就出现了"谁拥有什么"的议题——譬如,"我是否能拥有我的这一份"、"你拥有你的那一份"之类的议题。伴随着分别意识又会产生施与受、爱与被爱、拥有和获取等的问题。因此人类所有问题的肇因,全都是源自于对自我疆界的假设。

如果你没有任何疆界感,这所有的考量就不见了,你不会再说"我要你爱我"。因为"我要你爱我"意味着这边有个人、对面有个人,对面的那个人爱这边的人。然而真相是,这个界线根本不存在,存在的只有一个整体。处在这一体性之中,你还会渴望某个人来爱你吗?你还有可能去爱某个人吗?把某样东西送给别人究竟意味着什么?从宇宙里得到一些东西,又意味着什么?其实你就是整体宇宙。但是对这种合一境界的体悟,并不是一种深层的"认知",事实上你能够看见和觉知到的一切事物,全都包容在你的意识里面。

处在这种合一境界里,你看到的一切都是你身体的一部分,这时你才明白"这个小小的身体是我的,那副身体是你的"其实是出自于你的想象。这件事并不存在,我们真实的身份是无限量的,外在的一切都是我们身体的一部分,也是你身体的一部分。我们真实的身份能够包容一切。我们跟外在的环境并不是分开的,我们和别人也不是分开的,我们全都是一体。你所觉知到的分别性,在客观层面上是不存在的。这就像一个人在做梦时梦到一些人、城市、天空或飞机等;或者你结婚、离婚、工作,过了一段愉悦的生活或是不幸的日子……对不对?做梦时的感觉绝对是真实的,但梦醒时一切都消失了。梦境中的一切从未存在过,它们全是你的脑子制造出来的意象罢了。然而在

第六章 一体性与人生

做梦时你是不会质疑这一切的，你不会说这是一场梦，你十分确定这一切都是真的。现在我看到的你很确定梦境就是现实。你认为自己在这边，那个人在那边，而你正在和那个人说话。但是当你觉醒之后，却发现所有的人都活在你的心内。那些人都不存在，而且世界跟我们一般所认定的状态截然不同。因此我们经常会听到："人是活在幻相中的。"

我说你从梦中醒来，发现过往相信的一切都是假的，这句话并不意味你从此看不见任何人了。你仍然能觉知到眼前的人，可是你会发现存在的只有一个人。并不是我的里面有一个本体，你的里面有一个本体，而是我们彼此是联结的。但这种对本体的经验还只是第一个层次罢了。我的意思是，不但你里面和我里面的东西是相同的，而且我们的身体结构也是相同的，因此根本没有所谓的界分[1]。我们全是一体的，根本无法分割。当我们彻悟到自己最真实的本质时，就会产生这种了悟。

合一经验就是发现万物本质的一种体验

如果你的自我了悟非常彻底，就会自然体悟到这种合一性，这时你不但会发现"我是自由的，我是纯然的存在"，而且会发现众生都是纯然的存在。这张椅子和我是同一种东西；事实上，它就是我，我就是它。现在我所指的是我们最根本的状态，其实我们全是由同样的意识能量构成的。所有的不同都只是表面的现象，就像涂上漆一样，有些是乳白色，有些是蓝色，但其实都是同一种东西。因此，合一经验就是发现万物本质的一种体验。

同时，这种合一经验也跟你偶尔出现的美好经验有所不同。你会发现它就是实相，不是一闪而逝的经验，甚至没有一个人在那里经验

---

[1] 可以参考量子物理学的质能一体论。

这种合一性。其实你就是合一性本身，而且总有一天你会察觉到这个真相。当那天来临的时候你会发现："这么久以来我竟然相信自己是个单独的个体，而且我有我的东西，别人有他们自己的东西。"那时你会发现这真是天大的谎言。你悟到了实相是无法切割的。当你体悟这一点的时候，你会觉得这才是最正确的真相。一旦体悟到合一性，你就会察觉自己根本没有心理议题，也没有任何问题，因为所有的问题都跟自我有关，如果连自我都不是真实的，又有什么问题呢？你甚至发现自己根本不会死，而且没有任何事会在身上发生。最糟的情况可能是颜色和形状变了；某一天你觉得自己像个人，另一天却像棵树，但是你真正的本质始终如一——它就是万物的合一性。其实说某一天你像个人，另一天像棵树并不够精确；我们应该说，你身上的某些细胞在某个时刻感觉上像个人，另一天像棵树，其余的你则是整体宇宙。

　　从这个观点来看，认为自己会死，根本是个荒唐的概念。那个会死的东西究竟是什么呢？死就像表面的漆换掉了。你把某个画面擦掉了。因为不再有死亡的感觉，所以也就没有恐惧、得失或痛苦了。你不再需要被爱，也不需要去爱任何人；你不需要获得什么，也不需要给予什么。说你想要某个人来爱你，就像你的鼻子对自己说："我希望我的膝盖能来爱我。"鼻子抗议膝盖不爱它，试想这是多么荒唐的事。或者你的耳朵对自己说："我不关心我的腿。从现在起我要跟我的腿分开，因为我是耳朵，我的听觉比较好，所以让腿去做它自己的事吧。我只要过我的日子，让自己壮大起来就够了。"当你体悟到合一性时，如果看到人们彼此对抗，就会有上述的感觉，而那是极其荒唐的。

　　人一旦体悟到自己最深的本质，万物的本质，便无法再按照以往的方式生活了。但这并不意味从此不再工作或没有任何关系了，其实一切仍然照常运作，只是不再有想要独立自主、不喜欢某人、渴望某人来爱自己、害怕穷困、恐惧死亡等感觉。这一切都不再有任何意义。你会发现，"我恨这个人，因为这个人不爱我"是个非常奇怪的想法，那就像是在做梦，梦中有某人在恨另一个人，醒来时却觉得"我才不在乎呢。我要去吃我的早饭了"。这场梦就像电影一样并不是真实存在的。但是你知道吗？我们一直活在这样的谎言里面。我们一直都认为自己的怨恨是真实的，对别人的渴望是真实的，而且最好能变成一个理想的人，等等。我们一向认为这些都是真实的，而且总是根据这种信念在生活。因此，觉醒就是如实看到生命的一体性以及合一性。

合一带来真正的爱、仁慈、感恩以及面对真相的能力

若是能从合一境界来看人生、心理议题及烦恼，就不会再把事情看得那么严重。从这份洞见之中会产生真正的爱、仁慈、感恩以及面对真相的能力。过往你所爱的并不是某个人，其实你爱的一直都是自己。你从未爱过其他人，其他的人也从未爱过你。大家都是一体的，同属一个实相，而这实相的一部分就是爱。这实相的其他部分则是仁慈、温柔、美以及真。实相不属于你我，它不属于任何人。

实相即是本体，它不是我们能拥有的一种东西。认为自己可以追求到本体，或"借由内在工作能得到本体的某个部分"乃是一种误谬的想法。我们也许会逐渐对它有所觉知，如同开始觉知到身体的某个部分，但另一部分还不能意识到。这时如果你说："我不该把本体放在我的左腿上面？我不该把它放在心脏的部位？也许我应该让我的两条腿都感受到本体。"这不是非常荒唐的想法吗？一旦发现本体就是身体的一部分，你难道不想在全身上下都经验到它吗？你的腿不可能说："本体是我的，我不该和手臂或头分享本体。"因为本体是无所不在的。事实上，自我了悟不只是为自己，也是为所有的人以及众生，因为众生皆有本体。认为自己有个本体，是不正确的想法；认为本体可以让自己的人生变得更美好，也是不正确的想法，因为你的生命是跟众人的生命连在一起的。宇宙里只有一个实相，而且所有人的生命都属于

那个实相,若是从这个观点来看事物,爱心自然会出现。因为别人就是你,他们都是你的一部分,所以自然会对他们慷慨地付出。

如果我不把你看成是与我有别的一个人,那么你的收获就是我的收获。我们就像是同一副身体上的不同细胞,因此内在工作是不能孤立进行的,而本体也不是你独自拥有的。内在工作或许可以靠自己进行一段时间,但长久下去一定会出问题,因为这么做就是在对抗实相。事实上,没有人的本体比别人更多或更少;本体一直都在那里,它属于每一个人。如果我们认为自己得到的本体比较多,或另一个人得到的本体比较多,就等于在做梦。看待本体的角度如果错了,势必会制造出许多麻烦。

对实相的觉知——比分别意识更客观的觉知——一定会让我们洞察到宇宙的一体性:我们会直接体悟那无分别而又永恒的合一境界。如果我们没有体悟到这一点,没有按照这种洞见去生活,就仍然是在相信某种谎言。在每个人的头脑里面,都有许多未经穿透的幻觉,导致我们对实相认识不清。因此一个真正在进行内在工作的人,必须把目标设定在一体性与合一性上面,这意味着它不是属于你一个人的,它属于每一个人、每一个众生。

合一性的本质就是绝对的良善,它是爱、仁慈、色彩、美与和平等的源头——合一性就是本体不同面向的源头,也是万事万物的源头,或者可以说是万事万物的本质。因此认为自己可以得到实相或属于自己的那一份本体,就等于脱离了无限量的实相,使自己变成了一个渺小、贫穷、无足轻重的生命。

合一就是最彻底的自由、解放与喜悦

合一性并不是我们有一天终将达成的目标,它一向都在那里,而且早已是我们的一部分。你只需要觉醒,如实地看事物,不再透过扭曲的镜片去看世界，就对了。合一性是最彻底的自由、解放与喜悦，它永远是焕然一新的。不论你走到哪里，合一性永远都在眼前；不论你在看什么，看到的其实都是自己的本体；不论你在接触什么，接触到的都是自己；不论你在跟谁说话，本质上都是在跟自己交谈。

我并不是在说这是很容易达成的洞见。由于长年来累积了一些奠基于分别意识的无明观点，所以我们很难随时保持这种洞见。虽然这种对至高实相的洞见很难维持，但我们仍然得认清没有其他方法可以达成这种境界，因为运用任何一种方法，就是在暗示有一个自我，而且这个自我正试图达成某个目标。方法本身就蕴含着分别意识，因此试图达成某种境界，势必会把自己当成一个独立的个体，倘若按照这种分别意识去行动，然后又企图拥有合一性——这显然是不可能办到的事。虽然如此，合一性仍然会出现，因为它是最终极的实相。我们一旦放松下来，弃绝所有的信念、概念、防卫反应以及恐惧，不再需要保护自己或排除外来的威胁，也不再忙着考量或强化自己，本体就出现了。

一旦真的放松下来，自然会发现你是无所不在的，甚至会发现万物都属于一个完整的东西。看到这一体性会让你脱离旧有的窠臼。你的心一辈子都卡在这个窠臼里，误以为自己是个单独的个体、有一天会达成或得到某种境界，然而一旦放松下来，却发现这根本是个误解。因此你不需要达成任何一种境界，只要放掉对自己的认知就够了。你只需要放松疆界感带来的紧张，持续地进行内在工作来实现自己的人生。只有活出自己的人生，才能洞察到合一性或一体性，而且生活必须对合一体验有所帮助，使你不再抗拒这份洞见。

成就真人的四种美德

你的生活不能再仰赖分别意识了，虽然你还无法证悟合一性。中国的老子曾经描述过生命的四种美德,如果能按照它们来生活,便是在成就真人的慧命,使我们提早了悟合一性。这意味着不只要了解自己,不只要体悟某些东西,同时还要以某种方式来行动以及整合自己。

　　第一种美德就是要爱惜和尊重本体。我们要活出一种生活,能够爱惜和尊重自己或他人之内的那个真实的东西。如果你的生活令你无法尊重和爱惜本体,那么你所有的理解或体悟都是徒劳无益的,它们不可能带来任何成果。因此,第一个美德就是要选择一种生活方式,让你始终能够与本体或真正的本质联结。你的生活方式不该侮辱或贬低你以及他人的存在。虽然我说这是你必须发展出来的美德,但其实它早已埋藏在我们的灵魂深处。当我们最终愈来愈接近本体时,会禁不住地感受到这份爱与尊重。那时一体性会变成你最主要的关怀对象,而且你会发现这才是你最重视的东西,其他的事物都比不上它。即使你现在无法真的觉知到它,也必须努力培养出一种爱和尊重本体的态度,因为你如果不爱也不尊重那最真实的东西,就不可能证悟一体性了。缺少了这种态度,就等于在对一体性说"不",如此一来你就是活在分别意识和谎言之中。

　　第二种美德是诚实。对生命、对自己诚实。诚实意味着不断地披露自己的自欺倾向,觉知自己想要和不想要的、感觉和无法感觉的、害怕和不害怕的,以及内心和外境之中真实发生的事。你必须对揭露真相保持最高的诚意和努力,而且必须把生活奠基于这种诚实和坚定的态度上面,才能活出真诚和爱真理的生活。当我说你必须对揭露真相抱持坚定态度时,我指的并不是对别人说出实话,而是你必须认清真相,不对自己说谎,也不欺骗自己。这种发展的方向,需要对人生的每个面向都保持诚恳的态度。如果你想要某个东西,就要让自己知道:"是的,我想要这个。"如果你对某件事非常火大,也要让自己知道:"没错,我的确对这件事很火大。"你要认清每一刻的实相,因为一体性就是终极实相的显化。当你彻底诚实的时候,就会发现一体性才是这个世界最真实的状态。根本上你其实是个宇宙人，这才是最深的实相。如果你对自己够诚实，而且不企图变成别的东西，便自然能了悟实相；如果对自己不够诚实，是无法彻底做自己的，因此发展出诚实的态度是很重要的事。

第三种美德就是所谓的细腻觉知。人格或自我的本质是坚硬、粗糙、迟钝以及不灵光的。这种状态造成了你和其他人以及宇宙的隔阂，因此你必须变得愈来愈细腻，愈来愈精微。你的温柔、易感、穿透性和被动的接纳性必须增强。你必须对自己和他人更加温柔体贴。如果你对待自己或他人不友善、粗糙或鲁莽，就是在让自我的疆界变得更厚重。这么做不但是在伤害别人，也是在伤害自己，因此你愈是温柔，就愈单纯，愈是细腻，就愈敏感、愈接近一体性。

细腻意味着把别人看成和自己一样有价值，一样美好，而且要以这种态度来待人。你不能在自己和他人之间竖起一道厚厚的屏障，也不能把别人看成是敌人或对手。你要把他们看成是你的一部分，和你有同样的本质，就像同一只手上的指头一样。你不会想以粗暴的态度对待你的手指，你会以温柔、体恤和细腻的觉知去对待它们。因此我们会发现，温柔和细腻的态度在消弭疆界上是极为重要的，其实这就是在放下坚实的分别意识。所有的迟钝、粗鲁、坚实与攻击性，根本上都是在企图护卫自己的疆界。因为你误以为有个东西必须得保护，所以才筑起了一道又一道的墙，直到自己变得厚重、坚实、不敏感、冷漠、烦乱以及粗鲁为止。生活应该能支持你揭露内心的真相：你的生活方式、行为举止、吃东西的态度、居住的环境，都应该让你产生细致、温柔、敏感及精微的觉知。你可以下工夫去发展和欣赏这些品质。你必须很坚定地留意实相的这些面向，试着以敏感的觉知来接收和反应，让这些更精微的元素影响你整个生命。因为一体性就是事物最精微的面向，也是最细腻的觉知状态，因此你必须变得温柔、细致、有伸缩性，才能发展出必要的敏感性。

第四种美德是助人的意愿。很显然，助人的意愿是奠基于一体性之上的。因为你觉知到内在工作不只是为自己，也是为众生在做，所以自然懂得去帮助别人。如果只在自己身上下工夫，就不是真的在做内在工作了，事情就是这么简单。而且在自己身上下工夫，是不可能不帮到别人的。但助人并不代表要跟他们一起做些什么，而是要觉知以及关怀别人的烦恼、心理议题以及困难。事实上，这意味着一直保持慷慨的心胸，因为别人和你是没有分别的。如果内在工作的目的只是要解脱自己，甚至认为这跟解脱别人是不一样的，那么出发点就错了，而且结果一定会出现很大的问题。反之，我们也无法借由助人来了悟一体性。我们所谓的助人，指的其实是认清别人和我们一样有价值，一样需要帮助。如此一来，我们的心就会自动敞开，愿意去协助和体贴别人。但如果助人只是达成一体性的伎俩，那么反而会助长自己的分别意识，无法认清别人或众生和我们同属一种本质。

因此，助人对你自己有利，也对别人有利。你去做这件事是因为它对你和别人都有利，但是在本质上做这件事还是利他的。你慷慨助人，并不是因为这么做对你有利，你只是想提供协助而非考量自己。你随时随刻都尽可能地付出，尽可能地提供协助。这项美德的发展，意味着尽量学习和拓展各种助人的能力，保持客观，随时觉知他人的状态，对人慷慨大方。你的人生可能会因此而转向助人方面去发展。但是成为一个慷慨大方的人，并不是为了助人带来的快乐，你只是真心诚意地想帮助人罢了。你是否偶尔会出现这样的感觉呢？有时你是否真的对一个人的问题感兴趣，因此很乐意去帮助他、改善他的人生？

助人需要一颗真诚的心，你必须在这上面多下工夫，把人生导向这个方面去发展。你的人生目的不该只是让自己变得愈来愈富有，而是要变得愈来愈慷慨，但这不意味你必须忘掉或牺牲自己，因为你也是全体的一部分。你跟别人一样重要，别人和你一样有价值，所有的人都是平等的。

这四种美德代表的是真人的品质及其生活方式。如果我们尊重和爱我们的存在，如果我们对实相和真相抱持诚实及坚定的态度，如果我们的觉知细腻而精微，如果我们慷慨大方乐于助人，那么遮蔽住一体性的障碍就会逐渐消失。当我说无分别性以及一体性就是真理的时候，我指的并不是你在了悟这一点时会消失不见。你可能以为证入一体性就代表失去了自我，因此很害怕自己会消失。其实你本身就是全体众生，一个无可分割的至上存在，或者说你是与至上的一体性无可分割的独特个人。换句话说，你仍然保留着个人性，但你的个人性与整体性是合一的。你会发现你是一副巨大身体里面的一个细胞，而这个身体又是另一个更大的身体里面的细胞。你的身体不会消失，你这个人也不会从此不见。你仍然是独特的个体，而且是从整个宇宙显化出来的，是受到宇宙支持的，犹如大宇宙的某个细胞一样。因此你和其他的人事物完全平等，既没有多一分，也没有少一分。

疆界感消失，爱自然会流露

疆界感消失以后，爱、富足以及慷慨的心胸就会自然生起，因为障蔽住爱的就是这层疆界感。那并不是一种想要爱某人或渴望某人来爱你的感觉。你就是你，你只是很自然地过自己的日子，但内心里自然存在着爱。你不会说："因为我有爱，所以我要去做这件事。"你只是很自然地展现出爱，而没有去思考什么。提供帮助，也不需要有慈悲的感觉。不论有没有想要助人的感觉，你都会去帮助人。那时慈悲心或许会显现，但你可能根本不在意它，你只是提供帮助罢了。因此从某个角度来看，内在工作没有一样是为你自己做的，但同时也是为自己在做，因为你就是万事万物。我们每个人都可能发现这些东西并非脑子里的概念或观点，而是一种事实。当你的心不再诠释任何事物时，你就是处在这种状态里面。

我们看待实相的一贯方式，通常是由我们的概念、信念和思维模式决定的，因此当心念活动停止、自我的活动静止时，你的觉知就会变得清明和单纯，这时就能看见实相。其他的状态都只是你的诠释，而诠释是有许多层次的。意识有许多层次，实相也有许多层次，最终当你放下诠释以及诠释的欲望时，就有可能如实看见自己的真相。

一体性并不是一种头脑里的概念，头脑对一体性的认知和真实的了悟是不同的。一体性指的是不再觉得自己有疆界，而开始与万事万物融合。处在自我的惯常状态里，你会有一种疆界感，但意识到一体性时，就不再有这种感觉了。那就像疆界化成了空气一般，你觉得自己不断在延展，穿过空气、穿过其他人、穿过墙壁，也穿过山川大地。这时万事万物都同属一种本质，而这就是你的本性。当你最终发现自己的实相时，你又是谁呢？当你有了最深的体悟时，万物突然变成了一个整体。每个存在的原子都属于同一种本质，而这不再是一种概念或观点，所以不会再改变了。目前你可能察觉不到它，但并不代表它不在那里。

了悟一体性，能治疗"单独存在"的创伤感

当你思索这一体性的时候，你会发现你的内心深处埋藏着非常深的哀伤、非常深的创伤感。那是一种脱离了一体性的创伤感。因此你的心中有一种极深切的渴望——想要停止那种单独存在的感觉。因为一体性才是我们最终的本质，所以我们深切地渴望与众生再度融合。一旦失去了这种一体性，势必会出现巨大而深幽的创伤感，而且是很难治愈的。从其中又会出现一种深切的渴望，因为你不论经验或感受了什么，里面总是有一种不满足感。你的心不允许自己真的快乐，因为一体性才是你最深的渴望，其他的事物都只是对一体性的投射罢了。你可能以为自己想要的是这个或那个，这些东西你虽然都想拥有，但

它们毕竟是非常表面的东西。真正能够让你的心快乐的,只有对一体性的洞见,也就是直接了悟你与众生本是一体。

学生:我们一旦有了觉醒的经验,或者自认为有了这种体悟,似乎又会回到沉睡状态。举个例子,你如何在看电视的时候,也能够有直接的体悟?你能够持续不断地保有它吗?

阿玛斯:如果你仍然认为自己是个单独存在的人,就会失去这份体悟。但如果能认清一体性乃是万物的真相,而且彻底被这个洞见说服,那么这份体悟就不再消失了。但若是企图达到这种状态,它就永远不会出现了。如同老子说过的,你只能老老实实过着有美德的生活。

学生:如果这份体悟无法持续下去,是否代表此人没有被彻底说服。

阿玛斯:没错。这代表你认同了那个自我,视其为你真实的身份。如果仍然把自己体认成一个单独存在的人,就会对这份错觉深信不疑。目前你也许察觉不到这份错觉,但它显然是存在的。你知道吗?说自己脱离了某种状态,就代表你已经从一体性之中出来了。处在合一境界时,根本没有一个人在那里经验着一体性,也没有一个人脱离了一体性,万事万物全是一体的。那不是一种"噢,我悟到了众生一体"的感觉。如果我们这么认为,就代表里面还有二元对立性。其实疆界感和局限感并不是由自我创造出来的,早在你拥有自我的身份之前,这种疆界感就存在了。基于这个理由,我们才可以不带有任何自我感地觉知自己,并且以个体性的方式存在着。

概念制造了分别意识

学生:我们是从何时开始脱离一体性的?你说我们一直以来都是一体的,那么必然有过脱离的动作。

阿玛斯:脱离一体性是在我们很小的时候发生的,大约在一岁左右。婴儿诞生的时候并没有分别意识，分别意识是由心智制造出来的。当你的心智和概念开始发展时，就建构了一个奠基于肉体的身份感。在这之前你一直是处在一体性之中的。如果没有概念和心智活动，一体性就是我们的实相。但概念又是什么呢？概念就是自我疆界感。一旦制造出某种概念，疆界感就出现了。这是一个人，那是一棵树，这是一栋房子，那是一种感觉——这些全都是概念。当你不再制造概念时，所有的界分感都会消失，那时便可能照见到实相。这就是我们不能企图达成一体性的理由，因为企图去做某件事，就是在按照头脑的概念去做。这么一来，合一境界就成了你的一个概念。按照心中的概念来生活，会强化头脑的活动，于是就无法赤裸地照见实相了。合一性和一体性是在彻底放松时出现的，只要有追求之心，就看不见它了。自从我们发展出心智活动以后，一直在追求某些东西。处在合一境界里是没有任何追求活动的，因此我们必须转化自我，因为自我就是一个追寻者。当自我安静下来的时候，才有可能觉知自己的疆界，继而认清疆界本是障碍所在，然后才能按照无疆界的真理来生活。

或许你已经注意到这一体性的概念为你的心带来了一些影响，这个可能性是你的心从未设想过的。现在请想象一下那会是怎样的境界。人愈是悟到一体性，愈有可能产生一些问题：怎么可能呢？这到底意味着什么？譬如，你正在吃东西，这时你可能会问自己："我正在吃什么，我是不是正在吃我自己？"你的心完全无法了解这种境界，它必须花一段时间才能适应和明白："耶！我真的不需要像以往那样去思考。我真的不需要按照以往的方式生活。事情并不像我想的那样。"你会发现一体性并不是存在于某处，与它相关的富足感和良善是无所不在的。

学生：分别意识和一体性似乎同时存在着，但却属于不同的次元。观察一下别人和自己，你会发现我们经验到的都是分别意识。只要一面对人，分别意识立即出现，因此当你谈到如何去经验一体性时，我所能想到的只有痛苦和挣扎之类的事。

阿玛斯：让我们换个方式来说吧——你的心脏和肝脏是不是分开的？我指的是，如果你的心脏有它自己的思想的话，它可能会说："耶，我在这里，我的肝脏在那里，我们两个是分开的。"虽然这也是一种观察的方式，但这个方式正确吗？或者你可以更贴切地去观察这件事。假设你能觉知身体里的细胞，而每个细胞都有自己的细胞壁，它和其他的细胞是分隔开来的，因此每个细胞都可以对自己说："我是单独存在的。"从细胞的角度来看这件事，你可以说细胞是各自独立的。可是当你觉知到整个身体时，就不再把细胞经验成单独存在的东西了。或许某些细胞过得很苦，或许身体的某部分正在开派对，而另一部分正在经验死亡或停滞不动的情况，但整副身体仍然是个整体。你不会说："那些细胞正在死亡，但这个部分的细胞很快乐。"一体性比细胞的联结要紧密多了，我们可以说事物之间并没有什么东西阻隔着，因为存在于中间的那个东西和它两旁的东西是一样的。

学生：你早先说过，世界如果全炸毁了，一体性仍然存在着，对这一点我不十分了解。

阿玛斯：有许多古老的教诲都曾经说过，这个世界已经毁灭许多次了。世界有一天可能会全部毁灭掉，但其他的世界还是会取代它的位置。当你看自己的时候，你会发现自己的本质或整个世界的本质都带有一体性。世界和人类一样有生有死，但人类这个族群会继续繁衍下去，人类的本性也会继续存在。万物的本性是比人类更完整的，就像某个人是人类的一部分，而人类是一个整体一样。因为人类是另一个东西的一部分，因此即使人类消失了，那个更大的东西仍然存在着。

一体性是爱和良善的源头

学生：所以本体是一体性的一部分。

阿玛斯：本体的确是一体性的一部分。一体性指的就是：没有任何一样东西是脱离它的。万事万物都是它的一部分。不论好坏，没有任何一样东西不包含于其中。一体性本身不会去区分好坏。这个至上的存在是最纯粹的，它就是一切事物的本质。万物都具有一体性。

这一体性不会特别去关切某个人，它不会说："噢，这个人在受苦，那个人在享受，让我来改变一下这种状况吧。"一体性或合一性是什么都不造作的。关切不是它的本质，但它却是爱和良善的源头。合一境界里面的爱与良善，就跟阳光一般会自然升起。

太阳决不会语带关切地对我们说："人类需要更多的热能，让我再加点温吧。"一体性的本质里就带有爱、温柔和慈悲等的特质，它不需要特别关怀什么，因为它比关怀的状态宏大多了。

事实上，整个宇宙都是一体性之爱的展现。你看到的世界就像一体性身上的袍子一般。这件袍子非常优雅华丽，它是由爱和本体制成的，但仍然只是一体性的某个部分罢了。一体性是很难设想的概念，因为思想会牵涉到与其他事物的对比，但一体性没有可以对比的事物。它也不排除任何事物，因为只要把某个东西排除掉，就不是一体性了。

学生：刚才你谈到助人和慷慨大方，如果你不知道那是什么状态，该怎么办？你不知道什么事对人真的有帮助，该怎么办？

阿玛斯：这时你就要去弄清楚。

学生：在你尚未帮助他人之前？

阿玛斯：助人有许多面向。譬如，你看见某个人病倒在路上，你显然知道该如何帮助他。那时你自然会按照自己的理解去帮助这个人。助人和慷慨大方，意味着要增加你的理解程度，以便提供更真实更有效的协助。助人意味着你关怀另一个人，同时也代表你和那个人是没有分别的。助人意味着周围的人都是你的家人，但不代表你该盲目地把所有东西都送人。这种做法也许并不能帮助任何人。其实你必须善用所有的能力和智慧，才能以最佳的方式助人。发展助人的能力，也意味着要自动自发地协助别人，那不是"我想要帮助人，因为这是件好事"。你必须拓展自己，以便自动产生想要助人的意愿。一旦有了自发的愿力，接着要拓展的就是助人的能力，其中的一种能力显然是温柔的态度和细腻的觉知。

你可能已经发现，当人们更爱自己、更了解自己的时候，自然会愿意帮助别人。人愈是跟自己的爱联结，就愈想到外面去协助别人。本体会按照客观的律法运作，它是属于万事万物的。你并不独特，没有任何人是独特的。只有这整体才是最独特最奇妙的。

第七章
体悟空无

疆界感是源自于身体的紧张。身体是个甲胄，它就是我们的疆界。当身体放松下来完全平衡时，我们就不再需要疆界了。因此你可以说，自我了悟在某种程度上必须从身体下手，到了最后，自我了悟便是彻底放松身体，没有其他东西了。

智慧使我们知道该在何时努力

学生：我最近在誊写有关意志力和内在支撑力的演讲录音，最后你提到真正的意志力是一种不费力的状态，所以只要一努力，真正的意志力就不见了。可是我觉得不努力的话，什么事都做不成了。

阿玛斯：我们说真正的意志力是一种不费力的状态，并不代表永远不需要努力。其实你的里面经常有一股想要努力的驱力，如果不把这股力量有意识地用出来，那么潜意识里的这股力量就会操控你的人生。

学生：这是不是和葛吉夫所指的努力有关。

阿玛斯：葛吉夫所指的努力是带着觉知的，但仍然是一种努力。我们的内在工作有一个阶段是需要付出努力的。我们之所以需要努力，是因为潜意识里早已存在着这股驱力；如果里面没有这股驱力，那么无论何时我们都无法努力了。

学生：我觉得潜意识里的那股力量，感觉上反倒像是懒得去做什么的感觉。

阿玛斯：那股力量其实是一种抗拒力。也许你没有意识到内在有一股抗拒力。内在活动造成的机制是一种费力的感觉。内在如果没有抗拒的感觉，或者没有意识不到的防卫机制，就不会产生想要努力的驱力。这种抗拒力并不是人类的自然状态。

如果潜意识的驱力不存在，我们就不会抗拒内在的意识活动，因此我们必须靠显意识的努力来揭露潜意识的驱力。潜意识的驱力一旦揭露出来，你就会发现继续努力下去只是一种抗拒作用，而且会障蔽住纯正的意志力。有时我们需要努力,有时则必须停止努力,端看眼前的情况而定。若想带着智慧有效地转化自我,就必须知道何时该努力,何时不该努力。

学生:有没有任何指标?

阿玛斯:没有任何方程式可以依循。你必须运用自己的智慧。如果你发觉潜意识里有一些东西,而你并没有在努力觉察它们,这时就该用点力了。反之,如果你发现自己并没有被潜意识的东西所影响,而是很清明、很能安住于当下,那么就不需要努力觉察了。你只要放松,让一切自然流动就对了。从根本上来看,努力是不利于纯正意志力的,因为当你在努力的时候,代表有一个自我正在费力地做着什么。努力代表你认同了某种自我形象。你以为自己是有别于整体宇宙的单独个体。你把自己看成是单独存在的人,有自己的心智活动和意志力,处在这种情况里,你是很难不努力的。然而最深的真相是:你并不是一个独自存在、有自己的心智活动和意志力的个体。

学生:你说的状态我从未体验过。

阿玛斯:是的,我很清楚这一点。这就是你会认为自己拥有意志力,而且很难不努力的理由,因为你深信自己是拥有心智活动和意志力的个体。其实要维持这种单独存在的感觉是很费力的,因为你一直在让自己有别于整体宇宙。由于你有自己的偏好和选择,而且与其他人不同,所以才需要费力地活着。你很费力地维持着自己的偏见,然而一旦发现自己并不是单独存在的个体时,就能够放松下来,回归到较为自然的状态。

学生:对我而言,一切都只是在求生阶段罢了,光养活自己已经很费力了。

阿玛斯:这是大部分人的情况。觉得自己是单独存在的个体,是个普世性现象。担忧生存问题,当然意味着深信自己是单独存在于世上,过着与众人有别的生活。

学生：没错，我绝对认为如此。

阿玛斯：所以谋生才会变得这么重要。事实上你并不是单独存在于世上，你从来就不是，这只是你编织出来的想象罢了。如果这层幻觉消失了，生存就会有不同的意义，也比较不那么费力了。

学生：但是坐在这张椅子里的又是谁呢？

阿玛斯：这不是出自于你的想象，这是整个宇宙意识想象出来的。眼前的椅子，所有的东西，包括你自己在内，全是想象出来的，如同梦境中有个人，那个人以为自己是真实的。想象一下自己正在做梦，在梦境里你看见了一个人，那个人认为自己是真实存在的，但其实只是你梦中的一个人物罢了。真实的情况和梦一模一样，这便是所谓的宇宙意识的作用力。

体悟"无心"，真正的爱就会产生

学生：就这一点我有个问题，我的问题涉及爱、行动和努力。我不知道该怎么问才正确，意思有点像"你怎么知道自己的行动是发自于爱"。

阿玛斯：你可能以为自己的行动是发自于爱，其实并非如此。重点在于你的身份认同究竟属于哪个层次。如果你仍然是从单独存在的个体性出发的，你就会觉得爱是从你的心、头部或腹部散发出来。如果你的身份认同属于比较深刻的层次，就会发现比较宽广的次元——你会觉得自己的身体就是整个宇宙。这时如果还觉得自己的行动是从心的部位出发的，就没有意义了。你会发现并没有一个人在那里从心中产生某种行动，因为那个人根本不存在。一旦体悟到"无心"的意义，真正的爱就会产生。你会发现整个世界全是你的心[1]。如果认同了小我，你就会把其中的一小部分当成是自己的心。

---

[1] 万法唯心所造。

学生：但你又怎么知道你是活在宇宙大心之中呢？

阿玛斯：当你不再费力、潜意识里也没有想要努力的驱力时，就会出现自发的行动，这种自发的行动便是真正的爱。它是流畅而没有任何冲突的。你甚至没有在设想什么，它自然会出现。这跟你平常的某些状态很类似。举个例子，早上起来你去喝水，需要努力吗？有时也许需要一点努力，不过大部分时间是不需要的。你想喝水，自然会站起来去倒杯水，这件事需要努力吗？这是非常自然又自发的行为。这跟爱的行动很类似。

学生：这跟安住于当下有什么差别？

阿玛斯：你为什么会问这个问题？

学生：因为当我去倒水时，心里可能有一大堆念头，这时我根本没有驻留在我的身体里面。我不觉得我是安住在当下的行动上面。

阿玛斯：没错，但有时你的自发行动和安住于当下是同时出现的，那时即便有念头，你的念头也带有自发性。总之，人的活动大部分是自我反映式的，而且往往有预设在里面。这并非压抑或不清明状态，但也决不是一种明确的状态。自我反映永远意味着有一个单独存在的自我，而这会让完全自在的行动无法出现。你一开始反映自己的作为，问题就出现了。若是不刻意去反映什么，一切事情就会自然发生。不去执著问题，问题就不存在了，你只是做你正在做的事，如此而已。你一旦开始考量自己：我该不该做这个？我该不该控制自己？这么做对不对，会不会出错？矛盾或对立便产生了。如果你不去考量这么多，只是自自然然地做你眼前的事，行动就会自在。

学生：但是爱和存在又有什么差别呢？

阿玛斯：从客观的角度来看，这两者并没有差别。我们总是以特定方式在思考爱，把它跟我们所认为的特定感受连在一起。其实爱便是整个存在，当你认清这一点时，会变得比较自在，比较能放下自我，不再一味地检视自己该做什么或该怎么样。万事万物都是爱，爱是不需要反映自己的，它只是自然地运行着。只有头脑会反映自己，但头脑的活动最终也是爱的展现。

心智就像是爱的一面镜子，借由心智活动，爱认识了自己，这点既为我们带来了祝福，也带来了诅咒。我们有了认识自己的能力之后，也为自己的人生制造了混乱。检视一下你会发现，这整个情况都跟心智活动有关。心智会检视自己，但爱不会，爱只是在那里流动着。心智的存在本是要让爱认识自己。

学生：听起来很像丧失伊甸园的典故。

阿玛斯：没错，心智是非常聪明的，它创造了上帝、伊甸园等的概念。我们现在指的是自我反映带来的觉知力，因为它同时也带来了冲突矛盾。这种冲突矛盾的主要显现方式，就是认同自己是个单独的个体，而且具有自由意志与自我。当我们不再反映自己的时候，就会像孩子一样完全逍遥自在。孩子是不反映自己的，他们甚至完全不去看自己。他们根本不知道自己是谁，或者自己存不存在。但心智活动一发展出来，他们就开始反映自己了："我是这个，我是那个，我很好，我不好……"然后问题就跟着出现了。当他们开始企图控制自己和现实的时候，错误的意志力就产生了。此即努力的起因。但如果你和那个在检视自己的东西没有区分，那么存在的只是一个不检视自己也不费力的人。

自发状态中，无我也无心

学生：自发的活动似乎都是不费力的。自动产生的行为也是如此。但是我有一种感觉，我发现当我察觉自己的自动反应模式时，往往会意识到里面有努力的成分，因为里面有一种自我意识。

阿玛斯：自动化的反应模式其实是一种错误的自发反应。它们并不是真正的自发性，因为你仍然在反映自己，或者仍然想以正确的方式行动等。这仍然是一种对自己的辨识与论断，而且是觉知不到的。这可能是一种预设或潜意识里的反应。我所谓的自发性是完全不带有任何觉知的，那就像是睡着了一样，完全没有任何自我反映的成分。

当你入睡时，你是没有意识的，你只知道自己躺在那里，心里或许在想着某件事，然后就睡着了，醒来时已经是早晨了。如果睡觉不是自发的行为，你就没办法入睡了。企图入睡会让你永远睡不着，只有忘掉自己，才能顺利地入睡。爱的流动也是一样的。如果你按照这种方式生活，就如同自然入睡一般，是一种自在的状态。

学生：但是你一直告诉我们要觉醒啊。

阿玛斯：没错，我们的确讨论了无数次有关觉醒的事。在我们的工作坊里面，会因时因地因人而阐述一些适切的观念，譬如，母亲可能会告诉三岁的孩子不要径自过街，但是对较年长的孩子，却嘱咐他要观察马路两边的情况。每一个阶段的发展经验都不一样，因此我们阐述的观念也不一样。

在此我们已经把过往所采用的诠释做了改变。到了某个阶段，自由或解脱的意义会变成完全没有自我意识，因为在最深的层次上，根本没有一个"我"可以被意识到。这时你不再知道自己是谁，也不知道自己在做什么，你只是让一切作为自然产生。这时你仍然会吃饭，而且会突然发现自己在吃饭，但是发现到的那一刻，你已经产生了自我反映的活动。大部分时候你并不知道自己在吃东西，或者有个人正在吃东西，眼前只有吃的动作而已。那时你对食物的觉知仍然存在，却觉知不到自己的嘴或其他部分。处在彻底自发的状态里，你是意识不到任何自我形象的，眼前只有吃的过程。只有当你反映自己、思考自己的感觉时，才会觉得自己是存在的。这时身体和食物都在那里，你只是让事情自然地运作着，完全没有头脑的活动，但仍然能了知整个吃的过程。

这便是包容着存在与爱的自发性生活。想象一名六个月大的孩子正在吃东西,你认为他会知道自己在吃东西吗?不,他是不知道的。婴儿不像我们有自我反映的能力,他们没有自我存在感,也意识不到自己正在吃东西,或者吃东西是为了什么。这一切都是我们的心制造出来的,因此心如果能安静,这所有的意象都不存在了。我指的并不是胃里没有了食物,而是这整个事情会自然地运作。

学生:我们成年人难道不具备一些孩子所没有的状态吗?譬如某种程度的觉知?

阿玛斯:成年人当然发展出了许多婴儿没有的能力,譬如思维或理解事物的能力。但觉性及存在并不是一种思维活动,当你不刻意去发现它的时候,它自然会出现。觉性本身是没兴趣看自己的。觉性和概念或认知毫无关系,它是完全自动自发的。这便是所谓的"无心"。现在你如果看着我,不去思考什么,你还会有正在看着我的感觉吗?

学生:这跟感觉有什么关系?当你有某种感觉时,不一定会去思考它啊。

阿玛斯:你可能不会去思考它,但感觉通常会伴随着思想出现,它们其实是受思想左右的。

学生:那么觉受又是什么呢?

阿玛斯:觉受也和思维有关。如果你的念头完全消失,就没有任何觉受了。从根本上来看,你的本体既没有感觉,也没有觉受[1]。你的心是百分之百寂静的,你照见不到任何的思想、感觉、觉受或自我。

那是一种彻底空无的状态,甚至对空无的觉知也消失了。没有任何人或东西是存在的,也没有任何一个人在那里觉知着不存在——所有的意识都空掉了,这才是最彻底的觉醒状态。

学生:我完全被搞糊涂了。

阿玛斯:如果你是从"我"出发的,势必会觉得糊涂,这便是原始无明。从原始无明出发,怎能不困惑呢?

---

[1] 佛经里所指的无眼、耳、鼻、舌、身、意。

第七章　体悟空无

我们一开始讲的是努力这件事：自发性是一种不费力的状态，自发性也意味着不去反映自己。当你反映自己的那一刻，自发性就不见了，因为认知之中都有一种刻意的成分——一直在考量自己的作为。有趣的是除了在考量自己的时候，我们多数时间都是自发的，一旦开始自我反映，自发性就不见了。

大部分的时候你都是自发的，但是在那些时刻里你并不知道自己是自发的。你不知道里面有一种和谐性，因为你没有在反映自己，所以不知道自己是快乐或不快乐。一旦想到自己，你就会认为："不，我不快乐。"试着去回想一下，看看你有没有不反映自己的经验。这种事在一天之中发生的概率很高。你并不知道自己快乐或不快乐，这里面就带有一种和谐性。

学生：我一向以为这便是身而为人的定义。当我开始质疑自我到底在哪里时，我就会觉得脑子出了问题。

阿玛斯：提出这种质疑，并不代表你的脑子有问题，因为这是人发展过程的一部分。发展出一个自我，是灵魂进程中很自然的一个步骤。人类的发展仰赖的就是自我反映，这也是认知的基础。问题其实出在我们已经忘了如何在不反映的情况下做自己。我们丧失了本体的直接性，也忘了本体最深的奥秘，其实是一种彻底空无的状态。

关于空无的问答

学生：这种空无里是不是没有任何觉知？

阿玛斯：没有任何对自我的觉知。

学生：但仍然是有觉知的？

阿玛斯：除了自我之外，对其他事物都能觉知到。

学生：我以为本体是一种真实存在的东西。

阿玛斯：没错，这是正确的。本体就是我们所谓的神秘或秘密本质，我们最终极的真相。若想明白这最深的奥秘，就要把心智的一些精微活动也解脱掉。当本体反映自己的时候，它并不是单独存在的，因为心智也在那里。本体会示现在各个不同的次元，而且会愈来愈精微。但是心智活动一旦彻底止息，自我反映的作用力就不见了。

学生：我曾经体验过完全没有念头的状态，但我仍然能意识到体内的觉受和感觉，以及屋外所有的情况，而且其中带有一种平等性。

阿玛斯：如果你当时真的没有任何念头，又如何有内外之分呢？

学生：我当时并没有内或外的分别意识。

阿玛斯：那么存在的又是什么呢？

学生：我所感受到的各种东西。

阿玛斯：譬如？

学生：我可以意识到地板，也意识到地板的接缝。

阿玛斯：所以你能觉知到地板的存在。如果没有对地板的念头，你又怎么知道眼前有个地板呢？

学生：我只是在经验它，我并不知道它存不存在。

阿玛斯：这代表你仍然有非常细微的念头。当你意识到地板的那一刻，显然已经对地板有了概念，否则你怎么知道那是地板而不是别的东西呢？因此"地板"就是一种概念，否则你不可能意识到它是有别于其他事物的。

学生：我只知道我当时经验到的是地板。

阿玛斯：你怎么知道你不是在经验墙壁呢？它们在感觉上是相同的。

学生：我经验到的地板是一种觉受而不是外在的名相。

阿玛斯：但你怎么知道那就是地板？

学生：当时我脑子里没有任何命名的活动，只是静静地坐着。当我清醒过来的时候发现自己正坐在地板上。

阿玛斯：你为什么会假设自己是坐在地板上呢？也许你是坐在其

第七章 体悟空无

他东西上面啊。你只是假定自己感觉到的是地板罢了。事后当你清醒过来时,以为自己感觉到的是地板,但也有可能是错觉啊。

学生:我处在那种状态时体会到两种东西:首先我体验到的一切事物都跟往常一样,但却有一种非常不真实的感觉,因为另外还存在着一些次元或面向。我能同时感受到这两种状态。我指的并不是惯常的状态突然消失了,而是我进入了不同的境界。

阿玛斯:是的,我了解。这种境界里既有经验本身,也有对经验的觉知。当这种状态出现时,里面仍然有微细的概念,但即使如此,你描述的那种状态还是比较接近于实相。

无惧无畏的真我境界

学生:我有一个问题。某一回你提出了恐惧与畏怖的差异。似乎在恐惧之中有某种潜意识里的东西想要冲出来,但恐惧为何会转成畏怖?

阿玛斯:畏怖通常与生存本能有关,因此它不只是一种潜意识里的东西。当人感受到畏怖的情绪时,通常是在害怕自己快要死亡或消失了,这时自我感的消失也会随之而至。起先我们拥有的是一种自我感或是对人格的认同,如果你随观它,它会逐渐消失,于是你就生起了一种畏怖感。

当这种感觉走掉之后,祥和感会出现,然后你就可能发现到真我。这个真我是由纯粹的觉知和本体组合成的,它是光明的、纯净的,带有一种永恒和超越空间的感觉,而且是慈悲、良善以及爱的源头。但是真我也会消失,当它消失时,另一种层次的祥和又会出现,那是跟"不存在"有关的境界。当那种境界出现时,另一种层次的身份认同又会产生,我们称之为至高无上的存在,因为它已经扩张到整个宇宙。这一层的身份认同反映了更无限的宇宙性,这才是万事万物真正的本质。

你发现自己不再是身体与心智的源头，而是万事万物的源头。然后我们还可能再摆脱掉这种宇宙性的身份认同，而这又会带来更进一步的祥和经验，也就是体悟了无我。这时就不再有一个你在那里看着一切了。但无我境界也会消失，这意味着又会再度经验到恐惧或畏怖。无我境界之所以会过去，是因为无我也只是一种概念，然后剩下来的就是真正的空无，也就是最终极的状态了。

你可以说这才是你真正的身份。这种状态里不再有一个人对自我产生认同。这种状态与深睡无梦很类似，差别就在于你是完全觉醒的。你不再有任何对自己的认知，包括自我感或无我的觉受。

现在你已经明白自我了悟会经历许多阶段，其中的自我感是最后才消失的部分。人人都有一个真我，身为人类的一员，你是不可能没有真我的，但这个真我和你的童年制约毫无关系。你生下来就拥有了它，但你还是可以超越对它的认同。我们需要真我，而且必须体悟到它，才能进入至高无上的境界。

你认定的那个"自我"，只是最表层的身份认同，也就是心理上的自我感。从人格层次来观察，心理上的"自我"的确是存在的；你会经验到它，甚至有一种实质性的感受。但是有没有一个"自我"并非关键问题，重点在于你所属的层次是哪一种。在每个转化的关键点上，我们都会害怕那时所拥有的东西可能消失不见。你会觉得自己好像快要死掉，快要消失了，因此这时出现畏怖感是很正常的。其实一直要到无我的境界出现时恐惧才会消除，因为那时你才发现不再需要一个自我了。你会发现在没有自我的情况下，一切仍照常运作。这时自我感还是会生起，但我们已经不再需要它了。虽然无我的境界已经非常根本，不过仍旧有一种觉知和意识存在着。无我的境界之中还是有觉知，却没有任何自我感，也不需要有自我感。

接下来连这层无我的觉知也会消失。这时，自我或无我的意识就彻底熄灭了。这便是所谓的无心或无觉知境界。当这种境界出现时，

第七章　体悟空无

我们才可能完全解脱自在，因为已经没有一个"我"在那里反映一切。处在这种状态里，如果你反映自己的话，只会觉得有一个头在转动着，而且是完全向外观看的。这时内在已经没有什么好看的，你的注意力完全转向了外界。

在转化过程里，最主要的障碍就在于你相信自己是个与身体联结的人。你把这副皮相当成了你，但认同这副皮相，只会令你对失去自我感到畏怖。事实上你并不是一个人，你是一扇通往宇宙的窗户。

自我了悟就是彻底放松身体

学生：在我的经验里，当我的身体处于平衡状态时，疆界感就不见了。身体的疆界让我产生了单独存在的感觉。

阿玛斯：一点也不错。当身体放松下来、没有任何紧张，而且完全平衡时，疆界感就不见了。疆界感就是源自于身体的紧张。身体是个甲胄，它即是我们的疆界。当身体放松下来完全平衡时，我们就不再需要疆界了。因此你可以说，自我了悟在某种程度上必须从身体下手，到了最后，自我了悟只是彻底放松身体，没有其他东西了。当身体彻底放松时，它就变成通往宇宙的一扇窗户，这扇窗户会让洞见、觉知和体悟出现。如果身体的存在感消失，这扇窗户也会跟着消失，这又是进一步的发展，一种更加敞开的状态。

这代表整个宇宙跟这扇窗户合一了，然后就没什么东西可以被观察到了。每一个转化阶段都可以带来更进一步的祥和。每一个阶段的自我认同消失时，就会出现更深的祥和与寂静。一旦进入彻底的空无境界，就会出现绝对性的祥和，因为会造成干扰的因素全都消失，甚至连认知到祥和的作用力也消失了。当你意识到自己是祥和的时候，会因为这种自我反映的作用力而产生细微的干扰。所谓的绝对性的祥和，指的是里面没有任何对这种状态的觉知。那是一种全然合一，没有任何反映的状态。在这种时候我们会变得彻底清明,而这种透明性会示现在每一个事物上面。

学生:你的意思是,人真正的状态是完全透明的?

阿玛斯:不只是人,万事万物都是透明的。

学生:连人格以及它最阴暗的部分也是透明的吗?

阿玛斯:它最真实的本质也是透明的。

学生:最真实的本质?

阿玛斯:万物的本质,包括人格在内,都是相同的。举个例子,你眼前的这块地毯看上去是柔软的,但这只是它外表的状态。当你看到它最深的本质时,你会发现它也是透明的。从表面上看来,它好像是一个白色的、柔软的、毛茸茸的东西。

学生:为什么在我的经验里它不是透明的?

阿玛斯:因为你看到它的外表,就以为那是它的真实本质。愈是相信外表,它看起来愈真实。我的经验是这样的:当我在看身体或外面的事物时,我愈是信以为真,它们就愈固化。如果我能超越外表看得更深一点,眼前的那个东西就会变得愈来愈不实在。

学生:透明性和一体性的差异是什么?

阿玛斯:在绝对的透明性之中是没有一体性的,而且也没有一体性的消失。

学生:没有一体性也没有一体性的消失?

阿玛斯:一体性是非常深刻的经验,那是在疆界感消失之后出现的。疆界感一旦彻底消除,你就不再把自己体认成单独存在的个体,于是自他的界线就不见了。那时出现的就是一体性:你的宇宙性身份。你会觉得自己就是万物,而万物都是一体的。这里面仍然有细微的概念,对一体性的概念。如果能超越这层概念,你就会看到最根本的实相——一种既非合一也非不合一的状态。这时事物只是如实存在着。说万物是一体的,仍然是你自己的见解。

第七章 体悟空无

学生：说万物都是透明的……

阿玛斯：仍然是一种见解。这就是为什么我会称其为空无的原因。其实绝对的透明性也只是终极实相的一种反映罢了。

如果觉知仍然存在，彻底的空无就无法出现。只要意识还存在，就会认知到空无，那么就还不是彻底的空无。但彻底的空无出现时，又要称它为什么呢？大空吗？或许吧。我们愈是深入，感觉上就愈空，但是当你的自我完全消失时，或许情况又不同了，谁知道呢？

学生：听起来空无好像是在你未诞生之前就存在的？

阿玛斯：不只是你未诞生之前，在一切事物未诞生之前，它就已经存在了。你这个人就是从一体性之中诞生的，但是在一体性之前，存在的又是什么呢？

学生：我不明白你所谓的"我是从一体性诞生的"是什么意思。

阿玛斯：你现在认为自己是个与万物有别的个体，这种单独存在的感觉就是从一体性之中产生的。在你发展出自我感以前，曾经有过没有疆界的合一感，在这种合一感之前，还存在着更深的无合一状态，也就是既无界分也无合一性。你认为在那种状态之前又是什么境界呢？

学生：我觉得我们一直在往后倒退。

阿玛斯：从某种角度来看，你的确是在往后回溯，直到你退到最后面为止，那时你才发现你其实是在往前看。当你回溯到底时，才能往前看，这便是自发性的开端。

自我了解的目的就是要了悟自己最真实的身份，而这是要经历倒退过程的。你认为的自己会一层层地褪去。你会一直处在失去的状态，但失去愈多，就愈自在。

学生：因此成熟和倒退是同时存在的，它们有差异吗？

阿玛斯：从倒退之中获得的智慧，可以让我们变得更成熟，也就是解脱掉我们所累积的对现实的概念。让我再重复一遍，如果你从倒退的过程中学到了一些事情，而且能够把它运用在生活里面，就是一种智慧的展现。成熟是跟智慧有关的，智慧又跟整合能力有关。如果你没有把从经验中学会的东西整合到生活里，就没法子生出智慧了。因此智慧是按照你学会的东西来生活，然后你就变得成熟了。

成熟是没有止境的

学生：整合又是什么意思呢？

阿玛斯：整合代表你的人生是按照你的理解在运作。假设你对实相有了一些体悟，却没有按照这些体悟来生活，那么就代表你的体悟没有整合到生活里面。因此整合意味着你的行为、思想和运作方式之中，全都带着一份体悟。

首先你可能会对实相有所体悟，譬如你突然发现："这就是爱，现在我终于知道什么是爱了。"但是第二天你的行为就像对爱毫无体认似的。这意味着你没有把爱整合到你的经验里面。因此我们必须借由整合的过程来认识爱，对爱产生一种智慧。然后你还要把这份成熟性展现在行为之中，以成熟的方式去爱。成熟不是一种终结状态，它取决于你自我了解的程度，所以是没有止境的。

学生：是不是必须等到人格有所发展之后，我们才能变得成熟？

阿玛斯：成熟度与意识到自己的真相有关。这不是一种内在孩童的发展。内在孩童无法再发展，因为它已经不存在了。它只是你脑子里的一个老旧的形象罢了。脑子里的形象怎么可能有所发展呢？三十年前你的身体还是个小孩的身体，现在已经不是了，如果仍然把自己当成小孩，如何能成长呢？因为内在孩童不是真实的，所以无法再成长发展。那个能够成长的东西才是你内在最真实的部分，也就是你的个人性本体。

学生：由于我们生活的方式永远在助长个人的分别意识，所以我的问题是，要如何生活才能促进自我了解与统合？

阿玛斯：所有的传统教诲和灵修系统都已经说过，你必须无私地生活：不为自己累积什么，把自己奉献出去。愈是能给予，就愈慷慨、愈慈悲、愈有爱心、愈不自私，而且愈不认同小我。小我就像一座孤岛，需要保护和强化，如果不去保护或强化它，你的慷慨就能消除掉疆界感。真正的慷慨是没有任何保留的，那是一种完全敞开的状态。我指的不是肉体上的开放性，而是每个层面的敞开。这意味着不再试图保护自己，当然我指的并不是晚上睡觉时不关门窗，我指的是在心理上不建构任何护卫自己的屏障，而且不断地消弭掉这种疆界感。慷慨其实就是一种合一性或一体性，当你有了对合一性的体悟时，你会发现你的心是彻底慷慨的，里面没有任何保留。所有的爱、慈悲、理解、知识和助人的意愿，全都会向外涌出。人之所以会保护自己，是因为缺乏自我了解。我们是以二元对立的方式存在于世上，但若是能从终极的角度来观照自己，就会认清自己并不是一个人——个人性只是你显化出来的某个面向罢了。

以体认、接纳、允许个人性存在，来释放执著

我们可以显化成一个人，也可以显化成爱、喜悦或慈悲。个人性只是本体的一个面向，但却是本体所有面向之中最难了解的，因为我们的人格是一种模仿出来的虚假人格。另外还有一个真实的人，我称之为个人性本体，它才是我们最真实的本质，就像爱是你最真实的本质一样。如果你认为自己在根本上是一个独立存在的人，很容易形成虚假人格，而且是带有疆界感的。因此个人性并不是一个必须拒绝、憎恨或贬低的东西。

个人性和爱一样珍贵。个人性是我们在地球上显化出来的身份。我们最真实的本体是无法活在世上的，因为它没有任何形体，所以必

须有一扇能发挥创造力的窗户，于是我们就显化成了一个人。

一旦体悟到自己的核心部分，就能认识本体的各个面向，这代表有时你是一个个人，有时你不是。即使你已经体悟自己的本质是爱，也不需要一直拥有爱。有时你展现的是爱，有时是慈悲心，有时是意志力。你不能说："我希望自己永远有爱，我希望自己一直保有意志力。"个人性也是同样一回事：有时个人性会出现，有时它又消失了；真我也是一样的：有时真我会出现，有时它又不见了。这完全取决于你的需求，因为你就是一切事物的源头。如果你不去护卫由意识和本体组合成的真我，那么真我就不会感觉自己和他人是分开来的，如此就会有人与人之间的真诚、关怀及联结。

如同我一向强调的，我们有一个所谓的"个人性本体"这个真实的身份，由于它是本体的一个面向，因此主宰着本体的宇宙律法，也主宰着个人的这个面向。如同主宰力量、意志、慈悲心一样，宇宙律法也主宰着个人性本体。我们通常会想要抓住个人性的这个面向，如同我们企图抓住慈悲心一样，于是最后就变得虚假了。人的制约之一就是一直想保有这种个人性，这层制约是存在于我们的基因里面的，它也是整体人类的一种制约。事实上每个人都带有这种制约。就是因为我们拥有一副肉身，所以才以为自己的肉体就是外在的界线。个人性本体比肉体要大太多了，它可以充满整间屋子，甚至超越任何范围。

学生：是不是到了某个阶段就必须把这种个人性的感觉放掉，然后才能进入另一个阶段。

阿玛斯：是的。但这种个人性的感觉必须被充分体认、接纳和允许。抗拒或愤怒是无法带来成长的。只有透过对个人性的理解和爱，那份执著才得以释放掉。

实相有许多次元，只要你是从特定的次元在运作，那个次元就会变得坚实固着。一旦进入更深层的次元，前面那个次元就不再显得那么坚实了。如果你把实相的所有次元都纳入考量，并且统合它们，你的认知自然会深化，而且更深的次元也会显露出来，所以不要完全专注在任何一个次元上面。

　　如果统合性的认知发展得出来，你的人格就会逐渐成熟，也就是我所谓的客观的个人性。你会以客观的方式展现自己，显现出不同次元的智慧。如果你把某个次元看成是最重要的，譬如把物质界完全当真了，那么一定会出现问题。一旦进入到另一个次元，物质界就不再显得那么逼真了。这时你不会说"物质界是不存在的"，你会说"以物质的角度来看，这个次元是真实的"。当你证入本体时，物质界就不再那么真实不虚了，但究竟哪一个次元才是更真实的呢？答案是，你不做出任何论断，只是觉知着自己在不同次元运作时看到的现象。你不会受意见或立场的束缚，因为空性是没有任何意见的。

第八章 直接体验实相

　　世界就像你屋子里的某个角落,它已经有一百万年没晒到太阳了。当纯真的实相出现时,就像阳光照入屋内,突然一切事物都变得鲜活起来。

人类似乎命中注定要犯一个大错，这大错不但让我们认不出自己是谁，也让我们无法如实看见周遭的世界。我们生下来就有一副身体，而且我们会随着年龄的增长变得愈来愈独立，心智也会跟着发展出来。到了某个阶段，我们就再也看不见自己与生俱来的实相，而开始相信受制的心智活动即是实相。

我们对自己真实本质的觉知是如此的脆弱、精微和纯然，以至于发现到它的那一刻，它就消失了。一旦能意识到当下的自己，或者因自我反映的活动出现而得知当下的状态，真正的你或实相便彻底消失了。我们不能说它被遗忘了，因为它不属于心智活动的内涵，它只是无法被你觉知或觉知不到了。

心智的发展、认知活动以及种种的作用力都是必要的，但这种发展的方向也会让我们建立错误的觉知，进而把实相的某些面向排除在外，转而强调其他的面向。这种觉知的方向可以让我们在世上运作，但也变成了我们唯一能意识到的现实，结果这个整体的一个非常小的部分就被当真了。这项损失远远大于我们所能想象的。

因此我们的心智和人格就这么发展了出来，继而完全变成了人格或自我，于是就开始彻底地活在心智的世界里。心智创造出了人格，于是我们就成了活在魅影世界里的鬼魂。与实相相比，这个魅影世界不但幽暗，而且阴湿、陈腐，里面只有重复再三的思维活动。

心智与人格遮蔽了实相

我们彻底忘却了实相，而开始不断地追求受制的头脑所重视的东西。即使我们称这些东西为爱、成就或快乐，基本上都是有限的。这所有的目标都是心智制造出来的，它们其实是不存在的，甚至从未存在过。它们只存在于头脑里面，而且尽是一些海市蜃楼。我们终其一生都在追求这些东西，然而当我们追到的那一刻，却发现它们都是幻象，根本无法止饥解渴。我们一旦认为自己已经达成这些虚幻的目标，就会试图固化它们、支持它们，这意味着强化我们信以为真的阴湿陈腐的世界。实相是无法被认知或想象的，当你认出它的那一刻，你已经把它谋杀掉了。它成了你头脑里的概念，一个可以被固化的陈腐概念。心智里充满着自己制造出来的东西，不过当然，心智也会跟其他的心智交流互通。你会跟其他人的创造力相互交流，而且一直试图按照心智的内涵去生活。个人的心智和集体的心智是结合在一起的，但这仍旧是个幻影般的人生。

你是如此的深信自己的心智活动，以至于把所有的精力都投注其中，直到它变成坚实固着为止。如此一来，我们就把心智的内涵当成了实相，而开始彻底相信自己的思想、信念、概念及梦想。观察一下你生活的世界以及不断在追求的事物，还有你喜欢和渴望拥有的东西，你会发现它们都是一些不断在重复的老旧事物，里面毫无新意可言。即使是你认为的新东西，也不是鲜活、真实和新颖的。它们都存在于你的头脑活动里面，因此你的心智成了一所监狱，而且住在监狱里的人已经被催眠了。这所监狱的铁栏杆是那么的结实，于是你就把这些铁栏杆当成了追寻的对象。你不断地支持和强化监狱的铁栏杆，再也认不清眼前的真相是什么，除非你有能力把这些制约全都抛掉，包括过往已经知道的一切——一切你想要或不想要的东西。

抛掉心智里面的东西，意味着把你对自己、对世界、对好坏的认知全都丢掉，否则你经验到的都只不过是心智活动的一部分，一些从过往记忆延续下来的老旧事物。所谓的老旧事物指的并不是随着时间而消逝的东西，而是不再成长或发展了。我们年复一年地建构了一些幻影和僵死的概念，里面丝毫没有生机。这些东西里面没有光——它们是黑暗、阴湿、老旧、沉重以及腐朽的。

活在这样的世界里，你一定会感到痛苦，这是因为我们错把这个老旧阴暗的世界当成了实相，而且只渴望其中的某些部分。你用一副老旧的身体来对抗另一副老旧的身体，你排斥某个僵固的东西，却爱上了另一个僵固的东西。如果你渴望某个东西是因为你以前经验过它，那么你渴望的就是一个僵死的东西。如果你认为某个熟悉的东西可以为自己带来快乐，那么你追求的就是已经死去的东西。你永远不认识自己真正想要的那个东西。只有把已知的事物摆脱掉，你想要的东西才会出现。

过往的记忆使我们看不清实相

寻找一个你已经知道的东西，是不可能让实相出现的，因为所有的已知都属于过往的记忆，而记忆永远是缺乏生气的。即使是回忆起对实相的体悟，也不再是真正的实相了。由于实相无法被言传或描述，所以也无法被忆起。实相就是让所有的概念爆发出来的能源，因此你怎么可能记得它呢？

你只能学着忘却一切，把所有已知的、想要的全都忘掉，直到没有任何心智活动、变成一个新生儿为止。只有在这种时刻，你才看得见当下的实相和自己的真相。当你发现实相的那一刻，你其实是认不出它来的——那就像是闻过和尝过滋味，却说不出那是什么东西。当你认出实相的那一刻，它已经变成了已知的事物，也就是说我们认识的世界全是过往历史的延续，是存在于我们心智里面的东西。

我们无法以新鲜的眼光来看事物，因为我们总是透过以往的记忆在看一切。譬如我们正在看一张桌子、认识的人、自己、自己的人生或是未来，这时我们并不是以崭新的视野在看，也不是以开放的心胸在看，而是带着老旧的回忆、认知、感受及概念在看。因为我们是透过一层又一层的东西在看实相，所以永远也看不清楚。

　　长久下来，老旧的事物就被当成了实相，因此每天早晨你醒来时，看见的全是一些陈旧的东西。但如果对实相有了体悟，早上起来你看到的就不再是以往熟悉的东西了。你一旦学会了观看、觉知和品尝，就会发现自己从未真的认清过眼前事物的真相，这时我们终于不再透过心智活动去看世界。但只要一认出某个东西，开始为它加标签或定名，实相就不见了。所以，若想洞察实相，必须把一切的已知全部抛掉，并且要解脱掉所有的心智活动。

　　我指的并不是必须放掉已知的一切，甚至连上街买东西都免了，我指的是要关注如何洞察和觉知到实相。我们目前探索的是实相的本质，而不是对现实生活做出论断。在日常生活中，你需要心智来分辨到哪家商店能买到合意的东西，但不代表需要靠这种认知的方式来观察实相。当你看着一池水的时候，你会看见水面的倒影，你很清楚反映出来的东西并不是真实的，那只是倒影。你很清楚真实存在的只是一池水。心智活动也是同一回事：向内观照时你会看见心智的内容，但你很清楚它们都是一些反映出来的东西，你知道另外还存在着一个实相。然而我们经常忘了那池水，甚至把水面映照出来的东西当真了，如同我们经常把自己的心智活动当真，忘了自己最深的实相一样。

保持纯真如新生就能洞穿实相

　　这就是为什么我会强调要变成婴儿的理由。婴儿时期你是完全无知的，你根本不知道这个世界发生了什么，但并不意味你无法思想或遗忘了什么，而是尚未开始产生认知，没有任何着染。因此你必须回归到处子的状态，也就是不去思想，不认同什么。凡是能被你认出来的东西，都是老旧的，因此必须像个婴儿一样什么都不知道。不知道自己是谁，不知道眼前有什么，也不知道眼前的那个人是谁。文法对你来讲是没有意义的，因为你根本没有主词、动词或受词的概念。你的头脑里没有"你"、"我"、"他"、"她"或"昨日"、"今日"的概念，你也没有"好"或"坏"的观念。你什么都不要，也没有什么都不要的观念。当你想要某个东西时，你已经产生了认知的活动，回到了老旧的模式里。

因此当你经验到欲望时，你会发现你渴求的那个东西永远是老旧的，一种心智里的老旧记忆。当你感到不满足的那一刻，你也会发现那仍然是心智的产物。即使在期待的那一刻，你期待的那个东西也是已知的。

像个婴儿意味着什么都不知道，甚至不知道自己什么都不知道。你什么都不渴望，也不知道自己什么都不渴望。你不知道该做什么或不该做什么。当你知道该做什么的那一刻，已经有了特定的方向和分别意识；如果你说"我知道该做什么"，就已经有了明确的选择。对现实产生认知，知道该怎么做，渴望从现实之中获得一些东西或是感到失望——这些全都代表活在老旧的世界里，这一切都会固化旧有的事物，使它们变得更坚实。如果你能完全放下，让自己洞穿到最深的实相，就会发现实相是处子一般纯真的状态。

这种如处子般的纯真和细致状态，是非常非常脆弱的，只要对它产生一丝一毫的概念，它就不见了。彻底的纯真意味着永远保持焕然一新的觉知。当下的实相与昨日的记忆毫无关系，若想觉知实相，就必须纯真到一无所知：你不知道实相是什么，你不知道有这个东西的存在，你彻底处在天真无知的状态，一无所知地活着，甚至不知道自己活着。这是一种非常神秘的状态。它的神秘性不在于深藏不露，而是完全新颖的。它新到即使你看见它，也认不出来，否则必定是个老旧的东西。

继续觉知实相而不要去认识它，因为那是一种神秘的未知状态。

由于我们已经相信了那个老旧的世界，所以很怕面对这种完全纯真的状态。这种纯真的状态会把活在心智里面的人吓个半死，因为当它显现出来的时候，就像烈日从乌云之中出现，立即把整个黑暗世界焚烧掉。说得更精确一点，若想了解或活出那种绝对纯真的境界，就必须放下所有的防卫机制——纯真和防卫性是无法并存的。我们丝毫不想护卫自己的欲望，甚至对自己的观念也不想捍卫。我们必须是完全柔软开放的。

直接观察实相、与实相联结，意味着我们和实相之间没有任何阻隔。换句话说，我们的心中没有任何防卫或自保倾向，没有缓冲的气垫。那就像是光着屁股坐在冰块上——这就是直接体验实相的方式。你不能试图活在舒适地带，同时又希望自己契入实相。你必须抛掉所有的支撑，所有能带来舒适感和熟悉感的概念、感觉及事物。我们都喜欢舒服温暖的东西，因为它们能够让老旧的回忆固化。舒适感能固化我们熟悉的东西，而我们熟悉的东西全属于老旧的世界。若想契入纯真的实相，必须脱光衣服，赤裸裸地让肌肤接触冰块。那冰块和皮肤接触的速度会快到让你认不出来。它是那么清凉而新鲜，以至于你不能用任何方式操控它，也不能用任何手段掌握它，如果有明确的方向，那个方向就是老旧的心智产物。任何行动都是源自于老旧的概念，而且会固化那些老旧的记忆。直接契入实相是需要彻底赤裸的，心里不能有任何支撑，因为能够支撑自己的一定是老旧的东西。

天真无知，无所依靠的意识状态

彻底纯真意味着彻底无知，如同从未学过任何东西一样。这不是一种意识状态，因为脑细胞里没有任何知识，也没有思想，没有任何念头。一阵凉风吹拂过你的脑细胞，把它们彻底净化了，于是变成了无念状态——一种心智尚未开始活动的状态，认知之前的意识状态。

你必须回归到无知和彻底无所依恃，但这并不是真的无助，因为你根本没有要做什么或不做什么的感觉。你还未生起任何造作的念头。你的心也没有投射到未来，或是觉得未来必须做些什么。你的心是完全安住的，它安住的程度可以彻底到没有任何安住于当下的感觉。那一刻你的心中没有一丝一毫的时间概念。

现在我们应该已经明白一开始提到的那个重大的误谬——错把实相的倒影当成了实相。你看见的世界其实是水面的倒影。你想把倒影固化，以便见到实相，这么一来就更见不到实相了。实相和将要发生或已经发生的事都无关，因此连"发生"这件事都没意义。我们的确有可能不带着任何思想和概念来觉知实相。凡是实相之外的东西，全是一些老旧的概念和意象。

或许你还记得童年时每件事都显得很新奇，每件事都能让你开怀或兴奋不已。小时候你到哪里都觉得很兴奋、很新鲜，因此你可能还残留着一些对那份新鲜感的记忆。你必须把天真无知、彻底无所依恃、完全没有防卫性的状态活出来。换句话说，你必须完全柔软开放，心中有一种什么事都没发生过的新鲜感。你真正的本质是极为有原创性的实相——它永远不会遭到破坏。

你变成了一扇观赏日出的窗户。那种意识状态就像黎明一般，这才是我们的本来面目、原初的实相。如果我们不能变得彻底柔软开放、毫无防卫性、不带任何概念或成见，甚至没有任何意识活动，就无法睁眼逼视那彻底新鲜原创的实相——无论处在何地，看见了什么，全都带着一种狂放而无法控制的爆发性能量。每一刹那都像宇宙大爆炸似的，没有任何东西是成形的。

你那原始而纯真的本来面目，是一种不断爆发出来的新鲜感，一种永远处于未知的天真状态，里面是没有任何时间性的。时间是心智活动的一部分，你必须有思想，才会有时间感，但那天真的本质是在时间之前的一种东西。这就是我会称之为大爆炸的理由。它只是不断地爆发着,你甚至没时间领会眼前发生了什么。当这种爆发性的状态出现时,你的心尚未准备要提出任何质疑,这才是我们真正的本质,一种永远焕然一新的境界。

实相不但是我们的本质,而且一直都在那里。就因为它一直存在着,我们才看得见它。你既然能发现世界是个倒影,就有机会让新鲜的实相穿透过来,然后整个世界就会变得轻松、新鲜、透明而清凉。那时你就能以焕然一新的视野去看万物了。那时如果你看着桌子,并不知道那是一张桌子——你还不知道有所谓桌子这个东西。如果你看着某个人,也可能不知道该说些什么,因为你已经哑然失声,充满着敬畏之情。

了悟是一个不断敞开和质疑的过程

我说这些话的目的只是为了提供一些线索,让大家明白自我了悟可以深到什么程度。尝到了内在工作的某些滋味,就会了解前面的路是什么样子,而不会误以为自己已经知道未来将要发生什么,也不会再去追求那些已知的东西,或按照规划好的方向去发展。这才是知识真正的妙用。真正的知识不是累积起来的东西,当真知出现时,它或许能为你解惑,但同时也会打开数千种的可能性。自我了悟是一个不断敞开和不断质疑的过程,因此当你拥有彻底的真知时,你会发现那其实是一种无尽的大疑状态。你会发现你什么也不知道,你只是不断地从眼前的实相出发。

知识并不是一种对事物的结论,心智真正的作用不是下结论,真正的知识也不是做总结,而是要开启探索的可能性。在一个僵固的世界里,我们总希望借由知识来止息心中的疑问。我们希望自己的疑问能一劳永逸地获得解答,我们不想再有任何问题。但真正的知识却会带来更多的探索,它会揭露更多你所不知道的东西。当你有某种发现时，下一个洞见又产生了，那一刻你才察觉自己所知甚微。这种情况其实应该一直持续下去——发现自己所知甚微，直到最后发现自己一无所知为止。当你最后发现自己一无所知的时候，就变得天真纯洁了。

真正的知识不会提供我们慰藉，事实上它会帮助我们不再需要慰藉。它也不会让我们变得更安全、更舒适，它反而会让我们更不安全。真正的知识会让我们愈来愈站不稳，因为我们站立的那个地面根本是虚假的。从老旧世界的角度来看，这样的内在工作实在太不容易，甚至是恐怖的。由于我们是从心智的角度来看内在工作，所以它几乎是一项不可能的任务。但由于实相一直都在那里，所以仍然有可能达成，但不代表这个可能性只是一种概念。因为实相一直都在那里，所以我们才可能觉知到它。

但怎样才能一无所知呢？这似乎是非常恐怖又不可能达成的事，我们怎么可能一无所知，不管自己，甚至不去假设自己存不存在？我们怎么可能不假定自己是或不是个人？我们怎么可能不假定这是或不是我的身体？我们怎么可能不假定还有其他人的存在，或者有善恶的存在？因此不假定似乎是很恐怖的事。其实所有的假设都代表我们自认为已经知道了一些事。这些假设都是一些阴暗的东西，它们都是遮蔽住新鲜实相的陈腐之物。实相是不能借由心智活动来达成的，心智活动必须解除和减弱才行，因为实相就像金刚钻一般会放出璀璨明澈的光芒，它是不容许任何形式的慰藉或舒适感的。在实相之光的照射之下，所有的尘埃以及角落里的东西都会曝光。我们的内在工作会透过揭露真相，来帮助我们了悟自己的天真本质，而这份本质是无法被认知的。

真正的探索之道一定会带来洞见和放下的能力。每一个被你看见的东西，你都要去了解、认清，然后彻底放下它。但这还不是旅程的终点，其实真正能让我们直接洞察实相的旅程，是哪儿也不去的，我们只是不断地穿透到当下的实相。那就像是原地跑步，但这种跑步的方式会逐渐吞吃掉黑暗的部分。这整个过程就是在了解自己，因此我们哪儿也没去。当你在了解自己的时候并不想达成什么；你只是在洞察罢了。

彻底拥有，才能放下

学生：你刚才提到放下防卫性是多么恐怖的事。这使我想起了马斯洛的《存在心理学》（Toward a Psychology of Being）所提到的需求理论。他谈到一个人只有发展出了强而有力的人格之后，才能真的自我实现，而这是必须在成长的历程里有过被爱经验才办得到的。我在想，如果一个人从未得到父母的关爱，似乎很难放下对爱的需求，所以是否该先发展出某种程度的内在力量，才能放下对爱的需求？我们似乎得同时进行两件事：一是发展出健全的自我，另一个是要放下自我。这似乎是相互矛盾的两种方向。

阿玛斯：看起来的确很矛盾。没错，人必须先进行各个面向的发展，但这种发展其实是在原地跑步——我们自以为已经达成了什么，获得了一些东西等。虽然我们必须发展不同的面向以满足各式各样的需求，但如果能在更大的宏观视野下完成，就比较不浪费时间，也比较有效率。一个从未感受过爱的人，的确很难放下对爱的需求，而一个体验过爱的人，则比较容易放下对爱的需求。

如果一个人已经彻底认识了爱，而且体现了爱，接下来的步骤就是要放下它。这是很自然的发展过程。同样地，各种层次的自我了悟，也就是一种实现脑中理想的过程。你会去实现爱，实现快乐，达成一些成就等。每当你彻底实现了某件事的时候，就会发现那只不过是脑子里的一个想法被完成了，但在这之前是不会有这种体认的；只有当你彻底拥有某样东西时，才会发现那只是一种想法被完成了。一旦发现那只是个想法罢了，噗！它瞬间就消失了。接下来你又有了一个新的想法，于是又会去实现它。当你彻底拥有它的那一刻，它就像幻象一样，突然消失了。因此你对爱的需求一旦消失，自然会成为爱的泉源，甚至连想都不用想就可以将它展现出来。

人既要发展自我，也要解脱自我。发展或实现自我，就是一种超越自我的活动——它们是同一件事。你必须先实现自我，才能超越自我。举个例子，当你发现你就是真我时，也会在那一瞬间超越你的真我，因为已经拥有了它，就不再需要它了。这便是马斯洛的需求理论——当你还未拥有某个东西时，自然会渴望或是去追求它，但彻底获得它的那一刻，就不再需要它了。其实说你不再需要它是不正确的；你会觉得它不再那么重要了。你发现那只不过是头脑里的一种想法罢了。

这整个满足需求的过程，跟解脱自我的过程是相同的。从表面上看来，它们好像有矛盾，其实是同一回事。假如我说你必须放下心中的欲望，那么你该怎么办？你不会只是在嘴上说说就算了，你会去实现这些欲望，彻底了解它们，然后放下它们。以我看来，除了彻底满足欲望之外，没有其他更好的方法了。完整的自我了解和自我实现会带来超越自我的机会，让我们更能意识到存在本身。你必须彻底拥有自我之后，才能放下自我；你必须彻底拥有意志力，才能放下意志力。你无法在欠缺爱的情况之下放下爱。这便是洞察和自我揭露的整个过程。如果你记得自我实现同时也是一种失去，一种超越，就不会那么痛苦和受挫了。认为自己必须实现了爱之后才能拥有爱，必须实现了自我之后才能拥有自我，必须实现了欲望之后才能拥有快乐，就会在过程中感到失望。在实现某个愿望的那一刻，你已经失去了它，这便是实相在我们身上开的一个大玩笑。我们渴望它，必须拥有它，但是当我们得到的那一刻，它已经消失了，这样才能预留空间来揭露更深的实相。如果不知道实相会以这种方式发生，便可能对上帝愤怒和失望："这太不公平了！我已经努力了这么多年，最后终于感受到快乐，但它却不见了。"如果我们知道这是成长最自然的过程，如同果子从花里面长出来一样，就不会对失去花而感到失望、愤怒或受伤了。

把花放掉，才能拥有果实；你必须脱离自我实现的繁花，才能拥有实相这个鲜果。如果能从实相的角度来看世界，才能了解破幻的必要性，但如果从世俗的角度来看，却会因为得失之心而无法认清实相。从无心的角度来看世界，才能认清既无得也无失——我们只是不断地发现自己的真相罢了。发现和穿透自己的过程，乃是要变得愈来愈赤裸，直到光着屁股坐在冰块上为止。然后你就会直接受到实相的刺激——不是经由头脑，而是经由你的屁股。只要你是透过头脑在认识实相，就必定是老旧的概念，但是光着屁股坐在冰块上面，却会体认到沁骨的寒意。那时你就不再向后看，也不再自我反映了。

放下心智活动意味着失去内在的方向。这代表彻底迷失方向。你根本不知道发生了什么，也不知道该发生什么，更不会去设想将要发生什么。你不知道自己该做什么或怎么去做，你只是完全接受那种迷失的状态。如果你的心中有任何方向或偏好，便仍然停留在心智的次元里，而那决不是一种天真的状态。天真的意思就是什么都不知道；你是完全敞开的。这时任何事都尚未发生。

紧抓概念和记忆是一种心理上的贪图舒服

学生：如果发现自己一直偏好舒适老旧的事物，而且一直重复着这个模式……

阿玛斯：那也没什么关系，你只是毫无新意罢了，而且事情会变得愈来愈沉闷阴暗。这种状态虽然很舒服，却塞满了东西，而且愈来愈不新鲜、不光明。我指的并不是不能过舒服日子，或者选择舒服的生活是错的。我指的是若想洞察实相，就必须把贪图舒服的欲望放掉。身体上的舒服是必要的，因此我指的其实是心理上贪图舒服——拥有一堆概念和已知的记忆，这才是我们最大、最舒服的毯子。

学生：我想到的是不敢冒险，选择比较令人舒服……

阿玛斯：这也是其中的一种倾向。放掉慰藉指的是去冒险、允许自己活在冰冷的世界里，也允许自己迷失方向。所以一开始也许必须放下身体上的慰藉，让自己对慰藉和享受的需求降到最低，同时也要减低对爱、陪伴以及娱乐的需求。每一种倾向都要减轻，但不需要彻底放弃，而是要达成一种平衡——不过度。不过度意味着不对事物产生执著，虽然你很喜欢做某些事，却不执著于它们。你可以过得很舒服，但不会觉得少了一些东西会死掉。冲动和执著代表心中有偏好，而且是活在旧有的次元里，这就是为什么有些修行途径主张以很实际的方式来转化自己，或者主张必须保持平衡、生活不过度，才能觅得实相。这意味着既不执著，也不对抗。

寻求娱乐没什么问题，但不需要把它们看得那么重要。吃东西或运动也都不该过度或执著。有伴侣也是件好事，可是不需要永远黏在一起。独处也是件好事，只是不能永远如此。能够达成平衡，心就会自由，这样你就不会执著于特定的方向，而能够在许多事物之中出入自如。这就是不执著，也就是能从概念和分别意识之中脱离了出来。

学生：我似乎有过你所说的这种经验。一方面我有一种什么都不存在的感觉，另一方面人格的某些不舒服的部分，仍然以极端的方式显现出来，同时还有一种恐慌感——那是在得到了某些自认为渴望但并不真的渴望的境界之后，出现的一种感觉。我觉得我对这点有许多冲突。我的反应是我只想对抗我的欲望，把它们全都抛到一旁，但同时我又觉得另一边只是一片空洞或死寂。我并不是真的有什么问题，而是想知道该怎么办？

阿玛斯：所以你有一股欲望，这股欲望一直想冒出来，你不知道该怎么办。这时你不能排除那股欲望，因为你的需求有一天迟早会冒出来，而且当你洞穿到实相的时候，你会发现所有埋藏在里面的东西都会强而有力地冒出来。它们如果没有被转化，就会以各式各样的心理议题、恐惧和困难显现出来。这是很正常的事,每当你揭露了一个经验之后,就会产生某种困难的心理议题和难以处理的感受。这意味着在那个层面的实相之上,还有一些东西必须清理、了解和穿透。同时你的人格仍然会去做自己想做的事,即使有某些问题已经被了解或减轻了。你唯一能做的就是随它去——让人格自己做主,让心智随其所欲,但是要知道它们并不是真正的你。那就像是在看着一个孩子做自己想做的事:你可能会制止他做某些事,但如果他坚决要做,你也只好随他去了。你只好任由他满足自己的欲望,随他怎么想,怎么感觉。你只是在一旁看着他,因为你不是他。

学生:那种恐慌感是那么的真实,我根本无法不认同它。

阿玛斯:你不需要不认同它,让它自己做主就好了。你无法不认同它,因为你和它不是分开的。如果你不存在,恐慌就不见了。其实恐慌就是你的自我形象的产物。感到恐慌意味着你已经失去了虚假的支撑。你开始发现过往当真的现实都不是真的。你一发现它不是真的,地基便开始动摇。到了某个时刻,地基甚至会消失,那时你可能觉得自己快要摔倒了,或者发现根本没有一个东西可以摔倒。但如果把自己的人格当真了,就可能经验到摔倒的过程。如果你了悟到人格并不是你,便可能成为空无本身。这所有的事件都是在心智次元发生的。

纯真的实相,如日光烈焰活化万物

学生:我的头脑有一种不断追寻的倾向,它很想知道另外一种状态是什么。我很清楚它根本不理解这是怎么一回事。

阿玛斯:那就让它去追寻吧。看看你的心从早到晚是怎么在追寻的。你是没办法制止它的,所以就随它去吧。追寻意味着朝某个特定的方向前进,或是朝着自己想得到的那个东西去发展。然而你所渴望的每样东西都是你心智的一部分。如果你寻找的是空无,空无也会变成你心智的一部分。实相既不是空，也不是有，它是在空和有之前的一种状态，不过你还是可能体验到空。这是心智比较深的层面，穿越这些层面是好事。

永远不要让自己觉得已经有了某种体证。当你感觉自己已经成就的那一刻，要更深地穿透它，直到你不在乎自己是否有成就为止。然后你就会真的体悟到一些东西，但是你并不认为自己达成了什么，你什么都不太在意。你丝毫不关注自己是否已经有了体悟。这意味着心终于安静了。只要你还在意自己是否有了体悟，就尚未见到实相。或许你真的有一些体悟，但除非回归到婴儿一般的天真状态——完全不知道什么是实相或开悟，否则很难有最完整的彻悟。天真是在心智活动之前的一种状态。

学生：听起来我们好像在解剖尸体。

阿玛斯：解剖尸体，听起来很有趣的一个概念。你真的没法想象这个世界有多么死气沉沉。它看上去很活泼，里面有各式各样的东西，但是当你对实相有了一丝的瞥见，就会觉得"天哪，这个陈腐的世界实在太臭了"。世界就像你屋子里的某个角落，它已经有一百万年没晒到太阳了。当纯真的实相出现时，就像阳光照入屋内似的，突然一切事物都变得鲜活起来。

第九章 当下的创造力

  成为你自己意味着安住于当下,创造则意味着活在当下。你愈是能成为自己,就愈能自在地展现创意,然后自我了悟和人生的历程便成了创造力的展现。

从内在工作的三个层次来看创造力

我们见到的每样东西、每个思想，我们去到的每个地方，都有一些新的东西被创造出来，而我们可以从内在工作的三个层次来看创造力这件事。第一个层次是你活在世间，而且是属于它的；第二个层次是你活在世间，但不属于它；第三个层次是，你就是世界的一部分，但又不属于它。第一个层次抱持的是传统观点。大部分的人都觉得自己是活在世间，而且是属于它的，但这个层次的创造力是怎么展现的呢？这个层次的创造力通常是做出一些新的东西来，包括在概念或产品上的创新，譬如，前人从未做出的绘画、雕塑、设计、诗或音乐等等。从这个角度来看，你的作品愈是与众不同、愈是古怪，就愈有创意。许多艺术家都属于这一类型。在艺术领域里，艺术家展现的往往是潜意识里的东西。有些潜意识里的东西你察觉不到，于是就借由艺术行为将其展现出来。创造力会借由某种艺术产品，将潜意识里的东西带出来。从某种角度来看这是好的，因为这会让你看见和表达潜意识里的东西。

第二个层次跟存在于世间，但不属于它有关。这个层次的创造力要展现的是你不属于世间的那个部分，这意味着你要展现的是真正的你，那个不受世俗局限的你。如果你是一个已经自我了悟的人，那么随时随刻你都处在创造的过程里。你会不断地把真我活出来，而这便是一种创造的行动，因为真正的你永远是焕然一新的（不必然是不同的）。你也许只是在喝茶，但你喝茶的过程极有创意，就像首次品茶一样，感觉上既新鲜又纯粹；这里面就带有一种创造力。或者早上起来你想为自己煎个蛋，由于你是活在最真实的状态里，因此你煎蛋的方式既合乎艺术又有创意。你煎蛋的时候是细腻、精准而优雅的，你能细腻地觉知眼前的一切。因此，成为你自己意味着安住于当下，创造则意味着活在当下。你愈是能成为自己，就愈能自在地展现创意，然后自我了悟和人生的历程，便成了一种创造力的展现过程。

处在第三个层次里，你已经是世间的一部分，但又不属于它。这时你的创造力会表现在你所看见的一切事物上面，那就像是在做梦一般。这场梦完全是由你创造出来的。你创造出了整个世界，你看到的一切事物都处在创造与显化的过程中。这是一种完全与外境合一的状态，你看见的一切事物都是在每个当下被你创造出来的。所有的人、房子、地板、光、植物都不再是老旧的产物；它们是在眼前这一刻不断被创造出来的。世界不再是老旧历史的产物，你也不再是过往历史的产物。你一向以为自己是很早以前诞生出来的一个人，现在已经长大成人，某种程度上这是真的，但此刻的你又是从哪儿来的呢？此刻你并没有从你母亲的子宫里诞生出来啊，所以此刻的你是从哪儿来的？若想知道答案是什么，你就必须参与这整个创生的过程，而且要明了创造是什么。这才是最伟大的艺术作品，最伟大的创造力。

眼前这一刻你完全不知道自己是从哪儿显化出来的，但你就是存在于这里。忘掉过去，不要去思考时间，你考量的只有当下这一刻。问问自己是怎么显化出来的，别人又是怎么显化在你眼前的。每一刻你都在进行着神奇的创造活动，这个创造活动涵盖了万事万物。你经验的每一样事物都含有创造性。

万事万物都在此刻被创造出来

如果从这个角度来看世界，每一刻都是焕然一新的，每一样东西都是创新的。不只是我们所谓的本体面向，即使是物质次元，也是在当下从"无"处显化出来的。如果你能忘掉时间,就会看见这个真相。如果你不从时间的角度去思考,改为从当下的角度来看眼前的情况,就会发现它的神奇之处。然而到底是什么东西让人、事物、天空、风和树等,在我们眼前显化出来,这真是一个奇迹。这件事一直在发生,但我们总认为事情是从过去延续到眼前的。我们深信自己来自于过去,而且已经说服了自己的头脑。我们认为自己诞生以前曾经是个胎儿,然后逐渐长大成人,有一大堆的生命历史。我们认为这就是事物显现的方式,但这是不正确的,因为过去的一切已经不存在了。它已经不在这里了,在这里的只有当下,因此你看见的一切应该是从当下产生的。

思考一下你的源头,你是怎么在当下这一刻显化出来的?这一刻你正从某处被创造出来,你的背后有个能源,你能认清这一点吗?然而万物的能源到底是什么?万物最终极的本质。你一旦了悟到过去是不存在的,就会觉得这个源头的说法很合理。过去怎么可能创造出当下的一切呢?过去的一切已经彻底消失了。从逻辑上来看,过往的一切全都消失了,所以它不可能创造出你眼前看到的一切。当下有个东西正在创造出你所看见的一切。这个当下生起的活动便是创造,从这个角度来看,万事万物之中都富有创造性。万事万物都处在不断创造的过程里,它们每一刻都在被创造出来。

你此刻也正在被创造出来,每一样事物皆是如此。我们被诱导成深信自己是父母生出来的,而且有童年的历史和经验。我们的心相信了这个故事,于是就不再直接观察创造的源头了。我们的心认定事物就是从过去延续下来的,但这并不是一个合逻辑的想法,因为过去已经不存在了。当下这一刻你并没有被父母生出来,你是从某个东西之中显化出来的。让你存在的不可能是一个已经不存在的东西。

如果你发现了此刻让你显化出来的那个源头,你就会认识自己和万物真正的本质。一旦了悟到这一点,你就能认清自己并不是活在这个世界里面。如果你发现你真正的本质不断地创造出你所见到的一切，那么你就会明白这一切事物都在你的里面，而不是在外面。这个创造的过程是很平常而明显的，并没有什么特殊之处，它随时随刻都在发生，而且是发生在每个人和每件事物上面。你看不到这一点，是因为你已经习惯于相信自己是个延续不断的肉身存有。

如果你能够在世间与真我合一，那么第二和第三层次的创造力就没什么不同了，不过经验起来前者还是比较有限一些。处在第三个层次，你会把自己体认成世界的一部分，而且你是真实的，眼前的现实也是在当下被创造出来的。眼前的现实是从终极实相诞生出来的。

探索过往的历史，有助于自我修持

学生：那我们为什么还要探索过往心理议题的肇因呢？

阿玛斯：我们不一定非得这么做不可。如果你把自己当成一个单独存在的个体，完全拥有自己的心智和意志力，就很难从当下的角度来看事情。对一个单独存在的个体而言，从时间的角度来看事情是比较容易的，也比较容易利用时间来摆脱时间。把自己看成和其他人一样的人，确实比较容易面对，虽然这决不是最终的实相。从终极的角度来看，你会发现你的人格也是源自于时间，以及童年曾经发生过的故事。里面有心理的肇因，也有现象界的肇因。了解心理动力的肇因是需要时间的。

现象界的肇因就是当下正在发生的事。大部分的灵性教诲都不谈论心理动力的肇因，它们只是从当下的观察来运作。从我们的经验来看，这样的做法并不十分有效，尤其是西方人很难跟这种方式联结——他们不认为这种做法很合理。西方的学生需要探索许多事情，并且要揭露他们认定的自己。借由一点一滴地揭露过往的历史，你就会逐渐明白自以为的你，但最好你会发现，当下看见的自己就是所有的真相了。因此回顾过往的历史不是绝对必要的。有许多人可以不回顾过去而达到内在工作的效果，但是运用过往的历史来修行是非常有效的方式，虽然最终看来仍然是幻觉的一部分。任何一种方法都是幻象，不过某些方法确实比其他的更有用一些。只要你一造作，就会认为自己是单独存在的个体。这时你就是在幻象之中运作，而且会把心理动力活动带进来。如此一来你就会质疑为什么会以此种方式看待自己？借由探索过去来揭露潜意识的问题，往往会发现一些信念、恐惧和冲突，以及这些东西如何制造出了单独存在的感觉。如果你不再运用意志力，而且去除了单独存在的感觉，自我中心的活动就会愈来愈减轻，然后你就有可能放下疆界感了。

第九章　当下的创造力

第十章 两种动机

错把表相当成实相，就像是把衣服当成了自己一样。如果你把衣服当成了自己，就很难再换别件衣服了。这听起来似乎很荒谬，其实把表相当成实相才是最荒谬的事。

我们今天要探讨的观点,将有助于在内在工作的过程里对自己仁慈一点。内在工作的确不易,事实上它是极为困难的,比你所了解的要困难得多。

进行内在工作的两种动机

人们进行内在工作通常有两种动机,一是觉知到人生的苦,因此想要解脱痛苦,这种动机是源自于慈悲;另一种动机则是想知道真相是什么,譬如,当下正在发生的真相是什么?我们内在的真相是什么?实相又是什么?这种动机是源自于爱。

前面的那种动机是渴望解脱,后面的动机则是想知道真相是什么。其实这两种动机是无法分开的,因为在某种程度上它们达成的是同一种境界,所以最好两种动机都兼具。渴望从痛苦之中解脱出来不但是慈悲心的表现,里面也有爱的动机。你想解脱痛苦是因为你爱自己,而这份爱是以对自己仁慈的方式呈现出来的。身为一名内在工作的学生,你自始至终都需要爱和仁慈,因为内在工作非常艰难,几乎是不可能达成的任务,所以不要难为自己。你必须培养耐性,不去论断或批判自己,尤其是在不满意自己的表现时。你既不能太乐观,也不能太悲观——太乐观会制造许多失望,太悲观则会制造过于沉重的心态,因此平衡才是最佳的方式。

如果进行了内在工作一天或一周之后,就立刻批判自己:"我一点也没改变。我已经静坐两个月了,结果什么事也没发生。"这种态度就是对自己不够友善，不够仁慈，因为你没有把内在工作的本质考量进来。在自我改变和改善上面，你必须把时间的范围拉大到好几年才行，因为根本上的改变不可能在短时间内出现。暂时或表面的改变会在短时间内发生，但真实和根本的改变需要多年的时间才能达成，而且这种改变是不会消失的。

回想一下三年前你是什么模样，就能看见自己的改变了——这可能带给你一些鼓舞。从短期来看你会有许多起伏，譬如，可能面临内心的坑洞长达好几个礼拜、甚至好几个月的时间，因此内在工作是必须对自己仁慈和友善的。你应该鼓舞自己而不是泄自己的气，其中的耐性是最重要的部分。你要一边进行内在工作，一边享受人生，不能只是一味地朝着某个目标前进，而把现实生活忘了。

内在工作也不是你在工作坊里或研讨会上学到的东西，它不是只进行一两年就了结的事。如果以这种方式看待它，就是不了解这项使命的本质。这项使命不是要达成特定的目标、状态或境界，它主要的目的是要我们长大成人，实现潜能。认为上了一次周末工作坊就能实现潜能，或者因未实现潜能而责难自己，都是徒劳无益的态度。

今天我们要探讨的是内在工作为何如此困难，从探讨中获得的了解也许可以说服你对自己更慈悲、更有耐性一点。其中的困难源自于一个事实，那就是实相或真相似乎有两种：第一种真相是所谓的表相，第二种则是根本实相。表相是我们一向觉知和看到的现象。每一样能感知到的事物都属于表相。和根本实相比较起来，显然表相只是事物的表面状态而非真实状态。我们必须深刻地了解表面的事物——每个人、每样东西以及整体宇宙——都不是根本实相。

误以为自己是蚊子的大象

如果你把表面的状态当成了实相，势必会产生痛苦、无明和幻觉。

举个例子，如果一头大象把自己当成了蚊子，你可以想象这头大象会为自己带来多大的麻烦吗？事情可能比你想象的更糟，因为它可能吃错食物而一直处在饥饿状态，或者因做错事而一直无法感到满足。这头大象会因此而求助于心理治疗师、做身体上的治疗、找精神分析专家，等等。大象一直以蚊子的意识在经验自己，但是把自己当成蚊子，显然是无法生效的做法。或者它试尽了各种心理治疗之后，发现可能得去灵修，弄清楚自己究竟是谁。它想要和蚊子的本体有所联结。

以下是大部分人抱持的信念：我要下工夫去找寻真正的我，然后就能变成一只美丽、快乐又多彩多姿的蚊子。如果"这只蚊子"找到了一位真师，它可能开始看见一些真相——发现自己有对巨大的耳朵，还有一条长鼻子。它发现真正的问题并不在于接受心理治疗或做些小小的改变，也不在于得到自己想要的东西，或能否找到一位灵魂伴侣。它发现真正的问题是没弄清楚自己是谁。接下来的情况可能更令人困惑，因为另一头大象也把自己当成了蚊子。这两头把自己当成蚊子的大象阅读了所有的自救书籍，故而对蚊子有了许多了解，但仍然无法变成快乐成功的蚊子。

这使得我们对心理问题有了深一层的认识。我们终于知道自己为何有这么多的不满足和痛苦，内在工作为何如此不易。我们一向以为只要开始进行内在工作，就能发现内心里有个好人，继而变成一个有效率又成功的人。我们以为这样就能获得解脱。如果情况真是如此，那么心理治疗应该更有效一些，而内在工作也应该更容易达成才对。

如同我们所了解的，内在工作的最终目的并不是要解除一般的情绪问题，如果把这个当成是内在工作的重点，就等于在企图解决蚊子的问题。其实最根本的问题是出在这蚊子的身份认同上面。除非这只蚊子体认到自己其实是头大象，否则它的问题势必一直延续下去。

除非这些基本问题得到了解决，否则我们会一直出现情绪困扰。所有的情绪困扰、精神痛苦，都出自于错把表相当成了实相。情绪困扰和心理议题都需要被探索、理解和转化，才有机会进入更根本的内在工作，也就是去发现实相是什么。如果不先解决情绪困扰，你的心会一直被它们占据。你的心理重担必须先卸除掉，才会愿意看得更深一点。

因此我们必须记住，解决情绪困扰或生命的困境并不是内在工作的重点。我们参与小组聚会时经常把这类事拿出来探讨，它们会在过程中出现，于是你就以为这是必须下工夫的部分。你以为必须解决伴侣、工作以及内在批判者之间的问题，其实这只是内在工作一开始要进行的部分，接下来我们还要朝着更深的次元去探索。一开始处理情绪层面的问题，是因为心智的内涵比较容易觉知到。钻石途径会利用这些情绪困扰作为深入探索实相的踏脚石。我们会试着去了解或解读它们，以便摆脱掉它们，但真正的重点并不在此，重点是我们必须看得更深一点。

别错把表相当实相了！

我们会借着表面的问题让自己深入，这就是钻石途径和其他灵修途径不同之处。有的方法试图直接探入实相，将你推往彼岸，但钻石途径运用的是一种系统式的教导方法——从表层问题着手进入更根本的实相。这样的途径对目前的美国文化特别有效，但一直停留在这个层次的话，心理议题和情绪困扰是不会消失的，因为根本的问题出在身份认同上面。我们都有一种既定的观察现实的方式，而且永远是一头把自己当成蚊子的大象，这才是问题所在。"蚊子"一直认为自己缺乏食物及合适的伴侣，或是还未找到适合的工作，但除非它发现自己是头大象，否则不可能知道什么工作才是适合它的。在它尚未发现自己是大象之前，很可能一直想找份和飞行有关的工作呢！

到现在为止我还没谈到根本实相与表相之间的关系，而且也不打算告诉你们根本实相是什么,因为要描述它太困难了。我们现在最需要记住的是,我们看见的一切都不是事物的真相;我们错把眼前的自己和世界当成了最深的实相。不过我们的认识并非全错,只是没看到全貌罢了。

错把表相当成实相,就像是把衣服当成了自己一样。如果你把衣服当成了自己,就很难再换别件衣服了。这听起来似乎很荒谬,其实把表相当成实相才是最荒谬的事。

大部分的人遭受到的痛苦,基本上都是源自于错误的认知和观点。你痛苦并不是因为母亲不爱你,也不是因为父亲总是惩罚你,或者小时候被亲人抛弃了,等等。你的痛苦是源自于更深的东西——由于错把表相当成了实相,所以痛苦才一直延续下去。由于误认为自己曾经是个小孩,现在是个成年人,而且有特定的名字、工作等,所以你的痛苦才一直延续下去。因为你把心目中的自己当真了,过往的历史就会影响你的情绪。一旦认同自己是父母生下来的小孩,便已经确立了自我的人格——这是很难再改变的一个结构。只有摆脱掉过往的历史,才可能不被人格约束——你必须以更超越的视野来看事物。在内在工作里,我们会尽量帮助你探索童年,使你明白童年如何确立了你的人格。这么做可以帮助我们放松人格或事物的表相带来的制约,使我们不再受其控制。你愈是能放松这些制约,就愈能轻松地存在着。能够以轻松的方式去做眼前的事,就有可能看见事物的实相。

表相世界对每个人而言都有不同的模式或滋味。回顾一下你的人生,你会发现自己虽然有了许多改变,但仍旧有些习性是重复再三的,某些思想和偏好一直持续着。你总是依照特定的轨道在活,而且受制于过往的历史,除非这个轨道的基础消失了,否则人格是不会真的改变的。这个基础就是错把表相当成了实相,这份信念才是人格所有问题的根源。

只有深睡时你才不会坚信你所认为的自我。这份信念有许多层次,在心理的层次上，不论你是在跟谁说话，其实你都把对方当成了母亲。这种移情作用是扭曲的，它并不是真相。即使你看透了这种移情作用，也还是可能作出另一个不属实的假定：你会假定另一个人真的是个人。你认为自己是个人，这是一张椅子，那是一块地毯。你从不质疑这些东西，而且认为这就是真相，然而它们都只是事物的表相罢了。房子对你来说就是一栋房子，你自己则是一个有感受、有活力的人，而且正在跟另一个有感受、有历史的人说话。有时你也把自己看成是对本体有所了悟的人，但这些都只是表面的现实，可是大部分的人都被它说服了。

但如果这些表相并不是真的呢？大象不但认为自己是只蚊子，还认为自己能够在空中飞来飞去。如果有一天它醒了过来，却发现自己是站在地面上。因此我们必须愈来愈清楚自己的问题：我们不但认不出自己的真相，也看不见外在环境的真相。

排除一切表相，剩下的就是实相

你必须觉察自己已经是个成年人了。这的确是我们需要处理的心理问题，因为人们的想法和感受就像小孩一样，譬如害怕被拒绝，等等。如果在这方面下点工夫去探索，就会发现自己已经是个成年人，然后这些模式就会逐渐消退，我们会意识到更根本的一种错觉。这个令我们信以为真的人格，也可能不是真实的。这是一种全球性的制约，是你与生俱来的一部分，而这个令你深信不疑的部分，并不是以你的个人历史作为基础的。我们全都认同了心目中的自我——我们是大象却认为自己是蚊子，这个根本幻觉才是个人历史之所以会影响我们的理由，也是情绪性人格主要的支撑力。

人格的许多假设和信念一直在掌控着你，譬如，你假设时空都是存在的，你也假设自己与他人是各个独立的，甚至假设自己曾经被生下来，未来将会死亡，等等。但这些假设都只是表相，只有从表相的角度来看，它们才是真实的；从实相的角度来看，它们都不是真实的。

我指的并不是表面的事物不是真实的，重点在于我们没有注意到更根本的实相，而错把表相当真了。

内在工作最终极的目标就是要看见更深的实相，这不代表你必须离开表相世界或感官世界——你要看见的是实相如果不存在，表相世界也不可能存在。

但我们最好不要去想象实相是什么，因为它是无法被设想出来的。实相是跟表相无关的一种状态，因此认识实相的方式就是认清你所看到、经验到以及思想到的都不是实相。你只要一一排除掉各种表相就够了。每样你经验到以及思想到的事物全要排除掉，当这一切都消失时，剩下的便是实相了。

实相是在你的思想之前就存在的东西。实相不必然有别于表相。举个例子，你认为你离开这间屋子之后，这间屋子还会以目前的样子存在吗？事实上，就在你停止想它的那一刻，它已经不再以你所设想的那种模样存在了。这间屋子的根本实相是在你不想它的时候才会出现的，但那又是什么状态呢？如果你去设想它，它就会以你所想的方式呈现出来。

由于我们的思想和概念从不停止，所以不会去质疑这件事。你坐在那张椅子上面，而且认为自己的确是坐在椅子上面。但许多时候我的经验却不是如此。我经常不觉得有个人坐在椅子上面，或者有张椅子在那里。椅子、我以及所有的事物都是相同的，而且都没有名字，因此我根本无法说出那是什么。我可以看见我的身体和椅子，但我很清楚这都只是事物的表相而非实相。

如果我们把表相完全当真了，就会认不清我们必须为自己看事物的方式负责——我们会认为每件事都是从外而来突然发生在自己的身上。然而真相并非如此，我们其实是把整个世界从内向外投射出去。

第十章　两种动机

一旦开始认清这一点，就可能超越和放下以往看事物的概念，而发现到当下的实相。只有这样，人格的地基才会开始瓦解。人格会开始失去支撑和实质性。你会发现你看事物的方式是不完整和错误的，事物并不是以你所认为的方式存在着。

这里有许多人都经验过本体或存在的种种状态，但显然并不相信它们。你们都不认为实相是最根本的真相，而仍然觉得身体更重要、更真实一些，本体则是来来去去的。你们一向认为本体只是偶尔出现的好东西。但是从根本实相的角度来看，情况刚好相反。其实你们的身体才是有生灭来去的，本体则永远存在于那里，所以我们看事情的方式与真相刚好相反。

把一般对现实的观点转化成对根本实相的体认，可以说是一种大跃进，难怪内在工作会如此困难！当我们明白它有多困难时，就会了解仁慈而有耐性地对待自己，的确是必要的。我们来到这里并不仅仅是要摆脱内在的批判倾向，或是从情绪的制约里解脱出来，更不是要达成某种成就。表相虽然是人格老旧的内涵，但也是生命的一部分，缺少了表相就没有任何生命可以存活下去了。然而我们必须朝着更根本的实相发展，也就是要转化痛苦最根本的肇因，而不是只处理相对次元的童年历史带来的制约。

人是同时跨表相与实相的存有

我们是同时存在于两个世界的存有。由于我们深信自己存在于已知的世间，所以必须把脚同时跨两个世界才行。如果能够把一只脚踏在表相世界上，另一只脚踏在实相上面，那么两者都不会遗忘。表相世界充满着痛苦、挣扎、成败、苦乐以及生死；实相里面则没有这些东西，里面既无生也无死，既无你也无非你，既无快乐也无痛苦。实相里面只有彻底的自由与解脱。

若是能了悟实相，并且发现缺少了它表相世界是无法存在的，那么表相就会彻底翻转成实相。它会变得更和谐，不再有痛苦或成败。它会变成爱、慈悲、良善和价值的显化。

当这件事发生的时候，两个世界就联结在一起了，而你仍旧是个人。我们人类就是这两个世界的桥梁。我们既是这两个世界，也是这两个世界之间的桥梁，但如果把其中之一当成了全部，就不可能成为桥梁了。

实相是一个完整的全体，因此我们和其他众生的实相是完全相同的。实相之中没有个人性，它是无条件的合一状态，也是完全没有概念的觉知及存在。如果我们什么都不认同，如果我们彻底摆脱了心智的活动而变得寂然独立，就有可能看见实相。你不再认为自己是由父母生出来的一个人，你会体悟自己从未诞生过。存在的只有一个实相，而且没有一个人在那里说这句话。

表相世界本是实相的显化。实相会借由表相显现出来，一种带有肉身的显化。但你的身体并不属于你，它其实是整体的一部分。我们认为属于自己的这副身体，其实并不属于我们。说"这是我的身体"是不正确的，事实上我觉知到的每样东西都是我的身体。宇宙万物以及我们看不见的事物，全都是我们的身体。

大部分时间你都把身体当成了你，这是一个极大的错误，而且是所有问题的根源。认识自我最大的障碍，就在于把皮相当成了自己。你以为你的皮肤就是你的边界，皮肤里的东西是属于自己的，皮肤之外的一切则不属于自己。如果你相信了这种逻辑，就会立即进入世界的争战和烦恼之中。

物质现实只是事物的表相，它的本质里就带有疆界的成分。那里有根杆子，这里有椅子和壁炉——我们认同了这种观点，并且将其运用在现实的每个层面上。但是进入存在的层次时，这样的划分就不见了。换句话说，一旦进入能量的层次，这些界分就消失了。我的能量并不止于我的手，它还会继续扩散。我为什么会把身体当成是我，我为什么不说我的能量可以充满这整间屋子？我为什么会说我是坐在这里的一个人？因为我把身体当成了我。何不把能量当成是你呢？你的能量可能比身体大，也可能比身体小，一旦成为了本体，你的能量就会愈来愈扩张。深入到本体时，你会发现最根本的实相，并且体认到疆界根本不存在，疆界只存在于表层。

肉身的疆界只存在于表相世界

如果把分别意识运用在一切事物上面，那么肉身的你就会出现欲望、需求、权力、该不该和某人接触、该不该喜欢某人之类的问题。这都是非常荒谬的见解，这种分别意识造成的表相基本上是不存在的。

体现实相的那一刻，你会察觉你的皮肤不再界定你的范围，即使你的行动对他人有益，也不代表你和他是分开的。那时你会把他人视为整体实相的一部分，就好像你身上的手臂和腿一样。你的腿不会对手臂说："不要拿走这个东西，这是我的！"你的手臂也不会对腿说："如果你把我的东西拿走，我会打你！"你的腿和手臂若是有这样的冲突，你的身体是很难行走的。整体人类也是同一回事。大部分的问题都源自于："这是我的，那是你的。"

所有的哲学、意识形态、政治和经济体制，全都是为了解决这个问题而设计的，但是它们底端的假设只会制造问题。这个假设就是我们都受到了皮相的限制，因此这些哲学都无法解决人类的问题。阶段性的改变或许会出现，但只有明白了最根本的问题，才能带来最根本的改变。此即了悟根本实相的人不在乎意识形态及政治体制的原因。

传统世界观犯了一个极大的错误，所有的问题都是这个错误引起的。我们彻底误解了实相，继而导致了所有的对立、界分、冲突及争战。

我和你一旦被制造出来，冲突就开始了，即使其中并不缺乏爱。止息冲突唯一的方式，就是认清你和我都是整体实相的一部分。我们在根本上是不可分的！我们的本质完全相同。我们之间的一体性就跟手臂与腿的关系一样。手臂与腿看似有不同的结构，但若是了悟到实相，就会发现我们都是由同一种意识能量构成的，差异只有在于表相上面。认清这一点意味着有差异是好事——看见实相、爱以及喜悦有各种不同的展现方式，是多么美妙的一件事。

表相上的差异是美妙而多彩多姿的，但终极实相并没有任何色彩。你不能用美丑来论断它，因为它没有任何界分。只有表象世界才充满着色彩和令人惊奇的事物，这些多彩多姿的现象全都是生命具备的内涵。如果从根本实相的角度来看，你会发现自己从未诞生过，就像大海从未改变过，起变化的只是表层的波浪。你体悟到每个人都不会死，因为我们的本质是不灭的，但这不代表我们的个人性是永恒或不朽的。

时间与我们是谁无关，但是与表相世界有关，而且有生有灭。你的身体、感官以及事物的表相，就像你的衣服一样有生有灭。你可以说当你第一次穿上衬衫时，它诞生了；当你脱下它的时候，它就死亡了；当你再度穿上它的时候，它又诞生了！因此了悟终极实相的那一刻，你会发现自己一直在做穿上和脱下的动作，但从未有过真正的生死与重生。

我指的并不是表相世界不存在，而是从终极实相的角度来看，根本没有所谓的生灭。你被诞生下来，看见了眼前的世界；你有一对父母，然后你长大，最后你死了。这些事从终极实相的角度来看根本没发生过。

为了活在世上、认识自己，你必须把这两个世界都纳入考量：实相与表相。如果你只相信表相世界，就会制造出一堆的概念。疾病来临时你立即想把它推开；健康的时候则会执著于美好的状态；不幸的事情发生了，你立刻想排除它；感到快乐时你则试图抓住它，如此一来痛苦就被强化了。

表相世界是由语言创造出来的

一旦了悟到事实的真相，就会明白表相一直在变，而生死、疾病或健康从未真正发生过。打从有意识以来，没有任何事真的改变过。当某个东西生出来的时候，我们称之为诞生；当某个会动的东西突然不动了，我们就称之为死亡。我们制造出这些说辞来描述表相的改变，如果能忘掉这些说辞，忘掉以前学到的一切，不带任何念头去看这些表相，也就是保持心智的寂然独立，你就会看见最深的实相。你无须赋予这些表相任何称谓，也不需要有任何反应，或是给它们任何名相。名相是传统常规的产物，这就是为什么它会被称为俗世现实的理由。这种现实是由语言制造出来的，但我们的实相在语言之前就存在了。

我们看见的现实通常是由文字语言制造出来的。死亡是一种名相，生命是一种名相，身体、快乐、痛苦全都是名相。如果把名相拿掉，生死就不存在了，存在的只有眼前的实相，而这是跟生或死都无关的。终极实相乃是事物的本然状态，不是我们认为的模样。要看到这点很不容易，因为你的生命已经被文字概念渗透，而且已经把这一切都当成了真实的东西。圣经里说："太初有道"，上帝即是终极实相，上帝的语言或道，是在创生那一刻开始出现的。因此，表相世界和终极实相是无法分割的。

人类的现实完全脱离不了文字语言，我们的世界是透过语言在运作的。我们愈是不受制于文字语言，就愈不会执著于对事物的信念，然后才能认清实相本是渗透在每个事物之中的无量光。我们会认清文字语言一出现，立即制造了表相世界，形成了实相之上的表层。错把表相当成实相，问题就产生了，甚至永远无法消除。

情绪议题是通往实相的踏脚石

我们的内在工作是非常深刻而根本的，也就是要从惯常看待事物的方式，翻转成对实相的觉知，而这是极不容易达成的事。摆脱掉概念和心念活动是极不容易的事，我们几乎无法不透过概念来看事物。事实上，每时每刻我们都在制造自我概念，但并不知道自己正在做这件事，因为这是一种潜意识活动。进行内在工作的过程中，我们会逐渐摆脱这种观察现实的方式。我们要转化让我们执著于现实的情绪模式，转化奠基于错误认知的反应，让它们放松下来。这些心理议题不会因为下工夫而整个消除，但是会变得愈来愈轻松，如此一来，我们就会有空间和能力深入地观察。若是能瞥见至深的实相，就能对表相与实相产生彻底的了解，然后才能以和谐的方式活在表相世界里，并且体认到表相世界即是实相之爱的展现。

这份洞见会帮助我们不再执著于情绪议题，不再把它们当真，而且了解它们是通往实相的踏脚石。观察你和伴侣的心理议题，为的不是拥有一份美好的关系。虽然这是很值得努力的方向，但并不是内在工作的根本目的。你的关系并不是最重要的面向，你的事业也不是最重要的基础。对表相世界而言它们都是重要的，但内在工作真正的目的是借由表相通往实相。

从这个角度来看，我们要下的工夫就是脱离表相世界进入另一个更深的世界，但这更深的世界并不在他方，它就在当下。它和我们看见的表相是并存的。如果能洞察到这一点，或许就能轻松地看待事物了。我们会了解我们的心理议题和困境本是道途的一部分。

心理议题和困境并不是通往实相的唯一踏脚石，你同时还要对真相好奇、感兴趣以及懂得欣赏它。你的本体经验会帮助你不再认同情绪模式，但这样的经验并不是一种结尾，也不是你能获得的某种东西，而是帮你看得更深的一项工具。本体乃是根本实相的直接展现，它是介于表相与实相之间的状态。

本体就是太初之道，它的各个面向则是首度呈现出来的概念。这是一种宇宙性概念或存在的原型。它们比表相更贴近实相，但也是表相的一部分。更正确地说，经验到本体就是对实相的一种瞥见。

钻石途径的目的是要转化人格以及了悟本体的各个面向，然后探入到最深的实相。实相之美会透过人的本体展现出来，这才是人生的圆满境界。

第十一章 勇敢的心

　　你很明白关系之中永远有挫折和困难的时刻,而且对方有时会不喜欢我们或我们不喜欢对方,但这并不会减损爱的勇气。我们的心可以包容一切。

　　当心变得勇敢时,爱就是无条件的;当心恐惧时,爱就会出现条件。

今天要谈的是一个很难探讨的问题，因为大部分的人都在寻找一个连自己也不清楚的东西。首先我要提出来的问题是：什么是真实的关系？答案其实很简单而直接：你和另一个人的关系，就是你和整体人类的关系。真实的关系就是你眼前关系的真相，而不是你所认为的关系的真相。关键在于我们很少能觉知关系的真相，大部分的人都倾向于尽量不去认清真相。我们往往会把关系弄成符合心目中的理想。

困难在于我们看不清目前的关系，甚至会投入一个根本不存在、纯属想象的关系。我们不妨称之为头脑式的关系。因此我们现在要区分的就是真实的关系与想象的关系之差异。

真实的关系与想象的关系

内在工作有很长一段时间会专注在理清所有的关系。举个例子，你和我的关系是实际存在的。你必须观察和我的关系、他人的关系、生命中每一个人的关系。如果我们不认清以及觉察这些关系的真相，也不按照关系的真相来生活，就无法和人产生真正的联结。换句话说，你会以过往的历史联结另一个人的历史。很明显地，这将会是十分复杂的情况。

当我说真实的关系时，指的不必然是正向关系，虽然有些人会做这样的假设。其实完全正向的关系往往是想象出来的，因为真实的关系很少是完全正向的。仔细检视一下你和任何一个人的关系，你会发现它极少是完全正向的。事实上，问题正是从这里发展出来的。渴望拥有完全正向的关系，就是令关系无法真实的主要原因。

头脑总是把关系看成非黑即白，不是极好就是极糟。我们不允许自己同时包容好与坏两个面向。我们要不是很喜欢某个人，觉得他很棒、很爱我们、一切都没问题；再不就是一开始意识到问题时，便立即判定这个人不好或自己不好，因而受伤或愤怒。

我们总是以非好即坏的决绝态度来看待关系。如果我们认为对方很好，就会认定这份关系很好、很正向，而且希望它变得愈来愈正向。这份希望会让我们排除或无法认同它负向的一面。当我们把对方看成是坏人时，我们通常会认为他一无是处，而且会让这份关系充满着敌意和挫败感；这就是头脑的一种惯性。

这是一种非常简化的态度。虽然我们都知道关系从来不是如此，但还是会把它看成非好即坏。我们的头脑不会把它看成好坏参半。我们一发现关系很好，就想要它变得更好；一发现它有问题，立即会觉得它一无是处。我们的头脑总是以决绝的方式在思考，它不让我们认清关系的真相或按照真相来认识关系。如果我们把对方看成是很糟的人，往往会以极端的反应对待这份关系。

通常来讲我们不会显现出极端的好恶反应，但的确会以选择性的方式产生反应。这种颠倒的、无所不在以及强而有力的倾向，可能比我们意识到的更严重。由于这种倾向大部分是无意识的，所以它的力量足以决定我们的反应。如果一个人拒绝你，令你感到挫败，你就会产生受伤、愤怒、嗔恨的反应。如果你认为某个人很爱你，而且很善良、很能满足你，则往往会产生美妙正向的感受，而且不想有任何负向的感觉。如果在这种情况里产生了负向的感觉，你就会觉得不该如此，认为这些感觉是令人不安的。人类的心智总喜欢以非好即坏的分别意识来看待关系，但实际上关系很少是非好即坏的——它永远是好坏参半。

真实的关系永远是好坏参半的

如果你以非好即坏的角度来看待关系,那么这份关系一定不真实;它一定是头脑想象出来的。真实的关系一向不是如此。如果从决绝的角度去看待一份关系,代表你没有真的深入于它。举个例子,假设你跟你的朋友或伴侣正感到高兴时,某件令你失望的事发生了,于是你立即觉得受伤或愤怒,就好像眼前发生的事已经毁掉了你们的关系似的。不过当然,10分钟、几小时或几天之后,你又变得比较实在一些,那时你可能会说:"噢,原来这个关系并没有那么糟。"

如果我们以决绝的态度投入一份关系,它是不可能真实的。把关系看成非好即坏,不仅仅是把好的或坏的部分当成了全部,而且你会发现那坏的部分根本不曾存在过,因为那种恶劣的感觉大部分是源自以往的恶劣关系。你所有的负面历史全都涌现了出来,于是你开始看见和经验到负面感受,同时把莫须有的东西全投射到了对方身上。反之,如果把关系看成是完全正向而美好的,也仍然是以过去的经验投射出种种的反应和感受。你没有觉知到眼前的现实,只看见了这些投射形成的反应。这代表你把偏见当成了全貌,还不断在助长它。或许你已经发现,当你和某个人的关系变得十分美好时,奇怪的事往往会发生。你会发现那种正向的感觉和你曾经有过的所有正向感觉都十分类似:同样的情感、同样的看待另一个人的方式。你对自己以及对别人的感觉、期望、计划和梦想,其实都大同小异,而且你的负面感受和以往所有关系中的负面感受也是一样的。譬如,你觉得某个人在拒绝你,那种感觉和你以往关系中的恶劣感受相当类似。某些人会习惯性地投入于令他们感觉受排拒的关系,有的人则永远是排拒别人和感到愤怒的一方,还有的人会继续投入于令他们感到挫败的关系;他们渴望某个人,但那个人永远无法满足他们的渴望。那种滋味总是一成不变。但关系不可能一成不变,因此那种滋味是从过往的历史中带过来的。

第十一章 勇敢的心

三种头脑式的关系

我们可以把头脑式的关系分成三种形式。首先是完全正向的关系，这通常是被理想化的关系。对方被我们理想化为一个完美、善良、强而有力的人。你会觉得和此人在一起的时候，一切都很美好——你会得到照料、被爱融化，等等。此即我们所谓的理想化关系。只要一察觉关系里有这种感觉，便可以理所当然地视其为一种不真实的、头脑式的关系。当人们处在这种关系里的时候，通常会有热恋的感觉，但可以确定的是，这种感觉并不真实，往往是头脑设想出来的。

第二种被我们想象出来的关系，就是所谓令人挫败的他者。这个他者一直是我们渴望的对象，却无法拥有他，因此我们称其为令人感到挫败的对象——美妙而令人兴奋，却无法拥有。我想许多人都注意到有这样的关系。许多人花了一辈子想要拥有某个人，却得不到，但仍然渴望有一天能得到那个人。我们不了解，这种关系也是我们的头脑想象出来的，其实你并不真的想让它成真。它一旦变成了事实，就不再和头脑有任何关系了。因此，如果你一直涉入令你感到挫败的关系，就得意识到这样的挫败感会一直持续下去。虽然表面上你一直在抱怨，其实你并不想让期望成真——如果期望成真了，你就必须变得真实起来。基于此理，这份关系会一直停留在对未来的想象上面。你年复一年地渴慕着某个东西，它让你一直感到兴奋，却无法真的拥有它。这便是所谓的令人挫败的关系。

第三种想象出来的关系，是一种充满着敌意的关系。你觉得被拒绝、被仇视或是不被渴望；或者你拒绝、怨恨、不想要对方。虽然你认为你不想要对方，但仍然继续留在那段关系里，因此你会发现，自己其实是执著于那段关系的。你的头脑需要从这样的关系中得到平衡，这就是为什么某些人会觉得永远遭到排拒的原因——不论发生什么事，他们都觉得被排拒。如果对方把头转到别的方向，他们会觉得被排拒；对方说了某些话，立刻感觉对方是在排斥他们；对方如果什么都不说，他们仍然觉得受到排斥。你很难让他们明白对方并没有在排斥他们，因为他们不想听实话。其实遭到排拒对他们而言是很重要的事，因为一旦认清排拒并不存在，他们的心就会失去平衡。

以上叙述的是三种头脑设想出来的关系，它们都取决于我们对他者的某些基本观点。我们会根据他者这个客体的状态，变成与其调和一致的人。大部分会造成冲突和痛苦的人际关系，都属于这三种头脑式的关系。探视一下你关系里的所有议题，你会发现这些头脑式的关系就是痛苦的来源。

真实的关系往往包含这三种头脑式的关系。任何一个人都会有满足和爱的感觉，同时也有负向的愤怒、嗔恨和挫败感。你会发觉："我很爱这个人，但我也知道他会生我的气"，或者"虽然我不喜欢他的某些部分，可是我仍然爱他"。即使当我们感到被排斥和憎恨时，仍然不会因此而不爱对方。虽然如此，当对方怨恨我们的时候，正常的倾向仍然是忽略掉对方是爱我们的，而当我们感到受伤时，也会忘记我们是爱对方的。保持一种完整的观点似乎很困难。我们的头脑不允许我们完整地看见关系的全貌，而只会试图把关系区分成非好即坏来保护自己，因此真实的关系就是能完整地认清这三个面向。

真实的关系就是与对方在当下真实地联结

由于我们通常涉入的是头脑式的关系而非真实的关系，因此很难在当下与对方真实地联结。与对方联结必须要面对真实的关系。与对方联结意味着面对当下的关系。一旦将其分成非好即坏，就是没有与对方联结而活在自己的头脑里面，你其实是从自己的思想和情绪里生出了种种反应。你以为你是因为对方的表现而产生了反应，其实是从你自己的思想里产生了反应。我现在指的不但是亲密关系，也包含任何一种人际关系或客体关系——工作、商业、朋友、爱情或婚姻关系。我们会发现我们之所以无法与自己、他人或现实联结，就是因为我们进入的是头脑式的关系，而且非常执著于这些设想出来的关系，因为我们不想看见眼前情况的全貌。

如果这里的每个人都能花些时间观察一下自己的关系，将会是很有帮助的事。但我们究竟是如何在经验自己的关系呢？我们必须察觉这种决绝的划分方式，才有能力转化它。我们必须抽离出来真的去观察我们的人际互动，然后我们就会发现它们通常是正负参半的。虽然你觉得眼前的关系十分美好，但对方不会完全按照你想要的方式行事，因此你不可能觉得它是纯粹正向的。所有头脑设想出来的关系，都会涉及到对自己、对他人的批判和谴责，或是把他人理想化、夸大自己的重要性。这种非黑即白的划分方式，就是自我试图让自己继续存在的防卫机制，因为自我无法在真实的关系之中继续存在。让自我继续存在下去的，就是这种对关系非黑即白的划分方式。

那么这种情况的解决办法是什么呢？办法就是觉察、允许、接受以及认清眼前关系的真相，不要试图把它变成另一种状态。要做到这一点，必须展现我所谓的勇敢的心。真实的关系一向是奠基于勇敢的心上面的。观察一下你离开一段关系以及看不见其真相的理由，你会发现那是因为你的心太懦弱、太恐惧了。我为什么会这么说呢？因为离开一段关系，将其视为非黑即白、非好即坏，就是在划分爱与恨，把好的感觉和负面的感觉区分开来。你要不是感觉到爱，就是感觉到负面情绪，你不允许它们同时存在。你这么做主要是为了保护自己的爱，因为你对负面感觉非常害怕。如果对方很善良，你的关系就会变得很好，也会允许自己展现出爱。一旦产生了负面情况，头脑设想的负面关系就出现了："愤怒、挫折是可以被允许的，充满着爱也很好，但我就是不知道该如何包容这两者。我不知道我的爱会不会受到污染，会不会被恨意和负面情绪摧毁。"

但勇敢的心在任何情况下都愿意继续付出爱。不论情况糟到什么程度，它都能付出爱。它不但是一颗能付出爱的心，而且在任何情况下都能够爱。不论对方是好是坏，你都能爱他们。当你的伴侣或朋友对你付出关爱的时候，你通常比较能爱他们，但如果对方生气、排斥你或感到挫败时，你的爱立即转成了别的东西。你会封闭住你的爱，产生其他的反应。当你感到受伤、愤怒、怨恨或充满挫折的时候，你就不再允许自己展现出爱，至少无法在产生反应的那一刻让爱出现。切断一段关系就是把心封闭住了。你把那颗勇敢的心掩盖住，不再允许自己拥有它。你不再让无条件的爱出现，你的爱变成有条件的，只有在特定情况下才展现出爱。

勇敢的心使你能无条件地去爱

因此，真正的关系是奠基于爱上面的，而且不把任何状况排除于外。勇敢的心不排拒任何负面情况。如果你的心里面有爱，就不需要排除负面情况，也不会忘掉眼前的情况以及你和对方的真相。如果你把眼前的情况弄成了不真实的状态，那么你的爱也不是真实的。爱被你心中的信念局限住了。你的心尚未转化成自发、真实和勇敢的心。

举个例子：如果你发现你很爱某个人，而且跟这个人发展出了关系，那么当某件事发生而令你感到受伤、恐惧或嫉妒时，你就会意识到那一刻你立即不想再爱对方。你不但不想爱对方，而且会告诉自己不该再爱那个人。你会觉得如果继续爱那个人，自己可能会失败，可能会丧失尊严。但尊严究竟是什么呢？它就是你的自我。因此对方如果以你不能接受的方式做出反应，大部分时候你就不再渴望和他（她）联结。你会反映出受伤、愤怒、怨恨、想要报复或遭到背叛的感觉。

是的，你可能会觉得愤怒或挫败，但为什么会因此而封闭住你的爱呢？为何不敞开你的心让爱继续展现出来？为何不让你的爱变得更强大、超越当下的负面反应呢？在我们把对方当成是坏人的那一刻，会立即想把心封闭住，这么一来报复的欲望就产生了。不但报复心或嗔恨心会出现，而且我们会不愿意再延续心中的爱。

挫败感产生时，嗔恨与愤怒自然会出现，这些都不是很糟糕的反应。允许愤怒和嗔恨排挤掉心中的爱，才是具有破坏性的倾向。勇敢的心是不会允许这样的事发生的，它永远能获胜，让爱在任何一种情况下都能展现出来。你不是因为对方善良才爱他，也不会因为他不好而不再爱他，你爱是因为爱就是你的本质。人类的本质之一就是爱，爱是永远能原谅、接纳和欣赏的。接纳和理解即是敞开心胸包容关系的其他部分。你很明白关系之中永远有挫折和困难的时刻，而且对方有时会不喜欢我们或者我们不喜欢对方，但这并不会减损我们爱的勇气——心可以包容一切。若是能允许这样的状态发生，我们的关系就是真实的。我们不会以完美或虚假的方式看待它，如此才能变得完整。

如果你只容许特定的反应，就不可能成为完整的人，也不会把对方看成是完整的人，这么一来你就活在头脑式的关系里了。由于你的本质是爱，所以你可以不顾自己的感受继续爱某个人。你的爱永远在那里，虽然你可能察觉不到它。你无法听到自己的心跳，不代表你的心不在那里。爱本是你的一部分，你不可能失去它，如果失去了爱，就活不下去了。这就像是在对某个人说："我永远不再爱你了。"但这句话究竟是什么意思呢？这句话代表你的心已经不见了，而这是不可能的事。你不可能恨一个人到完全没有爱的程度，这是不可能的。你也许察觉不到心中的爱，也许会障蔽住它，但它还是存在着。

付出爱,能帮助自己容忍、接纳和了解困境

我们的本质就是爱,我们都是爱的源头。每份关系的底端都有爱,如果没有爱,关系根本不可能存在。无论感不感受到爱,它都在那里。每当我们把焦点专注在关系的特定面向时,爱就无法出现了。有时我们的心中也会完全充满着爱,没有任何怨怼或负面倾向,有时则会出现嗔恨心,但绝不可能完全没有爱,因为恨是一种反应,而爱是一种存在——它不是一种反应。爱才是你的本质,恨则是爱被障蔽之后的反应。因此只要出现恨或负面反应,里面仍然有爱的成分。如果没有爱,就不可能出现恨。

一个没有心的人是不可能怀恨、愤怒、受伤或妒忌的。缺少了爱,不可能出现忌妒、受伤、恐惧、嗔恨或愤怒。这所有的感觉都是在爱消失时出现的反应。意识到真正的关系,代表永远能察觉爱。任何一种关系里面都有爱,而爱是带着理解的。爱里面一定有宽恕和接纳的成分,也有慈悲、感激、享受、快乐、力量和欣赏。这一切都是爱的元素,而且一直存在着。勇敢的心是永远活在当下的,不论眼前发生了什么。如果你的爱是在好事情发生时才出现,那么你的心就尚未解脱或证悟——你仍然是个懦夫,一个充满恐惧的人。

让勇敢的心显现出来,指的是不论什么情况都能付出爱。这代表一旦把眼前的情况看成是完全美好的,没有任何问题或挫折,那么你勇敢的心已经不见了。你的关系已经变成了理想化和失真的关系。只要你有肉身,困难和挫折势必存在。期望某一天能拥有一个没有任何挫折、永远美好的关系,就是在做梦。

因为心中有爱,所以我们才能活下去,承受挫折和困难,继续活出快乐。付出爱不只是为了得到快乐,同时也能帮助自己容忍、接纳和了解困境。它能帮助我们在困境中继续保有快乐,因为爱是不排拒困难的。爱不会排除恨,当恨意、挫败感或痛苦出现时,爱不会因此

第十一章 勇敢的心

而停止。因此当关系里出现负面情况，譬如，感受到愤怒、挫败或受伤而令你忘却了爱，那时你就该明白那是头脑编织出来的关系而非实况。你涉入的是头脑式的关系而非真实的情况。你并没有如实觉知自己与对方，更没有如实觉知你们的关系。你只是在跟头脑里的某种想法联结罢了。

心变得勇敢，爱才能胜过困难与挫折

如果我们允许自己认清眼前关系的真相，或许有一阵子我们会感觉受伤、怨恨及挫败，同时也可能感受到恐惧和脆弱。这些负面感觉可能会持续一段时间，但若是能不退缩，允许自己的心变得勇敢起来、安住于当下，那么爱就能获胜，然后这份关系里就会有爱。但这不代表挫折和困难将会消失，而是它们不再那么强而有力了。困难之所以会变得强而有力，是因为你认同了关系的负向部分。然而我们的本质就是爱，其实我们都是爱的源头。我们内在最强而有力的势力就是爱。因为认同了自己不真实的部分，所以才看不见爱，不允许爱出现。因此愈是允许自己与当下联结，就愈能觉知眼前的困难、挫败和痛苦的感受，然后就能接纳、忍受、吸收及包容它们，将其融入于更大的、更不易毁灭的东西里面，而那个东西就是我们的心。勇敢的心不排拒任何恶劣的情况，也不批判、退缩或排除不美好的事物。所有的不美好都能够加以觉知、感受、认识、接纳、包容和理解。当心变得勇敢时，爱就是无条件的；当心恐惧时，爱就会出现条件。

人类制造出了这些头脑式的关系，为的是保护爱或心不受伤，但这种保护倾向其实是源自于无知：我们不知道心是不会被摧毁的。事实上你的心比身体更不朽，即使感觉受伤，你的心在根本上也没有受到伤害，受伤的只是你的自我形象或自尊罢了。因此不论发生了什么都继续爱下去，并不代表你向另一个人妥协了——你是在向你的心或本质妥协。我们往往不允许自己去感觉爱、活出爱以及付出爱的行动，因为我们认为爱意味着脆弱，被占便宜、被剥削，丧失某些东西或是被当成是愚蠢的人。

真相是，每当你封闭住心的时候，你就成了输的一方。向你的心妥协，并不意味向另一个人妥协，也不代表向负面妥协；你只是臣服于自己的本质，臣服于自己的本来面目。一直付出爱不代表不懂得保护自己，因为勇敢的心是能够认清真相的——它会觉知到负面情况，并且能够用爱来面对。因此持续付出爱不代表你脆弱，也不代表你被另一个人操控了。事实上，具足勇敢的心意味着你在内心里是独立自主的。缺少了勇敢的心，你不可能真的独立自主。无法独立自主，就不可能具足勇敢的心。能够一直付出爱，代表你的心已经寂然独立。这不意味你是脆弱的或放弃了什么，也不是遭到了剥削或愚蠢不堪。因为大部分的人都这么想，所以我才会提出这些看法。大部分的人都觉得如果某人做了对不起你的事，就不该再爱他了，如果再爱他，就是个傻瓜。其实能够在这种情况下付出爱，才是真的有勇气。

但我指的并不是让别人糟蹋你。这绝不是我的意思，因为那不是爱，而是一种依赖，一种需求。我现在指的是真正的宽恕、体谅、感激、喜悦和快乐。这才是我所谓的爱。我说的并不是在被剥削或仇视的情况下仍然不离开对方——那可能只是一种头脑里的关系。真正的爱是勇敢的、强壮的、不胡闹的。如果某人做了伤害你的事，你会以内在力量面对他，但是你不会停止你的爱。你不会因为恶而减低善，你不会因为不喜欢某个东西而减低真实存在的东西。因此，勇敢意味着活出你真实的一面。因为你能活出真实的一面，所以能勇敢地去看对方的全貌和真相。

有时你也会生气，但仍然有勇气。你甚至可能会怨恨，但勇敢的心仍然在那里。爱与恨是不冲突的，它们可以同时存在。如果你真的有勇气，那么不论遭遇的是挫折、怨恨或愤怒，你都能度过这些情绪

第十一章　勇敢的心

反应。它们没有一个是真实的，只有你的心才是真实而永恒的。你的心就是存在的展现，而存在是无法毁灭的，它独立于你的头脑之外。一个人若是无法活出勇气，就不可能真的证悟什么。如果你的爱有条件，而且取决于所处的情境，那么它就是懦弱的——这代表你的关系还不够真实。只有真实的人才会有真实的关系。

因为有爱，我们才能在关系中成长和学习

勇敢的心不在乎对方做了什么、怎么想我们、怎么待我们。若想具备这样的勇气，就必须接受某种程度的孤独与空寂。一旦具备了勇气，即使别人做出种种令你不悦的事，你仍然能看到最深的真相而不受其干扰。处在这种寂然独立的状态里，你会觉得仍然想不断地付出爱。人们往往会在这个地方打住：那个人根本是个浑蛋，我为什么要对他继续付出爱呢？我为什么要向一个浑蛋妥协？我为什么要体恤他或接纳他呢？但是，你体恤、接纳和宽容并不是为了别人，而是为了你自己的本来面目。这就是一种独立自主的精神，一种不为外境所动的寂然独立状态。因此你和自己的关系一直是真实的，和自己建立真实的关系，就能和别人建立真实的关系。

你明白、也接受人际关系里的负面情况，因为困难、挫折和失望都是人生的一部分，而且是可以容忍、接纳以及从中学习的。事实上，爱如果不存在，我们也很难从互动关系中成长和学习。去除了爱，我们只剩下了反应，什么也学不到了。你只会把过往的东西延续到当下，如此而已。你只是不断地重复老旧的反应，一种自动化的习性。但爱若是出现了，你就能了解眼前的整个情况，并善用这个经验来滋养灵魂。

我现在谈的不是一件简单的事，就大部分人而言，这都不是一件简单的事。我现在并不是要你改变你的关系，或是对关系做些什么；

你只要看见它的真相就够了。你目前的关系究竟带给你什么感受，你要把这些感受认清楚。我们通常只能看见某些特定的感觉，我们并不想认清所有的感觉。因此若想拥有一份真实的关系，就必须认清、觉知和体会它的全貌。这就是一种勇气，因为你愿意去看自己和对方所有的真相。

完整的真相一直都在眼前，它不是一个被你制造出来的东西。大部分时候你都在制造一些莫须有的感觉，因此必须穿透自己的感觉，看看真相是什么。一旦看见了真相，势必会发现爱仍然主宰着一切，其他的都是环绕在它周围的反应罢了。因此不要去制造不存在的东西，我的意思是：认清当下的真相。但自我不想让你看见真相，它只想维持住扭曲的见解。看见关系的全貌，意思是体认到自己的完整性，这代表变成一个真实的人以及认清对方最深的真相。这样你就会明白你和他都是从更大的背景显化出来的。你和他以及全人类都是从爱的源头显化出来的。这份爱不只存在于我们心中，同时也存在于关系之中。我们都是由爱创造出来的。我们都是唯心所造。

万事万物都是源自于爱

人类就是上主之爱的显化，因此缺少了爱，我们不可能存在。爱是一切的基础，我们看到的一切都是爱的显化。如果你允许自己认清事实，你就会发现你本是爱的能源的个别体现。你身上的原子是由爱构成的，你的身体是由爱制造出来的，你心智的源头就是爱，你的环境也是由爱创造出来的。万事万物都源自于爱，缺少爱你什么也看不见了。所有的个体都是由至上的实相和上主显化出来的。因为我们都是最终的果，所以我们这个小宇宙的心才能反映大宇宙的心。

因为大宇宙的心从不批判或排拒世上的负面事物，所以人类的心也有能力不论断、不排拒，继续付出爱和享受生命。因此，头脑设想出来的关系会让我们在经验不到爱的时候,立即想和对方切断联结。但倘若你能保持这份联结,就会发现里面还是有爱。然而与他人联结并不代表你经验到的全是爱,真正的联结是无论发生什么都能继续保持亲密。如果你认为自己和对方是联结的,但感受到的却是愤怒、受伤或恨意,那么你就该明白你与对方并没有完全联结。你正在逃避某个东西——你的爱。你的爱一直在那里,你不可能失去它,那么它跑到哪里去了呢?有时你的确无法觉知到它,但它还是存在着。它怎么会消失呢?你的存在和爱是不可能消失的。说爱会消失,就像是在说没有头脑也能继续存活一样。如果你的爱彻底消失了,你就活不下去,也什么都感受不到了。

阿玛斯:有没有任何问题?

学生:你指的关系必须是心对心的联结吗?

阿玛斯:关系意味着你和他人有整体性的联结。爱只是我们的一部分,它并不是全部。

学生:因此当你真的和另一个人贴近时,一定会有愤怒、怨恨、喜悦等感觉?

阿玛斯:是的。如果你真的和对方贴近,这些感觉都会出现。当你能够体认关系的全貌时,就能成为自己的本体。勇敢的心就是本体的特质之一,也是我所谓的明透之心。

学生:自我之所以会奠基在界分感上面,是不是因为爱和负面情绪对立了?

阿玛斯:自我的起源就是正向与负向、爱与恨、苦与乐的界分。这就是自我的开端。如果不需要保护自己免于负面经验,那么自我就不会出现,因此自我是奠基于分别意识上面的。如果关系里没有这种界分,自我是不会出现的。

孩子与母亲或环境打从童年起便建立了关系,如果这些关系很困难或痛苦,孩子自然会把情况划分成爱与恨、容易与困难,等等。但这么做必须运用到头脑,于是就失真了。你必须把想法划分为二,你必须相信某个东西的存在,于是思想的结构就此建立,而现实也有了好坏之分。你因此而有了好母亲或坏母亲的分别意识。但你的母亲不可能是全好或全坏的,她一定是好坏兼具,因此当你把母亲当成是全好或全坏时,就是在制造一个不真实的东西。一段时间之后,你所有的关系都变成由头脑设想出来的。因此你可能把母亲理想化,也可能将其视为一个饱受挫折的人,或是一个充满攻击性的人。你和这三个部分的关系,日后又会演变成种种头脑式的关系。

我们往往会从自我形象的角度来看待自我,但我现在是从关系的角度在看自我,而不只是从自我形象的角度在看:这包含了自我形象以及你和母亲的客体关系造成的意象。自我形象和自我就是从关系发展出来的。一开始,孩子也许必须发展出分别意识,因为他还无法承受完整的情况,也不具备足够的理解力。孩子的认知系统尚未发展出来,因此无法看到、理解或承受完整的情况,但是大人已经不需要这种分别意识了,因为我们已经有能力承受现实。

自我并不想看见所有的真相,它一向是奠基于解离和分别意识的,如果它看见完整的实相,就不可能存在了。自我之所以继续存在,是因为它只相信自己的观察。自我本是心智的一部分,而心智的自欺能力是很高的。你可以对心智说谎,却不能欺骗存在。打从一开始心智就是在欺骗自己,而且一直在自欺。它一旦发现某种状态并不是真相,就无法再对那个状态执著了。从某个角度来看,心智是非常诚实而诚恳的,它虽然很诚实很诚恳,却无法全知。一旦看到真相,它就无法再说服自己了。它之所以把假相当真,是因为它认为那就是真相。因此当心智看到完整的真相时,自然会放下虚假的东西,那时自我就消失了。因此让自我消失的方式之一,就是要认清关系的全貌。活出完整的关系,代表你必须变成一个真人,不再认同头脑的想法。自我形象通常是头脑设想出来的，它之所以会延续，就是因为你不断地投入于头脑式的失真关系。如果一份关系变得完整和真实，你必定也会变得完整和真实。

真实、成熟、客观的明透之爱

我们的本质是无条件的爱与勇敢的心。人们经常把无条件的爱诠释成屈从，或者不管对方如何对待你，都坚持留在那个关系里面。我指的绝不是这样的状态。你不该坐在那里任由别人虐待你，因为你是有勇气的，而且应该懂得爱自己。我指的爱是真实、成熟而客观的，所以我才会称之为明透的爱。像水晶一般的明透之心就是爱。

学生：当一个人投入于一份关系时，是否有办法在不同的阶段里，同时和这三个部分产生联结，或者只能一段时期联结一个部分？

阿玛斯：通常你会在这三种头脑式的关系里来回摆荡。或者你会看见一份关系里多多少少都带有这三个面向。

学生：有没有一个部分是比较明显的？

阿玛斯：有的人会在一两个月或几年的时间里显现出其中的一种特质，然后其他的部分会变得比较明显一些。

学生：如果你排斥了你的恨，同时也会排斥爱吗？

阿玛斯：是的。你排斥你的恨或试图脱离你的恨，那么你的爱也会变得不真实，因为它是奠基于理想化倾向之上的。到了某个阶段你一定会产生失望的感觉。一开始你可能会把一份关系理想化，认为里面只有爱和美好的感觉。你看到的一切都很美好：她的眼神、她的发色以及她的行为举止，都足以使你不停地凝视着她，甚至长达好几个小时。但是有一天某件事发生了，对方做出了令你受伤和失望的事。其实你受伤和失望并不是因为对方做了某件事，而是你理想化的形象被摧毁了。她不再完美无缺，于是这段关系就变味了。

但如果你足够成熟而且懂得面对真实的关系，就会接纳这种不完美的情境。你会认清关系不可能完美。对方并没有改变，是你发现了维持长期关系的条件，其实是要建立真实的关系。不建立真实的关系，不可能有令人满意的长期关系。头脑设想出来的关系是不可能长久的，因为它们太不真实了。到了某个阶段你一定会对理想化的关系失望。如果你的关系属于令人挫败的负向关系，那么到了某个阶段它一定会变得太负向，所以你必须脱离它。关系令人感到挫败，代表并没有建立真实的关系——你只是想要某个东西而要不到罢了。

有许多人一直想拥有一份关系，这些人很容易形成不断感到挫败的关系。他们的脑子里有一种概念，认为自己不该拥有美好的关系，或者命中注定得不到这样的关系。因为他们如果得到了那种关系，就必须面对不好的一面，或是偶尔出现的孤独感和丧失联结的感觉。每一回你看透了某个头脑式的关系，就势必得面对失去联结的感觉，因此你以这种虚假的关系取代了真实的关系。

接受空寂和孤独，真实的关系才会出现

没有真实的联结就不会有真实的关系，所以你必须不断地助长头脑式的关系，原因是你无法忍受心中没有任何关系在进行。这就是大部分时候人们都在想着另一个人的理由。检视一下你的念头，你会发现你经常把人分成三组。你一直在头脑里进行着某些关系，而从不允许自己处在空寂中。但你必须让自己感受空寂和孤独——这才是你真正的关系——如此才能辨认真实的关系是什么。你必须彻底地体验没有任何关系在进行的状态。如果能体验到的话，就可能发现自己并不是一个实有，因为自我不可能在没有关系的情况下继续存在。一旦释放掉负向关系或头脑式的关系，自我往往会抓狂、分裂和消失。这种

孤寂的状态会被体受成一种空洞感。因此当头脑式的关系消失时，你和它产生联结的那个部分也会跟着消失，这时你就能体证到一种寂然独立的空无境界。若是能接纳和容忍这种空无境界，真实的关系才会出现。能安住于当下，就会发现一份关系里面的真相。譬如，对方若是不了解你，你立即能认清对方的确不了解你，而不是你认为他不了解你。如果某个人很爱你，是因为他真的很爱你，而不是你要他爱你。

　　这就是我们今天对关系进行的探索。真实的关系就是要让经验充分代谢吸收，这才是我们成长和发展的方式。如果我们把关系分成非好即坏，就无法完全消化吸收它。不真实的东西是无法被消化吸收的，因此我们必须认清真相，以便学会一些教训。

第十二章 我们的知识就是我们的世界

      它们是真实的吗？这就是一切了吗？我有没有可能在强化概念及形成特定思想的过程里，扼杀了一些东西？我是不是把某些精微、鲜活、无法用概念来捕捉的东西扼杀掉了？

今天我要探索的观点是：我们的知识就是我们的世界。这句话究竟是什么意思呢？我将会逐一地为各位解释。

发展心智的过程中，我们渐渐有能力意识到自己，我们会觉得自己的确是活在世上，而且知道世界是怎么一回事。我们看着周围的一切，意识到世界是无限延伸的。我们能认出卧房、衣服、宠物、父母、兄弟姊妹和朋友，还有我们生活的街道、来往的汽车、天空里翱翔的飞机、站在树梢的鸟儿、河流中的水、海洋、蓝天、星星和月亮，等等。打从我们能觉知这些事物以来，便断定自己已经认识了周遭的世界——我们从不质疑心中的这些信念。父母和周围的人都告诉我们说："没错，这就是我们的世界。"于是我们就变成了世界的一部分，而且觉得自己可以学会在世上快乐地生活。

我们通常不会去质疑这样的世界观。我们认定自己曾经降临到世间，不断地成长，并学会去认识周遭的一切。但这种世界观是很容易动摇的，只要思考一下我们对物质世界的认知的改变就够了。现在我们都认为地球是一个绕着太阳在旋转的星球，它位于银河的边缘，而这个银河系是无数银河系之中的一个。但活在两百年前的人却不这么认为，活在几千年前的人甚至认为地球是平的，或是骑在乌龟上面的。当时几乎每个人都抱持这种普世性观点，就像我们现在相信地球是位于银河边缘一样。因此一旦认清人类的世界观已经改变过许多次，的确会感到有些震惊，但百年之后又会是什么情况呢？

第十二章　我们的知识就是我们的世界

世界会随着我们知道的多少而改变吗？

活在世上有件事是很清楚的：我们一定会逐渐长大成人。起先你是个婴儿，然后变成了一个小孩，接着又变成了大孩子。每个小孩都渴望长大成人，但成年人却渴望变回小孩。这就是我们的世界。到目前为止我还没说出任何神秘的事，我只是指出了我们在世上的情况以及脑子里的一些概念罢了。一开始我们认识的是卧房、屋子以及周围的环境——世界是由这些东西组合成的。随着时间我们知道的愈来愈多，于是我们的世界也变得愈来愈大。成年之后我们会看到更多的东西。但是在六七岁左右的阶段里，当你看见天空时可能会对自己说："这个世界真是奇大无比，地球就是我们的真实世界！"不过小婴儿时的你，却把天空、月亮、高山看成了自己卧房里的装饰品。后来你才认清的确有真正的行星或恒星，你的世界因而扩大了许多。有趣的是，行星或恒星都没什么改变，改变的是你的内心世界。

随着年龄的增长，你变成了一个成年男子或女人，你经验世界的方式开始和所有的人一样。根据你的文化背景、家人或朋友的影响以及受到的教育，你会有特定的经验和生活方式；你可能发现自己很快乐或不快乐，想得到某些东西或不想得到某些东西。因此，活在世上就是得到了自己想要的东西，或是得不到自己想要的东西。活在世上可能是快乐的，也可能不快乐。每当家里有婴儿诞生的时候，家人都觉得很开心；但如果有人死了，大家就会伤心哀恸。有时你也会生病，然后又康复了。或者有人很喜欢你，你就感觉快活一些。成名也是值得快乐的事，失败则是令人感觉很糟糕的事。你所知道的世界，就是由这些元素组成的。

等到更成熟一点的时候，你终于发现事情不怎么对劲了。你的人生开始出现一些问题，也许是工作，也许是关系方面的问题。因此心理层面的你变得老练了一些，于是开始想了解自己的人格和心智活动的真相。你学了一些心理学或哲学，也了解了自己的问题所在，但你还想知道自己的不快乐是什么观点造成的，故而发现人生不只是长大成人、生活和吃饭。你发现自己真的并不了解世界的真相是什么。大部分的人都是到了下半生才开始怀疑这些事情，因此当你还是个十来岁的小孩时，是不会对这些事有所质疑的。你从未想过你的错误观点会造成一些问题。因此，我们必须有许多人生经验，才有能力质疑自己的世界观。幸运的话，十六七岁你就开始质疑了，有的人甚至要到三十来岁，才发现有些事是自己不懂的。因此，你开始发现心智的确会影响你在世上的经验。

灵性探索会改变我们的世界观吗？

到了某个阶段，你可能发展出灵性上的成熟度，而开始想探索世界、你自己以及人生深层的面向。于是你对灵性、灵修、上帝或本体开始产生兴趣，你开始思索也许真的有灵魂、灵性以及本体。你感受到一些崭新的内在经验，而人们也可能和你谈起内心的神，或外在的神。于是你确信某些事是肉眼看不见、感官觉知不到的，你变得更老练了一些。世界不再像你15岁时认定的那样。你察觉还有神灵的存在，世界的层次似乎变得愈来愈多了。除了心智、思想和情绪经验之外，还存在着一些灵性层面的经验，于是你进一步地建构自己在世上的人生。

但世界基本上还是老样子，树仍然是树，山仍然是山。它们仍然是老样子，位置也没改变。男人仍旧是男人，女人仍旧是女人。偶尔我们会产生一些困惑，但大部分时候事情都很明确。基本上每个人都知道河就是河，海就是海，这些事都不会改变。即使有了心理上的认知或灵性上的了悟，我们对世界的体认仍然和四五岁时差不多，世界并没有根本上的改变，只不过我们知道的愈来愈多罢了。现在你发现除了心智之外，还有灵性、灵魂和本体，这些都是以往未察觉的东西。你把新的知识纳入了已知的事物中，但这份认知并不会动摇你以往的世界观。

我们以为有了更多的经验、变得更成熟以后，崭新的事就会发生，其实我们只是在老旧的世界里加入了更多的内涵。我们的基本世界观并没有受到质疑。桌子仍然是桌子，房子仍然是房子，这些事都没有受到质疑。我们也不会质疑自己真的是男人或女人。这些东西仍然是我们世界的构成元素。

因此当我说"我们的知识就是我们的世界"时，不妨默观一下我们对眼前世界的认知。我们可以默观一下眼前的房间、灯光、地毯、椅子和墙壁。不妨经验一下眼前觉知到的世界。当我们默观时，一定会认定我们是在眼前的世界里做这件事。我们也可以从心理或灵性层面来进行默观，就在眼前的世界里向内心探索。如同早先说过的，也许在心理上我们已经有了成熟度，而且能认清心智决定了自己的感受和经验，因此我们发现情绪状态总是取决于以往的记忆和经验。

你会发现你对不同情况的感受与过往的历史有关，但不必然和当下正在发生的事有关——这是很普通的心理常识。或者你可能会做一些心灵修持，譬如冥想等等，而开始获得某种体悟。也许你的脉轮打开了，心敞开了，头脑变得清晰或看见了光，能够与天使沟通等，但你仍然相信这些经验都是在已知的世界里发生的。

举个例子，此刻你可能发现自己有些焦虑和不舒服，然后你发现原来眼前的情况使你想起了小时候曾经令你恐惧的事。你发现其实并没有什么事是值得害怕的，只不过眼前的情况与过去的历史有些类似罢了。当你产生这种洞见时，你的智慧便增长了一些，但你仍然活在同样的世界里。事实上只有一件事没变，那就是你的恐惧。你眼前的恐惧和童年的恐惧是相同的，这才是你能够确定的事。

但这种情况是怎么发生的？也许眼前有个人，他的外形、年龄或其他某种态度令你产生了恐惧的反应，因此你认知到的是眼前这个人与过往的某个人的长相及行为很类似。你的世界并没有改变——里面仍然有个人充满着恐惧，仍然在依照某种模式产生反应；你的世界并没有什么改变，里面的元素仍旧是照着特定的方式在互动。因此我们发现即使对自己的心理活动有了某些认识，我们的认识仍然摆脱不了已知的世界。某种程度上我们的认知并没有深化，虽然对恐惧、对他人、对自己的行为有了较深的认识，但仍然没有超出童年经验的范畴。

你现在已经知道了什么是光明与黑暗，因此只要按一下墙上的钮，就可以把事情变成黑暗或光明。你已经认识墙上有按钮，也明白了什么是黑暗，而且知道需要光才能看见东西。你也知道黑暗是有利于睡眠的。虽然你学会了有关按钮的事，但并没有新意。

成长和学习只是增加了关于世界的知识？

大部分人都认为，教育、对心理活动的理解以及灵性上的体悟，是大同小异的事。你知道自己是个男人或女人，育有子女，跟特定的人住在特定的屋檐下，而且和屋子里的人有特定的关系。你认为你和屋子里的人有关系，而且对这些关系有所认识，可是你的认识仍然属于老旧的次元。

或者你已经对石头和水晶有了认识，于是很想再认识钻石和绿宝石。虽然你对这些矿石的知识有了增长，但是在某种程度上并没有学到新的东西，因为你学到的仍然是矿石之内的知识。这些矿石有不同的色彩和结构，但全是一些晶状体，它们的特性都是相同的。我们愈是经验世界，得到的知识就愈多，而世界也就愈扩张。到目前为止我仍然没有说出任何神秘的事，我只是指出了一些大家都视为理所当然的事。这些全都是常识，但我们通常不会这么去看事情。

基本上，我们的世界是由相同的东西组合成的，而它们是不会改变的。里面有岩石、树木、动物、机器、人、河流及海洋；里面也有水、云、星星、银河，还有血液、尿液和骨头；同时也有光明、黑暗、哀伤、恐惧、愤怒、快乐及自由，或是工作、失败、成功、名望和电视。打从 5 岁起我们就一直在经验谎言或真相等事物。我们以为成长和学习涉及的只是对这些事物的觉知。我们只是比 5 岁时多学到了一些东西，但从未进入不同的层次。我们不断地在原先的领域里移动位置，但领域始终没变过。所谓的成熟、增进知识和成长，就是在原先的结构里觉知到更复杂的元素，以及这些元素之间更复杂的关系。

到目前为止我们还未解释清楚"我们的知识就是我们的世界"。我们已经看见自己的知识如何随着视野的扩大而跟着扩张。当然我们的世界也包含我们的整个身心灵。我们从不对这些东西产生怀疑，不论做什么或计划什么，不论如何学习成长，在心理、灵性和情绪上拓展经验，我们的觉知仍然局限在世界的范围之内。即使当我们体验到更深的真相和本体时，仍然会把它们和已知的事物联结，并且以老旧的方式来觉知它们。你觉得内心很甜美、很柔软，或者很黑暗、很哀伤，这些都是已知世界里的老旧元素。

从某个角度来看，我们的知识从未增加过——所有的知识都是由字母组合成的，而我们只是把字母做了不同的排列组合。譬如以英文来说，我们一共有 26 个字母，这 26 个字母可以造出成千上万个单词来。不论我们怎么说或写，所有的语言文字都是由这些字母组合成的，因此所有的书籍也都是由这 26 个字母组合成的。不论我们的文字有多么先进和深奥，基本的元素就是这些字母。

我们对这个世界的知识也是由类似的元素组合成的。这些元素包括岩石、氧气、躯体、骨骼、自由或哀伤。我们的世界就是由我们对它们的认知建构成的，这些认知往往会影响我们对事情的探索方向及观点。我们的世界里有桌子、笔记本、木头、水、玻璃、麦克风、电视、电灯、太阳、盒子、思想、概念、感受、觉受，等等。这些就是构成我们世界的字母。这些字母从未改变过,改变的只是不同的排列组合罢了。

我今天真正要探索的是:这些元素究竟是什么?我想探索的是岩石、山、水、人、鼻子、眼睛、肝脏、猪、鸽子、蛇、星星或尘埃究竟是什么?所谓的蒸发、巩固、过程、自由或选择,又是什么?我们已知的世界就是放在书架上的字典。我们所有的观点都可以在字典里找到。早上你一醒来就会告诉自己说"我醒来了",而你可以立即在字典里找到"醒来"这个词。醒来之后你看见了你的母亲,"母亲"这个词也可以借由字典来了解其含意,因此我们经验到的每件事都在字典里面。

我们认为字典只是将世界做了一些分类,而不认为字典就是我们的世界。如果认为字典就是我们世界,别人可能会认为我们是疯子,因此我们才会说字典是在描述世界,将世界里的元素分类。事实上,这些元素真的构成了世界。世界里真的有岩石、有鸟;我真的有鼻子和眼睛;你的眼睛真的有其特殊的形状。字典也许能描述或让你知道"眼睛"这个词是什么意思,但眼睛是真的存在着的一种东西。打从一开始我们就从未质疑过眼睛、鼻子、膝盖、头发、血和肉这些东西。

字典里的字是有限的,但我们可以借由不同的字组合成无数种类的关系,就像字母可以组合成无数的单词一样。因此世界是由无数的元素组成的。我们认为这些东西全都真实存在着,而且是非常坚实的存有。譬如,岩石毫无疑问的确是真实的。我们可能会怀疑是否有自由这种东西,但岩石呢?岩石的确存在于那里啊。如果你不相信它在那里,不妨踢一下就知道了——这是一个很有名的证实物质的确存在的公案。

但是在哲学上这并不是最终极的证据,哲学家会质疑你对自己感官的诠释。你如何能假设岩石是存在的,难道根据你的感官来证明就够了吗?人也可能因为脚痛而制造出像是实有的一种幻觉啊!因此在

第十二章　我们的知识就是我们的世界

逻辑和哲学上，这样的说法并不能证明什么，但我们仍然相信岩石是存在的。如果你不相信岩石是存在的，你心智的稳定度就会遭到质疑，不论提出何种哲学和逻辑上的解说都一样。

构成世界的元素是什么？

然而构成我们这个世界的元素究竟是什么？我们未诞生之前，它们是不是已经存在了？当我们两三个月大的时候，还未认识这些元素之前，它们存不存在？大部分的人都会假定当我们诞生到这个世界的时候，它们已经存在了。我们认为山、树、人、苍蝇、自由、正义、本体、灵性等，早已是存在的，但在你还未认识树木之前，它们到底存不存在？

让我们举出一个世间的元素来探索一下。就拿自由来说好了，我们时常会说你自由或不自由，但真的有自由这种东西吗？假设你是一个两岁大的孩子，尚未有"自由"这个观念，所以你不会从自不自由的观念来看自己。然后借由学习，你逐渐发展出了自由的概念。举个例子，如果你把家里弄得一团糟，父母不可能不干预。过了一段时期，能否依照自己的方式来行事，便成了我们所谓的自由与不自由的准则。可是小时候的你不可能从这个角度去想事情。当我们看着一个小婴儿的时候，我们会觉得他很自由，然而他真的自由吗？我们认为他自由是因为他没有制约经验的心智能力，于是我们就觉得那是一种自由。可是从小婴儿的角度来看，他真的感觉自由吗？婴儿还不知道什么是不自由，所以也不知道什么是自由。我们认识自由，是因为我们知道了什么是不自由。如果没有所谓的"不自由"，也就没有"自由"这个东西了。假设你从未缺乏过自由，你会对自由有所体认吗？因此自由是借由缺乏自由而被我们认知的。如果从未受过限制，那么在你的世界里，自由就是不存在的东西。

如果你从未感受过冷，是否会有热的感觉？没有冷，就没有热这个东西；没有高，就不会有矮；没有大，就不会有小。我们认识的所有事物，全都是借由对比而得知的。我们会认识坚固这个概念，是因为我们了解什么是流动。我们认识的善是对应于恶的，快乐则是对应于不快乐。因此组成我们这个世界的元素，都是透过和其他元素的对比而被认知的。

让我再退回来解释一下。假设你目前有些心理问题或困难，根源是小时候发生过的某些事。你的困难是奠基在你信以为真的经验上面，因此若是没有所谓的恐惧、哀伤、排拒或赞同，也没有所谓的人或某个时段，那么谈论童年发生过某件事就没什么意义了。一旦有了某些童年的元素，你就可以认清这些元素的模式和互动关系，然后借由看透它们来摆脱掉旧有的模式。

但我们也可以利用不同的方式来解脱自己，譬如，质疑经验里的那些元素是否真的存在。如果这些元素不存在，那么心理议题也就不存在了。若想了解某个心理议题，你必须先假定童年经验里的元素是真实存在的。

构成世界的元素，成了我们生活、行动、沟通的基础

随着你的发展与成长，你毫无选择必须假定构成世界的元素是存在的。这些都是最基本的事物，它们就是你的行动、生活的内涵以及人际沟通的基础。缺少了这些元素，你不可能有任何知识、观点或生活。为了进行内在工作、了解自己是谁、明白心理的困难有哪些、自由的定义是什么、什么是渴望转化自我等，就必须认识这些元素。

我们再来了解一下孩子的心智发展。小婴儿看得见周围动来动去的各种形象，也看得见光和色彩，但是没有"黑色、绿色、活动或祥和"等概念。婴儿根本不懂得这些事物。他们可能会对母亲的脸孔产

生反应，但是不会有"脸孔"或"母亲"的概念。他们也不会在事情发生的时候，认为"有事情在发生"。他们根本不知道什么是"事情"，也不知道什么是"发生"。婴儿会有种种的印象，但并不知道这些东西叫"经验"。因此一开始我们会觉知到许多事物，但无法觉察自己正在觉知它们。

婴儿看见相同的事物重复再三地发生，譬如，声音、形象、运动、感觉一直在发生，然后对这些事物的记忆就会发展成某些认知模式，而且会对其中的某些模式特别有感觉及相应。一开始婴儿的世界是未被定义的、缺乏结构的、未知的以及流动的。他们并不知道这些生生灭灭的东西是什么，但这并不是因为他第一次经验这些事情，而是他根本不知道这些东西是什么。

处在这种原初的、比较没有结构的状态里，当你觉知到一些活动时，你并不知道是屋子在动还是你在动，你也不知道有一个人把你从某间屋子抱到了另一间屋子，你只知道眼前的画面变了，但没有两个不同处所的概念。

然后一点一滴地，我们开始把觉知到的事物固着化：包括我们内在的感受、活动、变化以及对各种形体的印象。我们逐渐意识到周遭的人似乎会发出一些声音，为这些事物命名。你听到有人说出"罗莱"的名字，过了一阵子你开始明白这个声音是从很熟悉的东西那里发出来的，但你还不知道那就是你的母亲。你听到"罗莱"，可你不知道那是什么。

到了六到八个月大的时候，你的母亲开始指着你说出"罗莱"这个名字。你看着母亲的手指以为那就是"罗莱"，然后你的母亲指着你说："不，不，你才是罗莱。"经过几番周折之后，你终于知道"罗莱"就是你。一开始你并不知道"罗莱"是个名字，而你就是"罗莱"。当你知道你就是"罗莱"之后，这个名字便开始伴随你，长达一辈子。认识了自己的名字之后，你又发现自己还有一副身体，而且手臂和肩膀是连着的，它们并不是和母亲连在一块儿。接着你学着去认识身体的感受和活动，然后你学会了把"罗莱"这个名字以及你对身体的觉知，统合成你对自己的概念。

在你的头脑里，第一件学会的事就是"罗莱"和身体是分不开的。母亲时常指着婴儿的鼻子说"鼻子"，于是小婴儿也跟着说"鼻子"。然后母亲又指着自己的鼻子说："这是一个鼻子。"最后你终于弄清楚了什么是"鼻子"，于是你的世界就开始出现鼻子这种东西，在这之前，既没有罗莱，也没有鼻子这种东西。

我说头脑未发展出认知能力之前这些元素不存在，并不代表孩子什么都看不见。孩子能看见耳朵，但并不知道这个东西叫"耳朵"，也不知道耳朵跟其他的东西是分开的。因此孩子的世界不包括耳朵和鼻子，也没有星星、银河、自由、选择、上帝或其他事物。

在抽象的层次上，你可以说世上的这些元素早已存在，但是从你的经验来看的话，世界并不是由这些东西组合成的。在你尚未发展出命名的能力之前，你的世界并不是由这些元素所构成，因此认知的活动是一点一滴发展出来的。随着知识的扩张，你逐渐能分辨更多的字句、概念以及这些东西之间的关系，而这些关系又构成了更丰富的世界，于是你的知识便增长了。

未有概念以前，世界存在吗？

从这样的探讨我们会发现，打从一开始我们生活的世界就是跟我们的知识连在一起的。我们所谓的知识指的不但是事物之间的关系，同时也包含一开始的概念性知识在内。当你尚未发展出概念之前，世界的这些元素都是不存在的。以眼前这张桌子为例，你知道这里有张桌子，然后你说这是桌面，但桌面究竟是什么？一开始桌面这个东西对你而言并不存在，接着你有了"面"的概念，而且明白了"面"是朝上的。你发现事物之间有一些差异,但是在没有"面"的概念之前,你并不知道"面"和"里"有所不同。一开始孩子对桌子的概念很不明确,然后他逐渐了解桌子有"脚",有"面",还有"里",等等,于是桌子就变得愈来愈固化。现在你甚至可以写一整张纸来描述这张桌子。

因此我们生活的世界是由我们的概念一点一滴构成的。因为我们需要用这些概念来描述事物,所以这些概念才构成了我们的世界。当桌子没有出现之前,人们是坐在岩石上的。人们把脚放在岩石上的时候感觉并不舒服,于是就把岩石的面削平,然后就成了桌子。当桌子被做出来之后,人们才逐渐有了桌子的概念。了解桌子、飞机、音乐、电脑是由人的头脑创造出来的,似乎并不是困难的事,但了解天上的星星也是由人的概念创造出来的,就有些困难了。我们总认为星星的存在是独立于我们的概念之外的,我们很确定它们在人类之前就存在着。但若是对星星没有概念,显然无法认出星星来。我们可能会把星星看成是天上的亮点,而不知道它们是星星。如果对天空或星星没有概念,我们将会活在一个没有天空或星星的世界里。我们的世界只有光和蓝色,有时是灰色的,有时显得暗沉一些,有时则会出现一些小小的亮点。

或者我们有能力分辨亮点与黑暗的区别,于是便称这些亮点为星星。因此若想活在一个有星星的世界里,就必须有星星的概念,缺少了这些概念,你根本说不出夜空里有什么。但夜空里的那些东西和你心中的概念并不相同,因此我们必须认清我们的世界就是由这些知识建构成的。

如同我早先说过的,我们借由事物的对比性而发展出了分别意识,而事物的对比性也会真的在我们的概念里将事物划分开来,然后我们又会赋予这些对比的事物一些名称,于是世界就变得坚实和固化了。如果你完全没有思想,那么这个世界是否还存在?因此,我们生活的世界就是由我们的知识和概念构成的。我们所谓的世界只是一堆概念罢了。

知识增长，反倒使世界变得僵固了

在概念化和命名的过程里，我们忘掉了这些元素起先并不存在。我们已经不记得在命名之前发生了什么，因为当时还不具足思维能力来记得一些事情，我们记得的只是一些已经发展出来的概念罢了。最后我们就活在自己的头脑里面了。如果我们的知识内涵是明确而固定的，那么所有的人以及生命就会变得明确而固定，然后我们的经验就开始固化。愈是这样，我们生活的世界就愈老旧。它不再是一个新颖的世界，我们也不再新鲜。如此一来，你就学不到什么东西了。你不再发展和成长，不再扩张和深化，你的世界变得愈来愈狭窄。知识愈复杂，我们的世界就愈狭窄、愈僵固。

因此，我们所谓的增长知识，不过是把世界、自己以及人生变得愈来愈僵固。这种不再改变的状态便是我们安全感的来源。向这些概念挑战会让我们觉得很危险，在事物的组合上做些更动则不打紧，因为这可以使我们更有安全感。因此我们的概念变得愈坚实，就愈有安全感，但同时却失去了活力，无法再如实地看自己和世界。

如此一来，世界和我们自己就变得愈来愈机械化。我们不仅是活在心智里面，心智就是我们的宇宙了。我们不仅是活在历史里面，历史即是我们的世界。我们现在仍然活得像个小孩，仍然是父母的儿子或女儿。我们不是生活在一栋房子里面，而是生活在房子这个概念里面。说得更精确一点，我们是活在人和房子的概念里面。这个概念化的人正开着一辆概念化的车，经过概念化的城市与街道。因此我们生活的世界是老旧僵固的，里面的新鲜感、活力和光辉早就不见了。当你在看事物的时候，总是透过概念的镜片在看，而且这个事物必须符合你已知的概念，因此你从未以崭新的角度去看过它。当你看着一块地毯时，你看到的只有红色、蓝色和绿色。你早就知道地毯是什么，也知道红色或蓝色是什么。没有任何事物是新颖的，充其量只是不同元素的组合罢了。你知道的事愈多，它们就变得愈坚固，愈没有活力、光辉或新颖感。

另一个让我们的世界变得固化的，就是我们的反应。我们对自己和世界不但保持许多老旧的概念，同时还有一些反应和意见，令这些概念变得更僵固、更脱离真实的世界。每当某个经验发生时，你立即会把它分类成快乐或不快乐、痛苦或愉悦、好或坏。譬如，你特别偏好天上的某颗星星，每回你抬头仰望它的时候，都很爱慕它。只有那颗星星能带给你快乐，其他的星星你似乎都看不到。或者你认为天上可能有邪恶的外星人，所以不敢抬头仰望天空。你总是把人分成善良或邪恶，而你的反应会让你更难看到他们的真相，你的反应会固化你对他们的概念。

透过"概念"往外看，是看不到真相的

因此除了自己的概念之外，我们再也看不见世界的真相了。当你看着外面的世界时，你看见的只有心目中的树，而非树的真相。当你抬头仰望天空时，你看见的是头脑中的星星，而非那真实的东西。然而星星究竟是什么？它只是你的一个概念罢了。你不只是透过概念在看事物，同时还会产生一些联想：星星会让你有某种特定的感觉，"妈咪"这个词也会让你有特定的感觉，"宠物"这个词则会带来不同的想法和反应。这些联想和反应全都取决于你过往的历史。你的父母教给你一些对事物的反应，于是你学会了害怕或开心。当某个人诞生时，每个人都告诉你这是该庆祝的时刻；某个人死了，每个人好像都应该感到哀伤才对。因此死亡也成了一种概念，虽然你不知道它是什么，

但你已经被设定好要产生某种反应。因此当你产生某种感觉时，这个感觉也早已有了名称。它不但有了名称，而且你也早已被告知该如何对它产生反应，所以你的世界、你以及你的人生都被设定好了。

我们愈是把世界弄成一个坚实的东西，我们和世界就变得愈僵固。我们通常不认为心灵的解脱就是要向所谓的世界和心智挑战。我们以为解脱是在老旧世界里发生的事，而从不质疑这个世界的真相是什么，也从不向最显而易见的东西挑战。我们总渴望找到一些神秘未知的事物，来提供我们一些新鲜、自由和活力感。我们不知道活力一向存在于眼前。

仅仅称自己为"麦可"、"罗莱"、"珍"或任何一个名字，便足以使自己变得僵固，因为你把自己变成了一个无法更动的东西，因而丧失了存在的活力。关键就在于我们自认为什么都知道了。你以为你已经知道自己是谁、世界是什么、存在是什么，其实你知道的只是一些概念罢了。你根本不知道什么是存在，你早已丧失了生命的神秘性。我们已经丧失了能够带来自由、惊喜和新鲜感的神秘性。我们把世界弄成了一个陈腐不堪的东西，也把存在或上主弄成了陈腐不堪的东西，而且仍然在追求让我们感到活跃和快乐的陈腐之物，甚至称这些新的陈腐之物为灵性或心理上的洞见。因此何不停下来质疑它们，而去追求一些新鲜的东西呢？

解脱从质疑已知开始

我们无须到彼处寻找实相，解脱和找到新的东西无关。解脱和质疑那些已知的事物有关，并且要发现所有的已知都只是既定的概念罢了。已知的世界就是由我们的知识构成的，我们必须在根本上质疑这些知识，并且扪心自问："它们是真实的吗？这就是一切了吗？我有没有可能在强化概念及形成特定思想的过程里，扼杀了一些东西？我是不是把某些精微、鲜活、无法用概念来捕捉的东西扼杀掉了？"

从实际的角度来看，我们需要用这些分辨力在世上找到运作的方式，但如果总是透过概念的镜片来看经验的话，我们就会丧失某些东西。我们会失去神秘性、活力与动力，失去存在的鲜活品质。

我认为我们已经厘清了早先的说法："我们的知识就是我们的世界。"我们的感觉、行动以及对自己的看法，造成了我们的概念和知识。不论你到哪里或经验到什么，你的世界都是一些已知的内涵。我们早已学会了一些东西，包括文字、概念以及它们的关系，但我们并不真的知道世界是什么、存在是什么、我们是谁。我们所认识的，全都是从父母、社会、书籍以及听闻来的故事那里获得的概念。

一旦发现不同的文化会以不同的方式形成概念，我们就会开始向以往的假设提出挑战。我们会发现另一种文化看世界的方式是截然不同的，它们具备了一些我们从未经验过的元素。因此不同的文化可以丰富我们的经验，因为它们会把新的概念引介进来。举个例子，当我们第一次看见日本庭园的时候，我们的感觉很新鲜，很有生命力。对一个美国人而言，日本庭园是很不同的一种东西。你看到它的时候可能会有点兴奋，有点警醒的感觉，或是有点不舒服。但是你愈看，就愈习惯，结果就再也看不见这个庭园本身，而只剩下了"日本庭园"的概念。过了一段时间，你甚至觉得那不过就是放了几块大石头的园子罢了。

因此事物新的组合可以带给我们新鲜感。以不同的框架来看事情，会让我们产生多一点活力。但是过了一阵子你又失去了兴趣，于是又必须发明新的组合方式来产生活力。就哲学、宗教、科学而言，也是同样一回事。我们必须不断地改变，才不会觉得僵固乏味。

一开始我就提出来"我们的知识就是我们的世界"这个概念，而且这些知识都是人类历史的一部分，因此我们的世界就是人类历史的产物。不论是物理学、社会学或宗教知识，全都构成了眼前的世界。

已知的世界就是一个僵死的世界，真实的世界则是神秘未知的，而且不断在改变和蜕变。

今天我们真正要探索的是超越心智的实相是什么。若想超越以往学到的概念、发现真正的实相，就必须向这些概念挑战。在这个层面上，内在工作并没有什么特异之处；我们只要看见所有的已知事物的真相就够了。一旦洞穿已知的概念，就可以看见一直存在于那里的真相，也就是要如实而直接地看见当下的真相，而不是我们的头脑定义出来的东西。起初这似乎像是一种头脑式的探索，但事实上是在向头脑挑战。我们是在向头脑里的概念挑战，以便看透它们。因此这个面向的内在工作，会令你觉得比较像是心智活动。然后我们会发现，这些概念和知识不仅仅是头脑里的知识，它们甚至决定了我们的主观经验。

如果我们自认为已经知道实相是什么，而且总是依照已知的行动来反应，那么就不可能再体验到新鲜的东西了。我们会一直把老旧的世界重新组合。然而我们渴望的就是活在一个完全新颖、不被过往一切所决定的世界。但穿透头脑的世界并非易事，我们将会更明确地探索这个议题，举出各种的心理问题和观点作为例子。

想看见世界的真相？请放下心念吧！

若想成为一个崭新的人、以崭新的方式看待知识，就必须放下老旧的概念，也就是不再执著于头脑的活动。我们的任务就是不再把知识当成终极目标，至少偶尔要做到这一点才行。感觉上这好像是要我们完全放下心智本身，但的确只有这样，才能让我们看见世界的真相。不论拥有了多少心理上的洞见，有了多少灵性上的体悟，甚至看见过天使或是与上主交谈过，只要我们的经验仍然是在老旧的框架里发生的，就不可能产生真正的转化。

真理、实相或上主一直存在于那里，它就是万事万物，而且一直在眼前。只要我们能看见世界的本质，就可以发现它。但眼前的实相究竟是什么？答案是：崭新的实相是超越个人历史的。过往发生了什么与当下无关，当下是什么就是什么。那么真实的存在又是什么呢？我们要很小心，切勿把现在正在探索的东西冠上任何名称，因为这么一来，我们又把它变成了另一种头脑的概念。当你把眼睛看见的东西加上标签时，就会产生一些联想，然后又会出现一连串的反应、情绪和认同。因此我们必须不加标签地观察当下，也就是不以老旧的方式产生反应。

若想真的看见事物的真相，必须暂时停止所有的心念活动，而这意味着必须停止我们对这个世界、对自己、对一切事物的认知。这绝不是简单的事，甚至会令我们感到害怕。要做到这一点，就像是大跃进一般，但这是我们必须下工夫的部分。只有做到这一点，才能觉知我们所谓的客观现实。只有这样，我们才能深刻地认识自己、世界以及正在发生的事。这会令我们进入一个真实的世界、真实的宇宙以及真的活在当下。

在某种程度上，今天探讨的东西是无法被探讨的；你怎么可能在不运用任何概念的情况下探讨任何东西呢？如果你完全不透过概念去体验实相，甚至无法说某个东西是存在的，因为存在并不是一种概念。从根本上来看，"体验"也只是一种概念罢了。我们一直都在根据这些概念生活；我们一直在透过这些概念认识世界。如果不以这种方式生活会怎样？如果我们的认知是百分之百自发而不透过意识的活动，会是什么情况？

第十三章 内在与外在

　　内在工作要求我们为真理献身。愈是把自己奉献给真理,你的生活就愈充实,但这并不是进行内在工作的目的。如果你的目的是为了让生活变得更充实,便仍然是在求取物质的满足,令自己无法与实相联结。

这一部分的教诲是内在工作最深、最精微的层次。但进入这么深的层次是要付出代价的，因为我观察过这会透露学生是真的爱真理，还是在追求感官物质上的满足，或是在崇尚个人化的信念。我猜有许多人会不喜欢这部分的教诲，但也没什么关系。如果你们觉得这部分的修行实在太费力而选择离开这里，我是不会在意的。大多数人都卡在固定的轨道里。学生经常扭曲真理和教诲，以符合自己的信念、意见或兴趣。这种倾向基本上是在保护和支撑小我以及我们琐碎渺小的人生。显然这不是内在工作的目的。内在工作的目的一向、永远都是证悟实相，这代表要把真理放第一位，其他的事放第二位，直到有一天你发现万事万物皆是实相为止。我将会以干扰个人舒适感及昏迷状态的方式，来进行这部分的内在工作，以便让你们开始以崭新和真实的方式修行，但也可能促使你们选择去别的地方。

我不愿意我们的学校变成一个提供慰藉的地方，因为有许多地方都可以提供你们这种东西，内在工作的目的显然不是要带给你们慰藉和安全感。

若想真的深入于内在工作、活出其中的精神，就要牺牲掉与它无关的事物。如果不具备这种精神，就必须努力将它发展出来，因为没有其他的方式了。内在工作不是要帮助人拓展事业或技巧，谋取成就，赚取财富。虽然它也会带来这样的结果，但并不是它真正的目的，它甚至有可能夺走这些东西。如果你确实热爱真理，是不会在意的。我们现在要进入的主题，基本上也会夺走一些东西，使你无法再获取什么。在其他的聚会时间里，我们将会继续探索别的元素，譬如，与本体的某些面向相关的心理议题。今天我们要讨论的元素，或许可以帮助我们忆起真理的某些核心精神。

如果你不断地质疑教诲是否正确、是否对你合适，那么你还是到别的地方去比较好。这是很友善的忠告，而且适用于每一个学生，无论你在这所学校待了多久都一样。真理与时间是无关的。某些人以为学到一点东西就已经足够了，甚至可能扭曲真理来符合自己的需求。内在工作不能以这种方式进行。那些只想满足私欲的人很可能继续活在错误之中，而无法真的与实相联结。你不能利用内在工作来膨胀自我、求取物质的满足，或是用它来娱乐自己。

内在工作要求我们为真理献身。愈是把自己奉献给真理，你的生活愈充实，但这并不是内在工作的目的。如果你的目的是为了让生活变得更充实，就仍然是在求取物质的满足，而令自己无法与实相联结。

我听过许多人说："我花了太多时间在内在工作上面，用了太多年的时间在聚会上面。"这真是胡扯！探索真理永无止境，就算花一百万年也不够。只花了几小时、几周或几年来证悟实相，便开始抱怨浪费了许多时间，这样的心态是怎么来的？进行内在工作必须真诚，否则就不要做这件事。

内在工作是不停在变化和成长的

不同的人的确会进入不同层次的内在工作，不是每个人都能进入最深的层次。某些人只能理解和体悟到某种程度，就觉得很足够了。他们不想再继续深入，也不需要再继续深入。这也很好，这样他们就可以早点离开此地。离开此地总比假装学习要好得多。因此，内在工作是不停在变化和成长的，它不可能原封不动；如果原封不动，它就僵死了。

如果内在工作无法再让你觉得不安全或不舒服，你就不再需要它，而它也已经僵死了。还有一些人抱怨伙食不好、用餐的时间不对,等等。谁说我们这里是一间托儿所的?谁说内在工作是要按照学生的要求来进行的?这包括我们的体能训练在内。其实不论学了多少,仍然有学习的空间,不论做的是什么练习,都应该像第一天在做它一样,否则就不要去做。

当你觉得内在工作的某个面向已经有点陈旧时,就要立即反观自己,而不是去检视内在工作的那个面向。这代表有某种东西在阻碍你以崭新的视野来看内在工作和实相。

在我的经验里,人们学习的时间愈久、发展得愈深,就愈能看见内在工作不同任务的必要性与价值。有的人认为他们学得愈久,愈不需要进行不同的活动和练习。事实上你学得愈久,愈会发现自己所知甚微。认为自己已经知道了许多东西,代表并没有真的在修行。我记得某位禅师曾经说过:"悟后更需要继续打坐。"如果你认为自己不需要再打坐,就是在欺骗自己。

内在工作一直要进行到无法再分辨你和实相的差异,无法再脱离存在的一体性,并且要体证自己就是浩瀚的宇宙,发现自己纯净、澄明和天真的本质。到了这种境界还不是结尾。你体认得愈多,事情会变得愈神秘;你知道得愈多,愈觉得自己无知;你愈是扩张,愈觉得自己需要修行。你会发现爱里面有愈来愈多的东西需要认识。如果认为自己的重要性超越了真理,就必须无情地鞭策自己,因为你并没有真的在修行。

我的意思是,并非每一个人都想见到实相。我指的是那些真正热爱真理的人,将会以无比的奉献精神来追求它,只有这样的学生才能够进入今天我们所要探讨的层次。

我们往往会迷失在忧思和烦琐的思维活动里。在缺少觉知的情况下,我们很容易卡在缩小焦点的状态里,而世界也会变得愈来愈沉重、晦暗和浓密。内在工作的作用就是要撼动你,直到你发现修行是永无止境的惊喜与揭秘，里面没有任何对安全感的需求。但首先必须把个人的现实生活建构好，以便支持我们活得舒服一点。从内在工作的角度来看，现实生活的保障本是为了完成内在工作，而不是利用内在工作来完成现实生活。我知道有许多人都想利用内在工作来支撑自己琐碎渺小的人生。如果你这么做，只是在强化自我，令小我变得更坚实罢了。

上次的聚会探索到世界只是一堆累积起来的知识，今天我们要更精确地来继续研究。这部分的教诲与非概念性次元相关。你们之中有些对灵修传统比较熟悉的人，可能会发现这个部分在我们的工作里特别重要，因此你必须对这部分的真理感兴趣。如果你关心的是它能够为你日常生活带来什么，那么就干脆忘掉它算了，因为你会发现从这个层次的真理来看个人生命，它就像肥皂泡泡一样虚幻。如果我们继续探索下去，你可能会觉得非常不安，非常恐惧，甚至会愤怒。这些反应都很正常。只要你能探究自己的反应，不去相信它们或将其变成外在的行为，仍然可以发现超越个人观点的实相。

通往实相的窗户就在我们的内心

因此知识就是我们的世界。我们生活的世界是个已知的世界，然而已知究竟是什么？知识又是什么？我们到底知道了什么或不知道什么？一个渴望心灵启悟或洞见的人，可能会认为修行是一种内心的活动。你会认为本体、灵性、存在、上主都在你的心内。这的确是真相，但这只是内在工作较低的层次。一开始的确需要向内观照，最后你会发现向内看的目的，并不在于内心里有实相，而是通往实相的那扇窗户是在内心里面，看见实相的觉知是存在于内心里面。

你的灵魂、觉知就是通往实相的器官和窗户，因此你必须向内观看。但这不代表实相是在我们里面，而是有很长一段时间必须借由内心的真相来体认它。我们会因此而认为本体、灵性和实相都在心内。

到了某个阶段，我们必须更客观地去认识事物，必须开始质疑我们对内在与外在的假设。我们必须意识到更根本的层次，不再认定实相是在内心里面，而开始觉知无所不在的客观实相。有很长的一段时间，在许多层次或次元上，内在工作都和本体的不同面向或心灵体验有关，而且都能带来转化、满足、激励和振奋感。

如果我们允许这个过程持续下去，而且真的对实相感兴趣，就不会停留在某个位置上面。实相的揭露不会在任何一种内在的启悟上面止步，因为悟是没有止境的。它们就像你的知识一样，都是在内心里发生的，因此你的启悟也被头脑里的观点所操纵，它们并不是源自于实相。即便我们的内在启悟愈来愈丰富，若是缺少了现在要探索的见解，我们的世界或现实仍然会停留在很普通的层次。环顾四周我们仍然会看到人、天空、树木、汽车或街道，于是我们会感觉："多年来我看到的都是这些东西。这些都不是属灵经验，都不是我想要的。"内在工作的确需要探索内心和精神层面，而这会打开一扇门或窗户，但这些内在启悟并不是真正的觉醒，它们只是道途上的一些体验罢了。但是，它们对继续修持下去很有帮助，也是必要的。缺少了这些本体性的经验或敞开的经验，缺少了爱和价值的显现，大部分的人会因为缺乏动力而无法继续下去。因此这些经验都是让我们可以持续下去的精神征兆。它们会鼓励我们、带给我们一些认识，使我们知道自己已经和某些未知的东西有所联结，继而促使及支持我们走下去。

神在天堂，也在你心中

让我们来探究一下老旧的日常生活和精神生活的不同。我们往往认为精神生活就是脱离物质世界，若是以这种态度来进行内在工作，将会带给我们很大的麻烦。我们一方面会渴望内在工作带来物质上的成就和安全感，同时又渴望过着与物质世界完全无关的精神生活——这是一种分裂倾向。虽然如此，这种分裂倾向仍然包含着不太明显的真理种子。譬如，你认为上主是在内心深处或是超越尘世的。你觉得这个真理就像是非常美好的一团谜，如同吃巧克力时发现里面有令你惊喜的馅儿一样。

没错，你的确能够在天堂里找到上主，或者在内心里找到他。可是从我们现在要探索的这层教诲来看，这类经验全是在你的头脑或认知里发生的事。它们都不算是客观实相，也不是真正的觉醒。执著于自己的心智内涵，就是我所谓的崇尚个人化信念。如果你追求的一直是内在的启悟，则是我所谓的追求感官刺激之人。如果你想要内在工作为你带来更舒服的生活或名闻利养，则是我所谓的物化之人。从根本上来看，它们都大同小异。你仍然是个渴望某些东西，感觉渺小、空虚和微不足道的人。你仍然渴望得到上主、本体、实相或任何一种东西的支持。

但这些都不是从实相的核心出发的动机。你的心必须对实相说："接受我，把我抹除掉。不论你是什么，我都希望你出现"，"我不知道什么是实相，但不论你是什么，在外或在内，只要你能出现，其他的我都不在意"。

如果你感受不到这种对实相无条件的热情，如果你不愿意彻底臣服于它，就会停留在崇拜者和信仰者的层次。前人称这种人为偶像崇拜者或异端。因此若想真的觉醒，就必须排除所有的信念、概念、需求和欲望，如此才能发现实相。你必须以超越善恶、大小或强弱的心来觉察自己。从根本上来看，就算你曾经得过一两年的忧郁症、有过不幸的日子，你的本质仍然是整体宇宙。住在皇宫里或小木屋里，又有什么差别呢？因为你已经发现自己是从宇宙里升起的一个浩瀚无边的东西。

支持小我，是任由自己困在沮丧、匮乏中

有人曾经告诉过我："你说的这些东西令我很不安。我甚至不知道该如何与人相处了。我连一份能带来保障的工作都无法再拥有。"很好！就去找一份能带来保障的工作吧。这些显然不是我感兴趣的事。我真正感兴趣的是帮助你发现实相的奥秘。从实相的角度来看，找不找得到工作或该不该结婚，都是微不足道的。能否得到自己想要的东西，也是微不足道的。从实相的角度来看，万事万物都是实相之美的展现，快乐与不幸又有什么差别呢？你可能会说："这代表我不重要。你的意思是我的生命根本不重要。"没错，这正是我的意思。认为自己是个头脑模塑成的小我，你的生命就会变得无足轻重。

你生命的重点就在于发现自己本是整体宇宙。如果你希望我能肯定你的小我，那么你就来错了地方。我是不会支持这种态度的，因为这跟实相无关。除非体认到生命是从更大的实相里显化出来的，否则它就是缺乏支撑和不真实的。这些话听起来或许有点严厉，但里面是有慈悲的。支持你的小我，就是支持你卡在一个小小的角落里，任由你停留在沮丧、渺小和匮乏的状态里。

我们对周遭的世界总有一种感觉："这个物质世界不是属灵的。属灵的世界是在我们的内心、天堂或另外一个地方。"以我来看，上主就是我们所觉知到的一切，而实相就在眼前，如果我们还是把实相、上主看成是有别于现实世界的另一种状态，就代表我们仍然在编故事。我们编的故事也许很巧妙，但毕竟还是编出来的——我们的心智是非常强而有力和善于耍弄的。看见实相就是认清心智的活动并超越它，同时要有能力善用它而非被利用。某种程度上心智是最强而有力的东西，因为它创造出了我们的世界。这句话到底是什么意思？不妨看一看你周遭的世界，这个你认为不够属灵的凡间，这个让你每天开着车、会见朋友、上班打工、偶尔有灵性经验的世界。你把这个世界看成了

一个可以在里面活动的物质界。举个例子：看看你的车子，这是一辆本田。很好，你知道自己拥有一辆汽车，一辆1986年生产的红色本田，而且是自动排挡、有许多额外的配备。你认为自己已经很了解这辆车的装备了。没错，你的确很了解它，但你的了解并不是直接与立即的。你说："我的车是辆日本车。"这句话是什么意思？你知道的只是它的名称，你并没有描述出这辆车的真相。虽然我们为它冠上了标签，但我们并不真的知道这辆车。你也可能对它有其他的认识——"这辆车是由金属、橡胶等的东西构成的。"但这又代表什么呢？金属是什么？橡胶是什么？你真的知道什么是金属或橡胶吗？这只是一堆你学到的名相罢了。

你也可能看着眼前的一棵树，然后说你知道这棵树，但你真的知道它吗？你以为叫它苹果树就真的了解它了吗？或许你吃过苹果，但你并不完全知道苹果是什么。你知道它是酸中带甜的，你能感受到它的质地，于是就认为你了解了它，然而酸究竟是什么？甜又是什么？酸和甜不也是你头脑里的一种概念吗？酸和甜的感觉也不过是重复再三的经验罢了。从这些经验里你学会了区分味道，所以现在你可能知道树、苹果树、酸或甜是什么。

我们现在可以进入更细腻的层次，我们可以探索一下甜这种滋味。甜到底是什么？它是我们口中的一种味道，而且被加上了甜的标签，因此每一回当我们体验到这种滋味时，我们就说这是甜的。这时我们其实已经把苹果本身置于脑后了。感受到甜的滋味时，我们就不再和苹果或苹果树有所联结。你如何去认识一棵树呢？除了对这棵树的概念、赋予它的名称、对它的记忆之外，还有没有其他的认识？当你看见一棵苹果树的时候，你会说："这是棵苹果树，我知道它是因为我以前见过它。"但若想真的认识它，就必须更贴近地去看它，同时还得尝一尝苹果的味道，体验一下甜的滋味是什么。因此你从某个层次的观点进入了另一个层次，一点一滴地，我们愈来愈趋近于个人性的直接体验。

假设你现在正在品尝一个很甜的苹果，而不从名称来体验它，这就能摆脱掉过往对苹果的认知，以较为新颖直接的方式来认识它。

现在我们把探索的方向转换到自己身上。花一点时间来感觉一下自己，感觉一下自己的内心，看看内在的氛围或环境里有什么东西。这时你可能发现一些觉受、情绪或张力，也可能感受到哀伤、痛苦或紧张，但这些名相究竟是什么意思？这些名相都是从经验里得来的归类方式和概念罢了。

如果不运用这些名相，你是怎么体验自己的？这些名相都不是经验本身，因此不运用这些名相，你真正体验到的是什么？如果你不说"我知道什么是哀伤"、"我知道什么是痛苦"或"我知道什么是紧张"，那么你所体验到的又是什么？我现在是建议你探索一下自己。假如你正在经验神经痛，那么不妨问自己什么是神经痛，什么是神经？你是否经验过自己的神经系统？也许你以前在书本上见过它们。再进一步你会发现内在环境里有各式各样的感受。譬如，你觉察到各种不同的情绪或温度的变化，试试看不要为它们加标签。这些标签都会令你自以为已经知道眼前的经验是什么了。

因此语言文字会制造出界线，如果不运用语言文字，这些界线会怎么样？它们还会是明确的吗？我们的心智制造出了痛苦与不痛苦的界线，你的经验、概念、加标签以及你对它的考量，全都是息息相关的。你一旦停止运用语言文字、不再形成概念活动，界线就变得不明显了。不妨直接觉知一下你的经验。如果你不说心中有愤怒、哀伤、痛苦、冷或热的感觉，而只是以焕然一新的感觉去体验当下，剩下的是否只有一些觉受罢了？

受概念限制的内在经验

我们对内在经验的认识，一向是把概念强加在觉受上面。透过概念的镜片来认识经验，觉受就会一成不变，而且愈来愈固化。称某种感觉为痛苦，就会一直认为那是一种痛苦。如果有紧张的感觉，心也会一直把它体受成紧张。若是把经验换上另一种名称，会怎么样呢？所谓的内在经验不外乎一些从字典或他人那里学来的概念。我们被告知无数次："这种感觉叫做紧张。"过了一段时间，那种感觉真的变成紧张了。在你没有"紧张"的概念之前，紧张这个东西是不存在的。在你没有"痛苦"的概念之前，你所体认到的也不过是一些强烈的觉受罢了。

因此当你觉察自己时，你会体验到许许多多的感觉，愈是不运用语言来加以描述，它们就愈没有界线。它们不会变成明确而固化的东西，这代表你的认知变得愈来愈不固着、愈来愈稀薄。让我们一起来探索一下，如果不运用语言文字，我们直接体验到的世界是什么？什么是没有过往历史、直接而又新颖的经验？说自己正在经验紧张的感觉，代表你运用的是过往的知识。换句话说，你并没有完全处在当下；你的经验不是完全直接的，你是从过往学到的概念来看眼前的经验。

如果不替经验加上标签，你可能不知道如何与我沟通，但也许根本不需要用语言来告诉我，也许我可以直接明白你的经验，而不需要你用语言来描述。因此认知通常涉及语文，对不对？那么请问你所知道的当下是什么？如果你知道的只是一些语言文字，又凭什么说你认识这个世界呢？你为什么会说你认识自己？为什么假定你认识你的车子？为什么声称自己认识眼前的桌子？我们现在正试图厘清你并不真的知道什么。你知道的只是一些名相罢了。

如果直截了当地去看这个世界，你会看到什么？你会经验到什么？如果不带着任何记忆去看你的内在经验，会体认到什么？或许你会告诉我内在起了一些改变，或者你也不十分清楚自己正在经验什么。不透过头脑的活动真的向内观察自己，你会发现内在的觉受只是一些变来变去的"点"罢了。那些不断涌现的觉受，就像是宇宙里的星星、银河或云朵。我们称这一堆小点点的组合为桌子,那一堆小点点的组合为地毯。我们透过概念把这些点组合起来,就认为自己已经知道什么了。但是透过概念来认识世界,世界就变成了僵固而空洞的老旧概念,但若是能直接认识眼前的经验,直接观察内在的经验,你的体认又会是什么呢?你会看见什么?

安住在变动中

经验一直在变;一切都在变动中。你觉受到的一切全都在流动和改变。如果你能安住于其上,不去用"觉受"这个字眼,你会感觉到什么?

学生:那会是一种消极的经验,而且我再也不知道什么是"我"、什么是其他东西了。

阿玛斯:没错。

学生:我会不知道东西的区别是什么……

阿玛斯:是的。你会开始失去我与他、内在与外在的区别,对不对?因为内在与外在、我与他都只是一些名称罢了。因此不带有任何名称的经验会是什么?到目前为止我们所看到的,大部分是加诸在我们觉知之上的一些名相。因为我们的语言文字是老旧的,所以我们的世界也是老旧和单调的。譬如,你看到一棵树,你会觉得它毫无新意,但如果不称其为一棵树,它还会是老旧的吗?它不可能是老旧的,因为你眼前的这棵树已经不是昨日的那棵树了。因此,没有概念的经验会是什么?

学生:出现的可能是一些反应,但我也不知道这些反应是从哪里来的。它们好像是立即升起的,有一些影子或色彩输进来,于是产生了反应,而且是不断在改变的。随着一些对色彩和模型的觉知……

阿玛斯：因此你看到了一些色彩和模型，对不对？然后你就识别出它们。

学生：与其说是识别出它们，不如说是对冷、热、黑暗、光明起了反应。

阿玛斯：没错。但仍然是一些名称罢了。

学生：是的。冷、热、红色、绿色、黑暗、光明等的名称。

阿玛斯：你仍然是在头脑活动的范围内，不是吗？但你却认为你已经知道了什么。你说："我知道我正在经验什么。这是绿色，这是黑色，这是黑暗与光明。"然而这些都只是字典里的一些名称罢了。如果你的心能暂时不产生反应，就算一分钟也好，那么它就不会替任何东西加标签，然后你会觉知到什么呢？

学生：不断在产生的变化。

阿玛斯：不断在产生的变化，很好。但"变化"不也是一个名称吗？

学生：是的，我原先想说的是"活动"，但"活动"也仍然是个名相。

阿玛斯：你看只要你从一个字跳到另一个字，它们就会串联成一种概略性的、铺陈开来的概念，但它们仍然是一些语言文字和概念罢了。

学生："活动"这个字是不是因应你的问题而产生的反应？

阿玛斯：也许，它也许是因应我的问题而产生的反应。但我们现在讲的是不对我的问题产生反应。重点在于看见眼前的真相是什么，纯粹的觉知是什么。请把我的问题忘掉。

学生："觉知"也只是个名称罢了。

阿玛斯："觉知"的确也只是个名称。你知道吗？我现在是在对你做直指式的冥想引导。

学生：我说的那种觉知里面还是有分别意识，但我觉知到的比较像是一种基本结构。就拿树来讲好了，我看到的似乎是树的原型……我是说这也只是一种描述事物的方式。那是一种在眼前形成的形式或是有结构的现实。换句话说,那种觉知并不是毫无分别意识,而是……似乎有一种更精微的东西……

阿玛斯:没错。

学生:它们不是完全坚实的。我不知道该如何描述它,但分别意识还是在那里。那种状态并不是只有一些点点……

阿玛斯:分别意识仍然存在,我了解。但如果你把所有的概念都去除掉,分别意识会产生什么变化?

学生:那时我看到的是一种电流般的能量。那些小点点都是能量的振动。

阿玛斯:耶!所以感觉上像是电流般的能量。这是一种很好的描述方式。但是你知道吗?你仍然是在依赖语言文字,因为这样你才能对它产生了解,对不对?你说那像是电流般的能量,但是一说出这些话,你已经把它变成了一个陈旧而不再新鲜的东西。

穿透心念,看见当下

学生:可是缺少了语言文字,你也无法沟通了。

阿玛斯:没错,到了某个阶段沟通会彻底瓦解,可是我不知道我们是否已经到达这个阶段了。

学生:根据传统的说法,亚当首先学会的就是为一切事物定名。

阿玛斯:耶!我们现就是在试图超越亚当。

学生:这真是一段漫长的旅程。

阿玛斯:"亚当"不也是一个名称吗?

学生:"亚当"的确是个名称。

阿玛斯:起先出现的只是一个字罢了。

学生:当我延伸这些字的时候,就发现自己好像一块把字变成概念的吸铁石。起先概念是很模糊的,然后开始变得愈来愈明确。

阿玛斯：因此概念就像是吸铁石一样把事物凑在一起。我们现在要弄清楚的是：我们真的认识这个世界吗？

学生：我们能够经验到这个世界，但我不认为我们真的认识它。

阿玛斯：你经验到的是什么？

学生：嗯……

阿玛斯：没有名相的经验是什么，你知道吗？

学生：不知道。

阿玛斯：这就是我们要弄清楚的东西。或许这就是应该要发生的事。刚才我们说某个东西是老旧的，我们必须弄清楚它真的是老旧的吗？是我们看见的世界很老旧，还是我们的概念很老旧？是环境很老旧，还是我们的心很老旧？我们都怪这个世界很老旧，因此才会说："我要到一个比较属灵、比较纯净的地方去。"但真正乏味的是你的心以及你的概念，而不是眼前的树、岩石、房间或人。我们觉知的一切并不老旧，老旧的是加诸其上的标签。如果我们不为它们加标签，会怎么样？

学生：没有标签我一定会脱离我的头脑活动。我这个有机体只要一面对某个客体，似乎立即会产生反应。

阿玛斯：没错，你的有机体会自动产生反应，但这仍然是个陷阱，因为"反应"或"有机体"仍然是一些名称罢了。你看我们的头脑有多么会玩把戏，它总是从一个字跳到另外一个字。事实上，那种状态是无法解说的。

其实你什么也不能说，你只能耗尽所有的语言文字。你甚至不能说："你什么都不能说……"如果你说"你什么都不能说"，便仍然是在运用语言文字。每个字对你而言都是有意义的，因此你仍然是在解说，仍然陷在语言文字里面。

学生：也许你可以发展出非语言的声响，譬如"布哩"。（笑）

阿玛斯：以前的禅师到了这个阶段可能会告诉你一些故事，譬如，某位禅师就问过他的学生什么是禅的实相。其中有个学生走到他的面前,于是禅师就说:"好,禅的实相是什么?"那个学生当下甩了禅师一个巴掌,在场的人全都哗然。然后禅师不假思索地也回甩了他一巴掌。那名学生转头回到自己的座位,师生两人看起来都很开心。其他的人一脸狐疑地问道:"禅难道就是互打耳光吗?"

我们已经扼杀了我们的世界和人生,自以为已经知道了一切。我现在是要帮助你们认清,其实我们对当下发生的事一无所知,都是透过以往的概念在认识这个世界。我们是透过父母的双眼在看这个世界,因此视野从来不是新颖的。若是能直接而单纯地去看一切事物,我们就会发现自己是否真的知道了什么。我们一旦说出:"我知道我是谁"或"我知道生是什么,死是什么,桌子是什么,世界是什么",我们就是在障蔽自己对世界的觉知。

学生:我曾经有过与音乐合一的美妙经验,但是当我的念头对自己说:"哇!这真是太美了",那首音乐就不再美妙了。这跟我们现在讨论的是不是有点类似?

阿玛斯:没错。我们必须深切地去发现,我们的确无法直接觉知到当下的世界。当你看着眼前的这张桌子时,你并不认识这张桌子。你认识的只是你对它的概念罢了。若是能穿透心中的概念,你就会发现周遭的一切都是个谜——我们的世界并不是一个老旧无聊的地方,它其实是个奥妙的谜,这个谜正在向我们的心智挑战,要我们付出最大的努力去发现它。

但我们却把它扼杀了。我们竖起了语文和概念的藩篱,把它和我们隔离开来,然后就只能透过语文和概念来认识它。但是当你向你的假设挑战时,往往会发现自己什么也不知道。若是能穿透心念活动去看当下的真相,你就会发现世界是个完全无法认知的谜。

当你对这个谜有了惊鸿一瞥时,你的脑袋可能会炸成碎片。你会发现你的脑袋一直是被布遮住的,但实相是要拉开这块布或打开窗户才能看得见的。如果你真的在观看，甚至会不知道自己正在看，因为"你"已经消失了。你的心仍然在那里，但并没有一个人在那里看着什么。实相就在眼前，但你不会说这是我的心，那是实相。以往当你觉知到这个谜或无法被认知的东西时，立刻会给它一个名号，称其为实相或上主。我们可以说这些字眼都无法描述那个谜，它们只是描述那个谜的暗号罢了。这个谜既不在里面，也不在外面，更不在天堂里。它不在任何一个地方，但又无所不在。

在过程里你必须耗尽所有的语言文字和概念才行。你不能停下来告诉自己说："禅书里说过，你不能企图去认识实相，实相是超越语言文字的。"胡扯！这是没有用的，因为你仍然在用头脑，以为自己可以因此而超越头脑的活动。你并没有看见那个谜或实相。只有在你耗尽了所有的概念，很真诚地察觉自己除了概念之外什么也看不见的时候，这个谜才会现身。你为什么会认为你正在触摸眼前的一张桌子？正在触摸它的难道不是你的头脑吗？如果你能暂时停下来，不再认为自己真的知道实相是什么，不再那么狂妄自大，你就会发现你看到的只是头脑里的概念而非真实的世界。

以一无所知的勇气来觉知世界

真实的世界是完全不可知以及无法描述的，里面只有展现出美的实相和谜。认清了这一点，我们会发现上主并不在他方。他不是某个特别的东西，他也不在过去或未来。他既不在这里也不在那里，他跟这一切都无关。如果我们认识的上主只是个名相罢了，又有什么谜可言呢？其实这个谜就是我们的世界，我们能真正觉知到的实相。上主并不在天堂里指挥着一切，他就是生命本身。

若想看见他，我们首先得有勇气一无所知。我们首先必须容许自己变得谦冲，而不只是良善或属灵就够了。谦冲的意思是客观地承认自己一无所知，但又不会因为一无所知而觉得自己不对劲。没有任何人知道这个谜是什么，你唯一知道的就是这个谜无法被指染，是不可知的。你可以觉知或见到它，但无法知道它是什么。

当我们在进行内在工作时，我们不是在企图达成某种体悟或小小的感受。我们要知道什么是实相或正在发生的是什么，而非企图攀登到某个位阶，然后对上主说："噢，主啊，我向你祈祷。"究竟是谁在祈祷？上主、祈祷都只是一些名相罢了。你对上主的这些感觉有一大部分是跟你的父母以及你参与的教会有关。里面都是一些陈腐的记忆。因此你能不能把过往所有的东西忘掉，真的向主祈祷？如果你把这一切都忘掉了，那么上主又代表什么呢？如果你真的相信有上主，就不需要记住那些过往的东西。你不需要记住基督说过什么，或是你的母亲说过什么、你的教会说过什么。不要告诉我说："不，我真的相信上主，我必须向他祈祷。"这些都只是你编出来的故事罢了。其实你并不真的相信上主。如果你真的相信，就会把过往的记忆丢掉。

把事情概念化，乃是把一部分的实相圈起来，然后相信这个边界能够创造出一些东西来。感受和情绪也是同样一回事。我们在它们的周围画了一些小圈圈，然后把这个范围内的东西完全当真。这么一来，愤怒、哀伤、痛苦就出现了。这些东西都只是一些界线。如果我们能超越这些名相，剩下的只有对某种东西的纯粹觉知，也就是我们所谓的意识。从根本上来看，所有的觉受都只是意识而已。纯粹意识是没有任何界分的。

意识可以说是最后的概念或最后的形式，超越了它，就没有觉知了。如果你超越了意识，就会暂时失去知觉。如果一直探索下去，觉察到概念、觉察到所有的形式，到了某个阶段你会忘掉自己正在觉察概念，然后你就会觉醒。这便是一种复活。这时世界又回来了，但却是焕然一新的。

学生：按照你的说法，如果以崭新的视野去觉知当下，其实什么也觉知不到，因为你根本没有分别意识。我最接近于崭新视野的感受，仍然带有分别意识。我甚至有过不带任何名相的觉知，但仍旧无法确定我是不是……

阿玛斯：崭新的视野不代表没有分别意识。

学生：但这……

阿玛斯：当你在说话时，我一直在看着你，我看着你的时候，是不带有任何概念的。

学生：如果你没有任何概念，又如何看我……

阿玛斯：我看到的是眼前的现象。

学生：但你如何区别这个现象和屋子里其他的东西？

阿玛斯：我看到的你是所有东西的一部分，就像是一块毯子的某个部分。这块毯子是由许多不同的东西织成的，但仍然属于同一张毯子。

学生：是什么东西造成了分别意识？

阿玛斯：如果你能超越心智活动，就能超越分别意识，但只要你是从心智出发在观看事物，你看到的就是有区别的东西。超越过往的一切概念，仍然能看见不同的事物，但这种意识里面既没有标签，也没有过往的历史。这种作用力里面没有认知，也没有界分感。

学生：但是有非常明显的轮廓？

阿玛斯：可能有明显的轮廓，这就是我所谓的再生。起先你必须经历惯常的对世界的觉知，当这些东西被抛开之后，所有的概念活动就不见了，然后分别意识也不见了，这时你就消失了。当你恢复知觉时，世界又回来了，但却是截然不同的另一个世界。

学生：制造出分别意识的，不也是概念吗？

阿玛斯：不，我的意思是，你可以不带着"这是一张桌子"的想法来看眼前的桌子。你的心是空的，里面没有任何思想，也没有认知活动。

学生：现在我真的被搞糊涂了。假设我正在看某个东西，我发现了明暗之间的界线，这算不算一种新颖的视野呢？我真的有点糊涂了……

阿玛斯：你是被两个不同层次的东西搞糊涂了，其中有一个层次是一般性的。在这个层次上，你看到的事物都好像是真实的，或者说你把概念当成了真实的事物。若是超越了概念，仍然可以看见事物的区别，但你知道这是概念造成的。我的意思是，我看到你，也看到洁西卡，还有兰丝在打盹，婷卡正在写笔记。这些都存在于眼前，不是吗？但我眼中的你们就像是电影画面一样。我并没有把你们看成是你们所假定的实体。

学生：你看见的是不是和过往的记忆有所差别？

阿玛斯：是的。你必须脱离过往的一切，才能看见眼前的真相。

学生：必须以这种方式来观看吗？

阿玛斯：是的。你现在是在当下这一刻。越是以这种方式来观看，就越能直接体悟眼前的谜。概念就像是一层透明的银幕，透过它，那个谜正在直视着你。如果你能一直看下去，概念本身就会逐渐消失。

学生：我觉得当我把自己看成是一个东西时，也会把其他事物看成是东西。譬如，我一旦把眼前的这个小虫子概念化，就是在假定有一个人正在看着它。长时间以来我一直觉得自己卡在这个恐怖的概念世界里，就好像有一个非常沉重的东西在踩躏着我，而且它变得愈来愈晦暗无明。这一切都跟假定有一个"我"在那里看着一切有关。

阿玛斯：只要你在世上看着某个特定的东西，就势必会与它同在，即使那个东西是上主也一样。因此一旦假定有个神或实相是有别于你的，就势必会和它产生关系。一种客体关系自然会出现，然后就会产生界分感或孤立感。只要把概念当真，就会把自己概念化。

学生：对我而言，这是最显而易见的事。我愈是以这种方式看事情，就愈把事物固化成各自独立的东西。起初我看见某个东西时，里面并没有什么概念，等到玛莉一说出"你有什么想法"时，概念就冒了出来。每当我在观看不活动的东西时，我联想到的永远是它的用途。观看会动的东西时，则会意识到它的活动、现象和色彩。特别是在看一个人的后脑勺时，会有这样的状态出现。如果我看着某人的脸而认出他来，我的体验就从现象本身转变成对这个人的记忆。

阿玛斯：一种认知作用，这基本上就是概念的作用力。它们是因实用而产生的作用力。你必须有桌子的概念才能利用它，但并不代表你知道桌子的实相是什么。我们能利用它，不代表我们认识它。

学生：现在我看着它的时候，开始有这种感觉了。我发现我对它不再产生什么论断，不过仍然会看到它的用途。我的艺术工作时常会把物件并列在一起。譬如，我会把皮包放在头上，但我仍然知道那是个皮包，我仍然会把它看成是一个放在头上的皮包。很可笑的是我仍然有这样的认知。

阿玛斯：这样的观点最终会变成物质或物化倾向。如果你继续朝着这个方向去想，而忘掉了事物的实用性背后还有更深的实相，那么最终你仍然是个彻头彻尾的物质主义者。这个充满着客体的世界，是完全和精神世界无关的，然后你就会在内心或某个东西上面寻求灵性。其实灵性就在万事万物之中，因此我们今天要看见的是本体、存在、上主或实相并不在他方，也不属于另一个世界，它其实就在每一个当下的经验里，就在这个世界里。只有当我们发现了眼前的那个谜和不可知的状态时，才能认清这一点。我们生活的这个世界，包括我们自己在内，都是不可知的谜。

原始无明是通往最深的奥秘的一扇门

我们对桌子、地毯、电、生命或地球等，都抱持着种种的概念，然后我们又从这些概念建构出一些理论，来解释世界和自己。我们称其为知识，并从其中获得了安全感。我们的这些理论都是由概念或语文构成的，因此我们知道的世界也只是一些故事罢了。你并不知道真相是什么，但这也不是什么很糟糕的事，虽然许多人都认为他们应该知道真相是什么。他们认为如果不知道眼前发生的是什么，就是有所不足。然而我们的观点是，当你开始觉得自己一无所知时，就变得比较谦虚和真实了。你一无所知，并不是因为你不好或不足，而是你不可能知道，因为实相是不可知的。

我们今天学到的就是：我们所谓的知识都是奠基于过往的概念之上。这是一种为事物加标签的方式。即使是天使、爱或神圣之光，也只是一些概念罢了。它们都不是属灵的事物。我们并不是在说概念是不好的，而是概念就是概念，如此而已。你必须认清什么是头脑的知识，什么是真正的觉知。最强而有力的觉醒方式，就是认清我们其实一无所知，亦即认清自己最深层的原始无明。但这最深层的原始无明，从根本上来看也是我们的救赎。原始无明是一个入口，一扇通往最深的奥秘的门。

第十四章 概念与思想

　　概念在意识里一旦变得固化，我们就觉知不到崭新的当下，也觉知不到眼前不断在改变的细微现象了。甚至连我们的姿态和说出来的话，都是重复再三的。

　　这便是所谓的业力模式。

前面我已经探讨过内在工作里有两种互补的途径，亦即心理动力学及现象学方面的观察。心理动力学处理的是个人心理议题，这些议题大部分是童年制约造成的模式。现象学涉及的则是对认知和觉知的探索，这意味着要透视觉知上的制约，不去依赖个人性的心理议题。所有现象层面的障碍，最终都可能化约为将概念当真或当成了实相。所有心理动力上的议题，则是奠基于意象、记忆以及事件上的，而这一切都是由语言文字和概念构成的。

从现象来洞察概念

假设你有一个心理议题是很难与母亲分开，那么就可以从心理动力的角度，去看你和母亲到底有什么问题。我们会发现，你的心理议题不只是起因于你和母亲的问题，同时也是源自于你的心中有"分开"的概念。"与母亲分开"这个概念是在心理议题之前就存在着，而且这个概念也包含了对"母亲"以及对"自我"的概念；如果没有这些概念，就不会有害怕与母亲分开的议题了。所有的心理动力议题根本上都是奠基于概念的，因此最终仍然得从现象本身去思考，也就是去探究概念是如何形成的。所以最直接的内在工作，就是从现象层面来洞察眼前概念的形成。

大部分的灵修方法都是要超越概念，以及超越反映概念的语言文字。若想如实见到实相、如实体验真相，就必须超越心智、语文和概念，此即我们为何如此重视概念的理由。但概念究竟如何影响我们的心智和生命？我们如何借由概念创造出了现实？然而，了解概念并非易事，倘若能了解概念是怎么形成的，就能超越概念的限制。你会开始觉知与概念无关的实相，而不再受制于过往的历史和偏见。在大部分的灵修教诲里，最终极的观点就是要超越心智活动，直接看到实相。

我们处理心理动力议题，并不是因为穿透这些议题可以带来终极自由，而是我们早已被这些概念捆绑、脱离了实相。我们彻底认同了心中的想法和记忆，因此必须专注地探索它们，以便释放掉它们。释放掉一些它们带来的负担，才有可能认清它们。带着一堆你对母亲的感觉和记忆，很难认清"母亲"也不过是个概念罢了。你知道吗？我们必须先解决这些心理动力议题，才能腾出一些空间，真的认清"母亲"也只是个概念罢了。

心理动力方面的观察之所以重要，还有另外一个理由，那就是我们认同的大部分是无意识里的东西。有些不明所以的信念，是我们从不去质疑的，因此必须先把无意识里的东西变成可以意识到的东西。在我们没有能力让它们彻底透明化之前，必须先觉知这些具有主宰性的经验。首先必须认清我们是如何在看待自己和现实，否则心理动力议题会一直持续下去。这些议题有成千上万个，因此超越了概念，才能洞察到实相。洞察到超越概念的实相，才能揭露概念化这个作用力。

为了更深入地了解概念的形成，我要为大家念塔东法王（Tarthang Tulku）《解脱的智慧》（*Knowledge of Freedom*）里面的一个章节，然后再和你们共同探讨一下。这个有关概念的章节名称叫做"意义的局限"（*Limits on Meaning*）。它会让我们了解什么是概念的作用力。

> 我们都活在不断变化的意象、思想和记忆里，而它们会勾起各式各样的感觉、情感和情绪。有时某些意象会鲜活地冒出来，

激起一连串的念头；有时我们又会发觉自己的头脑完全专注于某个想法上面。起初我们可能只是觉知到自己在看着一些思想或念头，但很快地这些念头就变成了更具实质性的东西。当我们在思考、说话和写作时，我们会意识到心中的这些具体的字词。

描述心中的意象和想法的语文就是概念，这些概念会串联起来变成一种连贯的东西。概念即是构成语文的积木，它们的意义便是我们知识的内涵。我们今天运用的概念是在很久以前形成的。在人类的历史里面，旧的概念不断形成新的概念，就像丛林里的蔓藤一样长成繁杂的支脉。

有的概念很简单，像是"树"或"房子"之类的识别符号，但也有像自由、爱或正义等更抽象的观念。它们是借由区分的过程和逻辑模式所构成的，譬如，绿色有别于非绿色，树有别于非树。这些区分出来的东西彼此依赖——"高"必须和"矮"对比，"大"必须和"小"对比。

因此概念本身并没有独立存在的意义，缺少了"矮"就没有"高"的概念。概念是有相对性的。举个例子，禅宗有一个关于山的概念——看山是山，看山不是山，看山还是山。首先我看到一座山，于是我开始检视山是什么。假设你正在平原上开车，映入眼帘的是一座山，于是你就研究山是从哪里起头的。如果你说山是地面突起的一种东西，你就是把平坦的部分视为平地，突起的部分视为一座山。但这还没结束，因为那个突起两英寸的东西又叫做什么呢？难道我们也称之为山吗？虽然它也是个突起的东西，但高度很不一样，因此我们又发明了另一种名称来描述它。我们称其为鼹鼠丘，然而真的有鼹鼠丘这个东西吗？真的有山这个东西吗？对我们观察者而言，这些都是相对性的概念。

无法超越概念，就无法看见一体性

山并不是独立存在的。我们称某种东西为山，另一种东西有其他的名称，于是我们就真的相信有山这个东西。经过多年之后，山就变成了一种既定的现实。我们认定山是独立存在的一种东西。弄清楚将事物概念化所受到的影响，是很不容易的事。如果说山和平地是不同的东西，你的心会自动地在山这个概念上固化，然后就把山和平地变为一种现实。这种固化倾向会阻碍你认清它们本是同一种东西，你无法再以无区别的角度来看待现实，因为你认同了概念造成的差别性。你认定现实是由不同的概念组合成的，于是就看不见超越概念之外的一体性了。看不见一体性，不可能认识实相。塔东法王接下来又说道：

每当我们遇见新的客体时，我们很快会拿它来和我们以往知道的事物作区分，然后为其加上标签。如果我们是第一次看见大象，我们就会说它和我以往看到的东西不一样：它既不是狗，也不是猫。接着我们就会用"大象"这个名称替它加标签，于是简单的区分方式逐渐形成了复杂的概念，然后又形成了其他的概念。譬如，"自由"之所以有意义，是因为我们拿它和"不自由"作了对比。

假设你相信有所谓"自由"这个东西，你一定会追求"自由"，然而自由只是你的头脑制造出来的一种概念罢了。

我们会形成"爱"的概念，是因为我们把"爱"与"非爱"作了对比。

然后我们就会花一辈子的时间寻找爱,虽然它只是心智用来和另一个东西作对比的概念罢了。

在童年的某个阶段里,我们会发现自己开始思考和说话,学习运用概念以及对概念产生反应。

当然我们并不知道自己在做这些事,我们只觉得对现实发展出概念是很兴奋的事。我们不知道自己是在捏造一些东西。

从父母、朋友以及社会制约带来的影响,我们逐渐形成了概念的框架。婴儿时期的我们,只是对光与影不断在变化的形式和模式着迷:我们学着去辨认父母和其他事物的差异,我们在自己的眼耳鼻舌和身体的感觉上,做出了各种概念性的联想。我们也许已经发展出对这些概念的了解,但还不知道如何表达它们的意思。

聆听周围的人说话,我们逐渐学会为世界里的形式和特质命名。这个过程会犯许多错误:起先我们说出的名称可能不符合那个相关的事物,譬如,两个大小和色泽完全不同的东西,我们同样会用"狗"这个字来描述它们。另外两个看似相同的东西,名称却完全不同,譬如"狗"和"猫"。

对孩子而言,则可能要花上一段时间,才能分辨哪一个是狗。

修正了好多次之后,我们才能把早期种下的印象冠上成年人认可的概念,然后才有能力把形式和声音连在一起。

因此我们认识的现实是从父母那里承继下来的。我们的概念大部分是从别人那里学来的。

逐渐地,我们不再需要聆听周遭的声音或话语,而能直接听懂话中的意义。于是概念渐渐变成一种速记,一种指出熟悉事物的便利方式,而不再是精确地描述出我们眼前看到的东西,或表达我们真正的意思。

同时我们也被教导如何对下列的概念产生反应:对能或不能接触到的事物,对价值、欲望或应该排斥的事物,学着如何产生反应;我们甚至学会了什么事应该感到哀伤,什么事不应该感到哀伤。

然后我们又称这些反应为我们的"偏好"。

根据特定文化里的习俗,我们被教导以正确的方式来分类、运用概念,以及按照经验来思考。逐渐地,许许多多的联想便环绕着概念而形成。这些联想又造成了记忆和更复杂的概念。譬如,"家"这个字可能会激发复杂的感受和联想,为我们带来特定的意义。另外有些字词则会带来深刻和私密的感觉,还有的影像、气味、声响以及觉受,则似乎会带来无法解释的丰富意涵。

但是对个人有意义的概念,仍然是奠定于文化的语言基础上面。我们必须接受周遭人教给我们的意义,将那些无法沟通的感觉及意义放掉。我们习得的这些概念又会反映给我们自己,于是我们就开始运用语文来思考。现在我们心中自发地产生的念头,都是从别人那里承继过来的概念。这些概念又会造成我们对自己、对世界的观点,形成了思想与反应。它们创造出了我们每日的现实,而我们也会运用它们来诠释经验。

概念是渐渐固化的

这样的影响是普世性以及全面性的，我们就在这个由概念创造出来的世界里，选择自己所要的东西。我们认为某些事物是有价值的，必须追求的，另外有些事则是没有价值的，应该躲开的。

概念一开始是流动的、有伸缩性的……

当我们一开始学习如何形成概念时，它们是流动的以及有伸缩性的。

……但逐渐变得愈来愈固化。一开始知道"空间"或"觉知"时，我们对其中的含意有很高的接纳度；我们可能会深深地玩味、质疑以及探索其中的可能性。一旦觉得已经熟悉它们了，我们就开始丧失兴趣。

基本上我们会逐渐忘却它们。

我们不再愿意重新检视、摒除或扩张这些概念，这些字眼不再鲜活，不再延展成新的认知，而会冻结成一种被我们拥有的资讯。我们会将其变成一种自动化思想，于是它们就不再具有创造性了。

思想不必然是缺乏创造性的。只有当思想变成记忆、概念或串联成逻辑时，才会变得缺乏创造性。这样的心智活动基本上很像是电脑。电脑无法发明任何新的东西，它只能制造出一些既定的概念。我们的生活或认知如果完全奠定于概念，是毫无新意可言的。如此一来，真正的创造性便消失了。

思想仍然可以带有创意，但我们必须敞开心胸接纳超越概念的状态。这样即使是语文或思想，也能够用来描述实相，就像源源不绝的泉水一样，从非概念性的实相之中爆发出创意来。思想可以是自发的、原创的以及带有创意的，前提是必须直接表达当下的经验，这才是真正的沟通交流。然而我们通常是运用语言和文字来描述过往的老旧思想和记忆，因此我们的表达或思维总显得僵固陈腐。

我的意思是，概念化本身不必然是坏事。思想也可能是一种相当有创意的活动，前提是必须和当下的经验联结。

> 完全仰赖概念模式，会逐渐限制心智的开放度，使我们很难觉知到当下不断在改变的细微现象。当我们产生觉知的那一刻，心智会立即将觉知到的信息加以诠释，使我们产生与过往经验有关的联想及情绪反应。

当你看见某个东西时，眼前的信息就会立即输入到脑子里面，然后我们的心会开始诠释它，于是这个经验就不再是纯粹的现实了。

> ……我们的心会诠释感官接受到的信息，让我们形成与过往经验有关的概念，而这些概念都会产生特定的联想及情绪基调。

我们对当下经验的想法，并不是奠定于实际发生的事。在觉知的那个当下，感受、印象、听到的声音和影像都是崭新的，但我们往往会透过概念去觉知这些崭新的现象，而且这些概念又会自动激起情绪反应以及种种的觉受。因此我们的经验并不是奠定于纯粹的觉知，而是奠基于概念带动的思想、觉受和记忆。这样的事每一秒钟都在发生。我们从不允许或极少允许自己单纯地觉知。

这些联想会随着概念自动生起，将过往的情境投射到眼前，制约住我们对眼前经验的观点。我们不必然会对当下的经验起反应，但往往会透过概念、记忆、意象以及联想来面对经验。

　　把眼前的情况看成与过往经验类似的状态，会使我们立即产生反应，减低以崭新觉知来面对当下的能力。和过往的历史绑在一起，会令我们觉知不到当下的各种可能性，因而削减了行动的自由度。

我们的情绪模式是奠基于早已固化的概念上面，我们所有的行动都涉及概念和联想，因此你的反应是事先包装好的。你的心智活动是从许多人那里承继过来的，它会以特定方式面对崭新的当下，进而产生反应，所以就看不见其他的可能性了。我们的自由已经被概念制约住了。

　　这种倾向遮蔽了觉知，使我们丧失与当下联结的生命力，令我们活在一个僵固的世界里。

以当下的开放性来超越概念

　　我们现在要思考的是最根本的制约——心智的自动化作用。这种制约是超越个人模式和心理议题的。它埋藏在个人的模式、心理议题及历史的底端。概念是形成我们所有的反应、知识和认知的积木。由于它发生的方式太自动化了，所以我们往往认为自己已经看见了现实。我们无法觉知到产生概念和诠释的那一刻。外面的信息一输进来，我们会立即形成概念和语言文字。

　　若是透过概念来觉知，我们很难有崭新的意识。然而崭新的意识究竟是什么？塔东法王称其为"当下的开放性之中的活力"。当下的开放性之中是充满着活力和清新感的，但我们早已丧失这份清新的特质。它并不是无法被觉知，它一直都存在着，关键在心智会自动产生反应，而这些反应是由概念所掌控的。

超越心智活动的意思就是单纯地觉知，不带有任何概念或认知。这意味着让你的心"安住"，停止神经语言系统的自动化反应，就可以看见当下的真相。我们看见的东西会变成创造力的来源，甚至连我们的语言都能表达这股创造力。当我们不再带着概念去觉知时，想法自然会起变化，也会变得更活泼，更贴近于当下的经验。

> 如果概念在意识里变得固化，我们就觉知不到崭新的当下，也觉知不到眼前不断在改变的细微现象。甚至连我们的姿态和说出来的话，都是重复再三的。

这便是所谓的业力模式。

> 当我们的心只剩下自动化反应时，会越来越怠惰涣散，尤其是在熟悉的环境里，固着的观点会带给我们一种安全感。
> 我们以为自己已经知道世上所有的事物，对人或其他众生都有所认识。我们希望事物能一成不变，借此来满足我们对它们的掌控欲，形成"应该"或"不应该"的论断。

这段话带出了与概念有关的心理动力议题。我们借由把概念当真来获取安全感。它们能够支撑我们的自我感以及对世界的感觉。随着对概念以及无念实相的探究，我们将会逐渐了解那些根深蒂固的想法，以及心理动力上对概念的需求，但首先要了解的是概念本身。

我们愈是依赖僵固的概念，心就愈不愿意检视已知的事物。当我们把经验变成僵固的模式时，内在世界就会愈缩愈小，继而丧失了日常经验的丰富性。当概念制约住我们的洞见、感受以及表达方式时，便只能复制早已学会的模式，如同我们的父母、祖父母以及曾祖父母一样。从正规教育和经验获得的知识，只是一些变得愈来愈复杂的思想罢了——它们无法为人生带来多大的意义。因为这些概念太过于特殊化、太脱离活生生的事物，而且无法表达我们最深层的经验。

愈是固着的概念，愈是脱离当下的经验。它们会使我们的世界变得狭隘。我们被自认为应该奋力维护的偏见所掌控。

　　除非我们质疑、分析以及重新检视自己的概念，否则就只有一套诠释经验的方式了。不论它们与当下发生的现实是符合的，还是带给了我们不必要的痛苦，毫无选择地我们必须活在这个有限的次元里。

这代表我们会继续活在心智创造出来的世界里。

　　即便概念世界是孤独的，而且很难从经验之中获得快乐，我们的思想仍然能带来幻觉式的安全感。除了这种理解自己和世界的方式之外，我们很难再看见其他的选择。

因为我们深信这就是真相，所以怎能有别的选择呢？就算是向往自由，我们仍然会在老旧的世界里去思索自由。

　　即便是这样的思想，也是奠基于未经检视的概念上的，因为你怎么知道没有别的可能性呢？我们对一个自己毫无所知的东西，如何能有所认识呢？如果完全不知道爱是什么，还会有能力对它产生某种期待吗？还会对它感到失望或形成对某个人的幻想吗？如果完全没有爱的概念，还有可能产生恨吗？若是没有任何"我"的概念，也不知道自己和他人是有分别的，还会有爱和恨吗？

若是没有"独自存在"的概念，那么爱或恨某个人又代表什么呢？

我们还有可能执著于某个人或事物，体验到不安全感或害怕遭到排拒吗？如果社会没有灌输我们一些理想，让我们觉得自己的情况不符合这些理想，还会有罪恶感吗？

这段话要阐明的是，如果没有概念，就没有心理动力方面的议题了。

语言里面如果没有"应该"这样的字眼，我们的生命品质会不会改变？

仔细地检视一下我们的经验，会发现有许多重要或真实的事物，其实都是由头脑和概念构成的。在现实生活里我们每日运用着这些概念，往往会忘掉它们是头脑编造出来的。譬如，快乐这个东西并不是从我们渴望的事物里产生出来的，而是源自于我们对"兴奋"这种感觉的诠释方式。不论我们怎么重视这个东西，它也不过是一种概念，一种加诸某类情境或感受上面的名相罢了。

如果没有"快乐"或与其相关事物的概念，我们还会知道自己正在快乐吗？我们还会不快乐吗？若是没有表达这种感觉的名相，我们还会有这种感觉吗？

没有"快乐"二字,我们能感受到快乐吗?

没有"快乐"这个名相,我们还会感觉快乐吗?我们创造出了这个概念,然后生活里就出现了不快乐,于是我们又企图变得快乐。你看出这个陷阱了吗?

假设根本没有概念这种东西,我们还会花时间去思考快不快乐的问题吗?我们几乎无法想象生活里少了这些熟悉的概念,会是什么情况。我们已经十分信赖目前的概念模式,将其视为可靠的、能反映真相的东西,而且是毋庸置疑的。但概念模式是增加了存在与行动的选择性,还是带来了太多制约?目前的概念对认知是有利的,还是已经变得过于僵固,而无法为我们带来更融通的观点?

不假思索地仰赖概念(包括思想、言语和书写在内),沟通能力一定会降低。我们全都活在心智的次元里,个人经验限制住了我们所运用的概念。我们的心智世界虽然与他人的相互重叠,但从不是完全相同的。我们无法把自己的意思充分表达出来,在比较精微的层次上,我们因而与他人隔绝。虽然大家的日常用语是相通的,但人我之间的沟通总是有道鸿沟……

省思一下概念的本质,以及不假思索地把这些概念当真的态度,我们会发现这就好像卡在一套非常繁复的电脑系统里面,而且它们的运作方式是无法被意识到的。它们的运作方式不是我们可以决定的,但我们却觉得自己能够主宰思想。到底是我们在操纵这个程式,还是这个程式在操纵我们?能不能脱离这套程式,让自己的思想和行动奠基于更值得信赖的直观智慧上面?

在这种更大的智慧之下,心智能不能以更令我们满意的方式来觉察？能不能透视自己的概念模式？有没有一种方式可以让我们打开视野，用更彻底的方式沟通交流？能不能找到与当下的经验、深层洞见以及真实感受比较贴近的概念？或许有其他方式可以让我们瞥见意识更精微的面向，以便更清楚地检视概念的固着模式。其实当我们把身体放松下来的时候，就可以减缓思想的速度，更直接地观察到思维的过程。

放松身体并不需要涉及特别的技巧。你只需要观察意念的来去，不加以诠释就够了。以这种方式去观察心智活动，我们观察到的也许会与期待有落差——看到的可能是不太重要的妄念。然而一段时间之后，就能以放松的专注力来进行观察，这件事本身就是一种崭新的经验。这样的向内观察方式，可能会让我们对念头的本质产生重要的洞见，并觉察到思维与感受之间的关系。

思想的活动持续一段时间就会停下来，犹如碰到一堵白墙似的。我们可能有过这样的止念经验，特别是在一连串的念头之后或卡在某个问题时。任何一个时刻心智都可能暂时安歇下来，如果这个停顿的时间被我们发觉了，通常会认为自己已经到达念流的尾端。若是没有新的念头继续产生，我们就会把注意力转向另一个目标。

这个看上去像是到了底的止念状态，很可能是通往新认知方式的门槛。如果能以平衡的专注力聚焦于这一点，便可能超越以往的思维模式，发现新的认知方式。

假如能保持放松和觉知，就会有一种光明的感觉，好像光是从空寂之中照射出来的。以往的念流以及专注在思想内涵的惯性，使我们很少有机会产生这种光明的感受。但如果能不再执著于念头的内涵，转为留意念头本身，便可能察觉念头从尚未形成名相之前的光中生起。

观念头就是观察思维过程,并发现念头之间的空当

现在试着用这个方式进行一下冥想。你要做的就是观察自己的念头,但观念头不是去弄清楚自己在想什么。你不需要考虑念头的内涵,只要注意思维的过程就够了。重点在于不卡在念头里面,受其影响或操纵,或是形成概念。你只要觉察念头是怎么生起的就对了。你要察觉念头的生起、停止、念与念的空当,以及另一个念头的生起,至于念头的内容是什么却不重要。如果持续地观察下去,你就会发现念头之间的空当,体验到空寂的品质。

因此重点就在于学会以放松、平衡的方式来觉察念头的生灭。所谓的放松和平衡的方式,指的就是不用力,只是觉知就够了。一旦对念头起了反应,便进入了念头的内涵之中,因此你不能对念头起反应。但这不代表你要控制自己的反应,因为你的控制也是一种念头。

因此念头的内容是什么并不重要,不论它是原创的、反应式的、带有批评意味的或是一种分析,都无关紧要,只要觉察思维过程就够了。让我继续念下面这段教诲:

> 思维的过程实在太快速,因此我们会立即认同它的内涵,于是就形成了自我对谈。随着更多的诠释活动,我们强烈的情绪会被激起,我们会察觉自己的感受变得愈来愈沉重、阴暗和逼真。当这种思维过程开始时,原先开放和光明的本性又到哪里去了呢?

> 也许当我们提出这个问题时,念流会停歇下来,但是没有多久新的念头又产生了。接着会持续很长的时间,或者持续一小段时间之后,另一波念流再度开始出现。这一连串的念头到底来自何处?如果带着觉知将它们导向特定的方向,会发生什么事?

> 也许念流完全没有停歇的时候:我们陷入了一连串的剧情中,

然后突然内容改变了，我们发现自己又进入不同的剧情之中。我们是如何从一个剧情进入另一个剧情的？是否每一段剧情都有开始和结尾，还是会一直持续下去？它们会不会相互重叠，彼此影响？

这所有的问题都可以借由我们的冥想练习来观察清楚。

  以这种方式来质疑念头，我们就可以放松对概念的执著倾向，产生对念头活动的洞见。每个念头都能带给我们观察和学习的机会。经验多了以后，我们就会开始认清思想是如何制造出困扰，如何让不愉快的心境延续下去。然后就会愈来愈清楚某个念头如何激起了另一个念头，造成了一种循环。
  这就像织挂毯的人借由一根根的线来编成各种花样。当我们意识到念头的开端时，就能察觉它是如何从一种简单、开放和带着空间感的状态，演变成愈来愈坚实的模式。
  记忆和联想激发了各种感受和情绪，于是简单的念头就失去了原先的开放性，变得愈来愈繁复。同时我们也会意识到自己的判别力，譬如，为经验加标签，说它是快乐的、沮丧的、乏味的、愤怒的、高尚的或应该受责难的。

法王是在探讨思想的整个过程和发展。

  随着心智封闭在每一个经验之中，思想会变得愈来愈具体和逼真。然后我们就会认同自己的经验，并根据这种制约来产生反应。

当我们卡在某个念头当中时，这个念头会变得愈来愈具体，感觉也会愈来愈逼真，就像牢不可破的现实一般。

从各个不同的角度来看某个经验，我们可能会选择称其为"快乐"，然后会将它投射出来，决定自己想要拥有这个经验。

这也是另外一个念头，对不对？

追求自认为是快乐的东西，就是在跟自己设定的快乐意象相遇。

这也是另一个念头，另一种概念。

因为非常期待自己能经验到快乐，并且希望它能延续下去，所以我们感觉到它的时间通常很短。它几乎是立即就溜跑了。

观察念头的起起落落，会让我们看见心智如何为感觉和情绪加标签，然后又制造出了一堆的论断来诠释经验。看着眼前的这些念头如何编织成概念，我们甚至怀疑它们可能会制造出一件结实的衣服来。也许我们真的可以用不同的方式来看自己——不只是人格、外表或活动，也包括我们存在的根基在内。这种崭新和开放的视野，可以让我们的心从冻结的经验中解放出来，不再困惑无明。一旦了解自己有可能不再执著于念头所带来的痛苦，便等于开展了新的理解方式，继而有能力转化所有的经验。

愈是能洞察自己的真相、自己是谁、为何有特定的感受、理解方式及行为模式，就愈能从崭新的视野来看这一切，然后就能更深刻地分析我们的这些假设，为自己决定什么可以改变或不能改变，什么样的思维方式是健康的、有价值的，什么是徒劳无益的。继续质疑下去，心就会愈来愈清晰和富有活力，并且会带来崭新的自我了解，使我们更能掌握人生。

因此我们自我了解，就是试图消除念头、了解思维的过程，譬如，当念头一产生的时候，是什么情况？当我们观察到一个念头的时候，是什么情况？投入于念头之中的时候，是什么情况？当念头变得复杂的时候，又是什么情况？我们要了解思想如何决定以及构成了现实，并且要看透这整个过程。如同塔东法王所说的，思想的品质会因此而改变。它们会变得更有活力。

直观洞见是一种崭新、富创意的念头

思想一直在被制造出来，某种程度上它们是自动出现的，但往往源自于过去的历史。不过思想也可能从当下这一刻展露出来——你会看见你的思想里面有洞见，而且是从崭新的当下产生的。当你形成某种直观洞见时，那也是一种念头，但却是崭新而富创意的。

洞见仍然以概念为基础，所以从某个角度来看，它也不是百分之百地新颖，但却比较贴近于当下的经验。如果你完全与当下的经验合一，很显然是不会有任何形相的。形相会逐渐消失。

学生：我不十分确定分析念头的过程，就能让思想变得新颖和开放。

阿玛斯：分析和我们刚才说的冥想是不一样的。如果你对刚才的冥想有了一些体悟，当然也可以在事后对它作一些分析来更加了解它。时间久了你就会了解念头是怎么产生的，这才是法王的意思。洞见可以帮助你更顺利或深入地冥想。分析不是透过冥想来进行的，那是在事后才做的事。我们关切的不是分析，而是如何洞察思想的过程。

起初我们会在心中看到一些念头，到了某个阶段我们会发现其中的空当，里面或许有一种空间感或光的感觉，但仍然是潜意识里的念头在决定我们的经验。我发现我正在生起一个念头，然后我去观察它，接着我发现这个念头就是一个"我"。过了一段时间我们可能会发现每个生起的东西都是一种念头，即便是对外境的觉知也一样。这就是我所谓的创造力。只有当心和崭新的存在彻底接触时，创造力才会出现，这会令想法变得新颖，得到超越逻辑的洞见。

此即洞见和回忆的不同。回忆是忆起已经发生过的事，你可以回想它，然后和当下的状态联结，但并不是一种洞见。洞见是充满着爆发性的，虽然它也会制造出一些念头，却是富有创造性的。

这个过程会愈走愈深。我现在只是在举出一个与创造性有关的例子，来帮助大家了解洞见如何将思想变成一种创造的过程。

第十五章 物质现实与无念实相

无念实相就是我所谓存在的真实状态。这样的状态不能借由超越概念来察觉,而是要洞悉概念、令思维过程变得透明化。

我们通常是活在一种不完整的觉知状态里，我们总是把现实的一小部分视为全部，然后就根据这种不完整的观点来生活，以不完整的观点解决问题是不会生效的。除非我们真的发现完整的实相是什么，否则势必被误导，也无法以有效的方式面对生命的各种情境。

实相是一个绝美的谜

真正的实相是什么我们根本无法想象，因为我们已经聚焦于现实的特定面向。发现更完整的实相不但能帮助我们面对人生，还能使我们看见更美、更真实、更宏大的宇宙。事物的真实状态和运作方式本是一个绝美的谜，若是能发现这神秘而令人惊叹的实相，我们本身以及我们的人生一定会产生变化。一旦体悟到实相，就无法再按照原来的方式生活了。

我喜欢科幻小说的原因之一，就在于它使脑筋变得更有伸缩性，不再执著于往常看事物的方式，对新的经验和观点能抱持开放态度。只要我们对当下的真相保持觉知，这种崭新的态度随时可能出现。我经常怀疑为什么人们不写一些与实相有关的科幻小说，因为实相比最精彩的科幻小说还要迷人。

如实看见事物的真相，就是不戴任何过滤镜或面罩来看事物。如实看见真相意味着客观地觉知，也就是不把过往的历史投射到当下这一刻。实相很显然就在当下这一刻，因为存在的只有当下这一刻。这是一种十分合乎逻辑的看法。我现在所说的东西不带有任何神秘性，因为过往的一切早已消失，未来还没有发生。如实看见真相意味着如实觉知当下，这代表不受过往历史的影响。我们探索过的所有观点，已经令我们发现问题和幻觉都源自于过往的经验。我们已经明白自己如何把老旧的模式投射在客体关系上面，如何把与父母和其他人的关系投射到眼前的情况里，如何以跟当下无关的模式产生反应。我们无法看见别人的真相，我们总是根据过往的经验在看他们，把早已不存在的关系里的意象和模式，投射到眼前的关系上。

在这些投射出来的事物之中，最根本和最细微的就是"概念"。我们经验的内涵就是由概念构成的，它们也构成了心智的内涵，而且我们很清楚心智和我们所处的世界是无法分割的。你生活的世界就是由你的信念所决定的。

在过往几次的聚会里，我们探索了无念实相的议题，基本上我们对带有概念和不带概念的经验已有了一些认识。你们有些人对我所谓的"不带概念的经验"已经有所认识。"不带概念的经验"意味着不从过往的历史去经验事物，也就是完全没有心智活动，因为心智活动就是我们为实相加上的滤镜。因此当我们谈到没有心智活动的经验时，我们指的就是觉知而不产生辨识作用。无概念的觉知是不带有过往的历史、偏见或想法的，亦即禅所谓的"无心"。

解脱感官的束缚

今天要探讨的是阻碍我们洞察无念实相的障碍和心理议题。接下来的几次聚会要探索的则是观察事物时的某种障碍，或者可以说是对特定模式的执著。

今天我要探讨的是传统教诲所谓的"解脱感官的束缚"。这句话到底是什么意思？经典时常提到我们是如何被感官所缚，而且灵修极重要的部分就是不受感官影响，因此我们要看看这到底是什么意思。

当然这不代表从此你看不见也听不到了。我们的感官本是我们生命的一部分，缺少了它们，我们就活不下去了，但我们仍然有可能不受感官的束缚。

执著于感官乃是体悟无念实相最大的障碍。了解感官的运作方式，则会帮助我们厘清这个障碍，但若是缺乏超越感官的体验或从未考虑过有这种可能性，那么体悟这种状态就会有些困难。当你不透过身体的感官来经验事物时，就会发现感官只会让你产生偏见。

受制于感官，意味着断定我们对世界的感觉是真实的，而且把觉知到的现实当成了全部。换句话说，我们完全相信自己所看到的一切。很显然大部分人都受到了这种制约，但我们不知道自己受到了制约，总以为自己感觉到的世界就是真相。我们对眼、耳、鼻、舌、身、意觉知到的一切都深信不疑。

让我们来探索一下这个观点。一旦把感官觉知到的一切都当成了实相，就会认为实相即是物质世界，除了物质世界之外，其他什么都不存在了。能够摸得到、看得到的，才是真正实存的东西，凡是摸不到看不到的，都是不存在的。

你可能会说："我曾经有过肉眼看不见的经验，而且我知道这些东西是存在的。"很好，但你会根据这种认知去行动吗？不会的，因为那些经验对你而言就像梦境一般。你仍然相信感官觉知到的东西才是真实的，你会认为只有肉体的觉知才够客观，而这就是你必须留意和观察的部分。那些比较精微的经验或许很美妙，但它们很快就会消失，而且也许是真的、也许不是真的。它们就像是一种额外的收获，但远不及物质现实来得重要。因此你的价值观、焦点和信念，大部分是源自于肉体的感官而不是其他管道。

肉体感官总是以强而有力的方式影响着我们的意识，除非我们觉知到无念实相，否则永远无法认清这种影响有多强烈。因此解脱感官的束缚不代表从此不再运用感官，而是不再深信得自感官的讯息便是全部。举个例子，如果你在禅定中有了某种洞见或是能量突然打开了，你会很清晰地发现这类经验和以往的截然不同——你体验到的自己不再像以往那么晦暗无明，你的觉知也显得比以往敏锐多了。你看到的世界变得更鲜活、更明亮、更清晰，视觉好像被净化了。你甚至能听见以往听不到的声音——外面的鸟叫声显得更嘹亮了一些。你的嗅觉和味觉比以往更敏锐细腻。你就像是活在截然不同的世界里。这时你经验到的物质世界，是透过感官而非概念觉知到的。

在这一类的体验之中，不但物质世界变得更鲜明，而且你对自己的身体、感受和存在，也能更清晰地觉知。但即使有成千上万这类的经验，仍然很难彻底放下物化的觉知方式。我们已经被物化观点彻底说服。我所谓的物化不代表只认同物质事物，不代表汽车比爱重要，而是我们总认为物质现实就是一切，是最重要的部分。譬如，你在根本上是认同身体的，你认为身体是你最重要、甚至是最真实的部分。如同我们在探索无念实相时所发现的，我们早已建构了对自己和世界的坚实概念，甚至把自己当成了一个实存的个体，活在一个实存的万象世界里。如果你彻底认同了这种看法，就会变成完全物化、把自我当真的人。因此物化倾向不但是认同了物质的价值，同时也把物质宇宙当成了唯一的宇宙。如果你只相信自然科学，就会变成物化倾向的人。

超越感官觉知，迈向灵性次元

某些灵修训练试图帮助我们从物化观点中抽离出来，发展出不受这种观点局限的觉知能力，但这不代表不重视或不相信物质世界的存在。所谓灵性层面的觉知或是对实相的觉知，指的是把感官的觉知看成是撷取讯息的一部分管道。受制于感官，则意味着把感官觉知到的现实当成了全部。也就是认为现实是最根本、最恒久、最真实的东西。

观察一下自己的行为、思想和感觉,你会发现自己的确深埋着这份信念,而且看待自己以及看待人生的方式,全都受到这份信念的影响。这是你头脑中最强烈的信念,即使是灵性或超验性体验,也无法动摇它。任何一种属于实修的内在工作,最终都会挑战、撼动以及去除这层信念。我们必须将其粉碎之后,才能彻底觉知当下的实相。

大体而言,深层或精微的觉知并不能影响我们对物质世界的信念,因为你仍然相信你就是你的身体。你还认为身体是你最重要的部分,并且认同了身体的需求和欲望,以为身体的好恶就是你的需求和现实,不管真实的经验是否有别于这份信念。即使经验能令你清晰地发现你并非你的身体,你仍旧局限于物质次元的肉身经验。或许你已经花费许多年的时间在灵修和心理转化上面,但仍旧相信和觉得物质现实就是你最重要最根本的部分。

灵性修持不止要认清物质次元之外还有灵性次元,同时还得如实见到实相——包括物质与非物质实相。若想让这件事发生,就必须摆脱掉缩小焦点在现实次元的信念,而这些信念都是借由感官建立起来的。这些信念是如此坚实和深刻,它们彻底渗透在我们整个意识之中,我们不只是把它们当成了信念,甚至当成了无可置疑的现实。

因此每个人都带着这种受限的观点在生活,然后就会衍生出一些问题,因为我们的信念是不正确的,所以行动也势必缺乏效率。最简单而常见的例子就是认为拥有物质一定会得到快乐,或者把身体打扮成某种样子,就会对自己更加满意。但抱持这种观点只会令自己不快乐,因为物化观点永远无法涵盖你全部的真相。

这是一个相当广泛而深邃的议题。从某个角度来看,这是一个显而易见的事实,却又隐微难测。我们曾经探讨过,可见的宇宙和心智里的概念是无法区分的,然而可见的宇宙大部分属于物质次元,心智的发展也是借由专注于物质世界而达成的。把意识局限于物质次元就是心智发展的过程,但这种观点不是长大之后才建立的。物化观点是随着你长大成人的过程逐渐发展出来的。对物质现实的信念会变得愈来愈根深蒂固。它会变成心智的一部分,变成思想、感受和觉知的模式,因此你很难看透或超越它。我们很难想象缺少了这份认定,该如何行动或觉知世界。

心智是由对物质现实的概念建构成的

我们已经探讨过发展中的孩子如何形成了对世界的概念。孩子一开始知道的是什么?是妈妈、爸爸?但是对孩子而言,他们只是两副能够行走的身体罢了。孩子学会的第一个字通常与物质世界有关。妈妈说:"手肘、手指头、你。"孩子就会跟着说无数遍"手指头"这个词,因此父母总是训练小孩把焦点放在物质现象上面。父母的焦点本来就是专注在物质层次上的,他们不会指出孩子的本体说:"本体。"他们只会说:"鼻子。"然后孩子就跟着说:"鼻子。"一段时间之后我们会怎么样?我们就变成了我们的鼻子、眼睛、脸颊,等等。"我为什么很可爱?因为我有一个酒窝。"你不会因为心中充满着甜美的爱而显得可爱。每个人都是在这些物质概念里被教育长大的。

心智是由对物质现实的概念建构而成的。举例来说,所谓的关系指的通常是两个物质客体之间的关系。孩子最容易觉知到的客体一向是物质事物。孩子无法了解什么是"自由"之类的观念。一个14个月大的孩子是无法了解"自由"的,他的感官经验里没有自由这种东西,但是他知道他有一个鼻子,因为他可以觉知到这个部分。因此物质次元是最容易被意识到的部分,而且孩子必须把焦点放在物质次元,才能学会生存和运作之道。起先孩子对具体的事物完全没概念,为了学会在世间运作,他必须明白他的身体和桌子无法占据相同的空间。在这样的学习过程中,他发展出了"我"的概念以及"桌子"的概念。"我"和"桌子"是两个不同的东西。这是必要的学习过程,然而一旦建构了这种对肉身及物质世界的概念，孩子就会把其他的觉知模式排除于外。

孩子早期的学习经验，包括吃、喝、拉、撒、睡以及清理自己，等等，全都和身体有关。后来他才明白什么是爱和温柔，以及其他更细腻的现象。但如果我们没有被温柔地触摸过，是不可能知道什么是爱的。如果你的母亲不触摸你，不照料你的身体，你不会相信她是爱你的。我们需要很高的诚实度，才能明白某人的态度里面有爱。如果某个人不想和你有亲密关系，你会相信他爱你吗？因此物质事物是非常重要的，这就是为什么"性"是我们关系里最大驱力的原因。

一开始婴儿的觉知似乎并不受制于物质感官。他们似乎有一种包容物质次元的完整觉知，但专注于物质世界的发展，让这种全观状态起了变化，而逐渐受制于身体的感官。

举个例子，借由谈论鼻子、桌子、毯子、食物之类的东西，我们不但能指出那个东西，而且能指出它的构成要素。我们说"桌子"，于是它和其他东西就有了区别；我们说"食物"，于是它和碟子、手、胃及嘴便区隔开了。只消说出"桌子"或"食物"之类的字眼，抽象概念就开始具体化，于是桌子和食物便成了不同的东西，各自有了独立的存在性。这个过程会把其他的觉知能力关闭住，于是身体的觉知就成了认识世界和我们自己的唯一管道。

如果我们只是透过肉体的感官来觉知，自然会从物质次元的角度来看现实。如果只运用眼、耳、鼻、舌或触觉，便只能从物质空间的角度看事物，因为这就是感官运作的方式。

现在我们已经认清，物质现实和抽象概念在我们的经验里是同一回事。存有的世界，由桌子、人或树等构成的世界，便是我们所谓的物质世界，但这个世界其实是由概念构成的。认为物质现实就是最终极的现实，便等于认为概念是最终极的现实一样。这种根深蒂固的想法似乎与常识恰好相反。传统认为物质世界与人的心智是分开的，因此我们看见的、闻到的、感受到的以及听到的都是客观现实。

把物质当成是终极实相，意味着把桌子当成了终极实相。没有了你，没有了人，没有了意识，桌子照样存在，因此它必定是终极实相。然而桌子只是个概念罢了，在孩子没有学会这个概念之前，他不一定知道桌子和地板是分开的。一旦洞穿对桌子的概念，就会发现桌子本来是个透明的东西，而且桌子和地板不是分开的。这种无分别性不是存在于物质次元，它存在于我们感官无法觉知的另一个次元。我们必须借由与感官有别的另一种能力，来觉察合一境界的透明状态。这种状态不属于物质世界。阐明这件事对我而言有点困难，因为我看物质世界的方式与一般人不太一样。我们只有透过身体的感官才能看到物质世界，但是你其他的部分如果也能同时运作，看到的就不只是物质世界了，里面甚至没有一样东西是跟其他东西分开的。觉知到这种合一性，不会令你失去对物质世界的分辨力，你只是不再把各种东西看成是各自独立的。

觉知合一性，重拾全观能力

如同我们曾经探讨过的，辨识和概念化的过程，会令我们把事物看成是各自独立的存有。这个活动反过来会让我们局限在感官的觉知中，因为它削减了我们本有的全观能力，它让我们觉察不到实相的合一性。处在实相里，区分能力并不等同于划分能力。我们的肺和心脏虽然不同，但并不是完全分开来的。身体的细胞虽然可以被精细地区分，但它们彼此并不是隔绝的。它们共同组成了我们的身体。从根本上来看，它们构成了我们身体这件事，比它们是各自独立的要更正确一些，而实相的合一性也比桌子和椅子是独立存在的要更根本一些。换句话说，合一性才是更根本更完整的实相。

把抽象概念具体化不但会阻碍我们洞察实相，同时也形成了我们对物质经验的概念。举个例子，你认同你的身体大过于内心的解脱，因为你的身体是具体的物质，而解脱是一种非物质状态。因此，人类的心智就是由物质概念构成的。

我们把某个东西看成是圆的，另一个是方的；这个东西和那个东西的距离比较远，和另一个东西则比较近。我们认为这个东西和另一个东西没有关系，或者这个客体喜欢那个客体，但不喜欢另一个客体。这些事物之间的关系发展成了一种牢不可破的结构，也形成了物质性概念，亦即我们对物质世界的概念。

就因为我们认为物质宇宙是最根本的实相，所以我们惧怕死亡。为什么死亡会这么大不了？因为你认为你即是你的身体，你的身体比任何一样东西都更能界定你这个人。因为你认为身体界定了你，于是就产生了死亡这件事。我们所谓的死亡，只是肉身的死亡，但由于我们认为肉体就是我们，所以肉身的死亡才令我们深感畏惧。

我们不断关切身体发生了什么——身体是否舒适，是否得到了它需要的东西。身体是舒服的，还是不舒服？它是安全的，还是遭到了威胁？它能不能得到别人的喜爱？它是胖的，还是瘦的？是高还是矮？这一切都是我们非常关心的事。我们最深的心理议题都是奠基于对身体的考量。我们关切的一向不是自己有没有爱心、慈悲心，或者能否解脱。即使我们关切这一类的精神事物，在根本上我们更投入的仍然是物质世界和肉身。

认同肉身会排斥其他次元的实相

小我的心智之所以是一切问题的源头，就在于它排除了其他次元的实相，断定终极实相便是物质宇宙。这种观点制造了大部分的痛苦——包括对死亡与疾病、苦与乐的态度，以及接纳或抗拒等的心理议题。在内在工作的过程中我们会发现自己最终的本质，而认同肉身及物质世界则会一直带来障碍与担忧。

举个例子，某人已经开始体验到更大的空寂感，但一开始他体验到的往往是一种空洞感。我们都知道当本体的某个面向出现时，通常会示现成一种空洞感。首先我们会感受到骨盆腔附近有一种空洞的感觉。人们通常会怎么看待这种感觉呢？他们不会认为："哦，我觉得这里有一种空洞感，我体认到了空寂次元。"不，大部分的人反应会是："哦，糟了，我的性器官不见了。"这是大部分人会产生的反应。为什么？因为你会从身体的角度去经验这件事。如果你在那个部位意识到空寂感，就可能觉得失去了性器官，你不会认为："我是在觉知另一个不同的次元。"虽然物质现实是实存的，但其他次元也同时存在着。如果你认识到这一点，就不会有恐惧或心理问题了。你什么也没失去，只是发现了自己的另一个次元罢了。因为你假定物质宇宙便是最根本的实相，因此当空寂感出现时，就会认为："哦，糟了，我的阴茎不见了。"

如果你的脑子突然空了，也可能会觉得："哦，我的脑子不动了，是不是变傻了，变蠢了。"但脑子不动跟傻有什么关系呢？人的脑子只要一放空，最常见的反应就是觉得自己变傻了，因为你是从物质的角度在看这件事。我们总以为智力是埋藏在脑子里面的，而物质宇宙决定了我们的身份。

当你认清这种物质导向有多么根深蒂固时，就会发现你从不以完整的观点去看自己的深层经验，你总是从物质和身体的角度在看它们。你大部分的心理议题都是源自于这种观点。当你觉得自己快要消失时，那个将要消失的东西究竟是什么？通常是你对身体的形象感。你惊恐是因为你认为自己的肉身是最重要、最恒久、最真实、最坚固、最基本的你，如果它消失了，你就死了。你不会认为："我是从另外一个次元在看自己。我的觉性是有别于肉体感官的，因此我是从更深的次元在看我的身体。"如果你以上述的角度去看自己，就不会觉得自己即将消失。你会发觉你并不是在透过肉体感官看事物，然后你就不再有恐惧，也没有理由恐惧了。因此我们恐惧的原因，就是把肉身当成了自己。

在实相之中，世界本是一体

我们的整个社会都认为物质世界是最根本的实相。我们认为人类是物质现实里的一个具体的东西，因此肉身的死亡代表一个人从此消失了。但具体的事物只存在于物质宇宙，一旦洞穿到物质宇宙底端的真相，就会发现具体的东西根本不存在。实相本是一个合一的整体，当我们被这种合一性说服时，就不再畏惧死亡了。

没有任何物质现实是独立存在的，也没有任何东西和其他东西是分开或是在其上、其下的。这种物化的观点，是由排除掉其他次元的观点而产生的偏见。处于实相之中，世界本是一个整体，如果你只看到它的表层，就会意识到里面有各种具体事物。因此排除掉更精微的觉知，就等于排除掉了一体性，而一体性才是万物最根本的本质。

我们现在是在仔细认清灵性教诲里所说的：我们都是肉体感官的囚犯。我们现在终于明白灵修传统一向告诫我们的话——"要摆脱掉肉体感官的束缚"。在许多宗教传统里面，这句警语还带有禁欲的意思，其主旨是性和享乐都是不好的事。你会被告知说："不要专注在感官世界上面，不要把这些享受当成重要的事。"如果你不明白肉体感官制造了一个牢笼，就会从表面去理解这些贬低物质世界的告诫。这里面的讯息是："不要观看、不要感觉、不要产生欲望。"但我们这里的内在工作却要我们全心投入于人生的每个过程，包括肉身经验在内。排除肉身经验是无法生效的做法，你必须在整个存在上面下工夫才行。虽然你可能有过不认同肉身的经验，或者进入过纯粹的觉知状态，但如果这些体悟是用来摆脱感官经验的，你就会强化物质世界和其他次元之间的差别。如此一来，物质世界和概念世界将永远无法透明化。

认清物质次元的观点是不完整的,这并不是在贬低物质次元的价值,而是要让其他次元的觉知出现。我们需要把其他次元的觉知也包括进来,才能让物质感官清晰地运作,这便是所谓的净化物质感官——摆脱掉物质感官意味着要净化它们。当感官从更深的次元运作时,也就是摆脱掉了概念思考。借由存在、本体或心来觉知,它就能得到净化。

西方目前正在复兴的身心灵整体医疗以及另类疗法,就是要试图说明超越物质感官之外还有其他次元存在。西方主流医学基本上是透过肉体感官来看待身体,其他的医学观点,譬如针灸术,则是从别的次元来操作。如果你运用的是超越物质结构的能量,就是所谓的另类医学。意识到这些能量,便是穿透物质表象进入到另一个次元。

让我们做个总结。首先我们发现我们是如何被感官所缚。如果我们是透过概念来觉知,便只能看见物质世界,而且会深信这就是完整的实相了。一旦认同了这种观点,就会认为现实世界是由各自独立的东西构成的。我们把自己的肉身当成了真实的东西,而它和其他事物有特定的关系。在这个观点之下,我们变成了一副活在物质宇宙里的身体。我们称有生命的东西为"人"或"动物",然后我们与其互动。其他没有生命的东西,我们则称之为"无情物"。这类观点是从概念、心智和童年的训练发展出来的。这种局限令我们很难穿透物质界,而将其当成了实相。

物化观点决定了我们的现实,它深埋在人格、情绪及心理动力议题里面。物质界与物化观点结成了一体。认为物质次元就是最根本的现实,会阻碍我们看见根本实相。

物质次元是整体实相的表层

学生:我已经看见我们都被锁在同样的牢笼里,不过我发现这也只是个概念罢了。在这个牢笼之外还有一股力量是怎么也摆脱不掉的。

我们都可以接触到这股正在运作的力量。

阿玛斯：一点也不错。你愈是认为自己受到限制，就愈受限。我们可以让概念变得更有渗透性或更没有界分性。无念实相指的并不是物质世界消失了，而是物质次元并非独自存在的。它是更大的实相的一部分，就好像身体的表层是身体的一部分一样。如果你看见皮肤只是你身体的一个层次，就能觉知到更深的层次。物质现实也是同样一回事——它只是整体实相的表层罢了。看见比物质现实更深的次元，会让我们的想法变得更有穿透性。

如实地看见无念实相，并不需要排除掉我们惯常觉知到的世界。它仍然是它，只是更具有渗透性罢了。我们会发现空间、大地、桌子、地毯、我和你，全都是由同样的东西构成的。这种同质性是无法言说的，用言语去描述它，只会令我们接触不到它。你对它的描述愈少，就愈能如实接触它。

我所谓的如实看见实相，并不代表你会突然看见各式各样的怪东西。其实物质现实仍然存在于眼前，只不过它并非唯一的次元罢了。当你看见完整的实相时，你是从不同的次元在看它。这时物质现实的色彩会更鲜明、更和谐、更精致，你会更能看见它的美与优雅。这种纯粹而根本的觉知有别于粗钝意识，因此桌子虽然是桌子，但是在非概念性次元，它并不是一张桌子。桌子这个概念仍然存在，但只是更根本的那个东西的表象罢了。

学生：我发现我们会有两种极端的情况，一种情况是跟某个超越表象的东西联结时发生的。那是一种很平常的合一感，一种非常单纯的状态。但是当我无法与其联结而又朝着超越感官的方向去观看时，我会觉得我的肉体感官形成的概念就像一堵墙似的，障蔽住了无念实相。我很想让实相显露出来，却又很怕它会显露出来，因为它会在物质界制造混乱。我觉得自己分裂成两个极端，一方面很想和一些事物联结，很想让那个更大的力量在我里面运作，另一方面却又十分恐惧它,害怕它会把一些事情炸成粉碎,害怕那股喜悦会变得过于强烈,但又真的很渴望它。

阿玛斯:这是我们最大的恐惧,当我们洞察到物质宇宙并不是最根本的状态时,我们会很怕失去它。我们假定超越了肉身,便可能失去这副身体。这股恐惧让我们牢牢地抓住身体,否则它很可能四分五裂。我们紧紧抓住了现实世界,也抓住了对现实世界的概念,因此我们的心很难放掉它。你如果能够让这个概念瓦解掉,便可能发现真正的实相。你总以为你会失去这个物质世界,或者丧失理智。

学生:有人会给你药吃!

阿玛斯:非概念性觉知听起来很像是精神分裂症,其实是截然不同的经验。那种状态里面有合一感、整合性以及和谐性,精神分裂则是完全缺乏整合性的。当一个人精神分裂时,物质世界会变得四分五裂,但处在非概念性次元里却不会有这种情况。在朝着非概念性次元发展的过程里,我们也有可能出现分裂、瓦解或无法统合的情况。这跟精神分裂症似乎有点类似,但绝不是我们所说的非概念性觉知。非概念性觉知是在你放下一切结构时出现的,那时所有的结构都彻底消失了,然后你就会如实看见事物的真相,而不再透过心智的滤镜去看它们。但精神分裂症患者却是透过分裂的心在看世界的,他们并不是以"无心"在看世界。

学生:我察觉我在跟你做内在工作时,会对这类讯息产生一些反应。我会问自己到底喜不喜欢这些概念。这种自我紧缩反应是一种对这类概念的排拒,而且我发现有一种方式可以洞穿这种排拒反应,那就是直接投入物质世界,然后观察心智是如何在制造概念。换句话说,我仍然认为我是坐在这里看着一切,当相反的情况发生时,我仍然能自持。我不能企图洞穿心中的念头。

阿玛斯:这就是一种自我了解的过程。你愈是了解自己,就愈能放掉心中的概念。你不能企图停止概念。今天我们的讨论或许能带来一些认识，有了这些认识，心智就能放松下来。心智之所以会紧抓着概念不放，是因为它把这些概念当真了。

学生： 我的意思是放松就是一种自我了解。这似乎是你唯一可做的事。所以自我了解并不是一种概念上的理解。

阿玛斯： 没错。我们必须认清现在所讨论的非概念性经验，是内在工作比较进阶的部分。有了非常深的体悟和了解时，这种觉知状态才会发生。但有些修行传统只在这上面下工夫，譬如，禅的传统就是这样。它最主要的方式就是洞穿概念，见到实相。因此觉察概念、放下概念以及放下对物质现实的概念，就能让心智放松和不执著，令本体的某些面向显露出来。这些面向之所以会被障蔽住，部分原因是它们不属于物质次元，而且被概念心排除掉了。我们一旦意识到概念心的局限，就会有能力洞悉更深的实相。这种敞开的状态会让本体的面向显现出来。

在非概念性觉知上面下工夫，是一种激发本体的方式。这是某些修行传统的做法，但我们的做法刚好相反。我们会先在本体上下手，然后再进入非概念性次元。

今天我们要认清的是我们对物质世界的执著。我们要不断地提醒自己，看看自己如何把看到的、听到的一切当真了，并且要认清这份执著如何造成了你对世界以及对自己的观点。

第十六章 宇宙意识

　　解脱意味着灵魂被个人心智影响的程度逐渐减低了，而且愈来愈跟宇宙意识和谐相融。我们会逐渐觉知到普世性概念，而不是我们自己建构出来的概念和反应。因此当下的存在会变得愈来愈重要，因为存在就是安住于当下的真相，亦即宇宙意识的本体场域。

我们已经探讨过我所谓的"无念实相",这个超越心智以及本体各个面向和特质的状态。今天我们要讨论的是这个无念实相与本体次元是如何联结的。首先我们必须检视一下内在工作所涉及的完整画面。将要探索的存在次元很显然并不是我们内在工作最特别的部分,别的灵修传统也一直在描述它们。

当我们进行这项探索时,大部分人会企图在经验层次上跟随我,但今天我们不要这么做。假如这种状态发生了,也无所谓。由于跟随我可能很困难,所以只在头脑层面了解我也就够了。将要探讨的那种状态你或许有过类似的经验,也可能在讨论过程中突然出现那种状态。这回我们要探索的范围很广,其中包含了存在最根本的面向。

你们用什么方式来了解这次的讨论都没关系,仅仅是头脑层次的理解也无妨,因为任何一种理解的方式都能使你们明白某些事情之间的关系。前面已经探讨过是否能进展到无概念次元的觉知,甚至能够以超越个人心智的方式运作,但这也可能为自我带来一些困惑,造成一些危机。如果认识不清我们要介绍的这个次元,某些人也许会预设那种境界将会带来混乱或失序。其实那种境界带来的是真正的秩序。

灵修者的目标:从内在进入合一境界

通常我们会从人格开始谈起,因此一开始我们必须觉知自己的身体、思想和感受,并试着去了解它们。随着成长我们会逐渐贴近所谓的本体,经验到本体的各个面向。你们可能会体认到慈悲、价值感、空间感、喜悦或真相。我们称本体的这些面向为钻石的刻面。你愈是能洞穿人格，就愈能看见更深、更精微的实相。一开始以及后续的阶段里，随着我们对本体及其各个面向的体认，我们会在身体的内部经验到它们。你会在心轮部位感受到喜悦，在脐轮部位感受到意志力，在头部感到清明。这些经验都会在身体的框架内发生，对个人而言，这些都像是一些灵性体验。

到了某个阶段，我们会开始经验超越肉身局限的次元。那时所经验到的本体是一种包含内在与外在的状态。我们将会不间断地经验到本体，而不再局限于肉身之内。这个次元便是所谓的合一境界。处在合一境界里，我们和万事万物变成了一体，那时我们的存在或本体就不再是一种内在经验，而是一种宇宙性的现实了。那个次元也有许多精微面向。从内在经验进入合一经验，一向是长期灵修的人向往的目标。

为了深化我们的了解，首先我要谈一谈最高的无限境界，然后再往下论述。过往我们探讨的方式都是从人格进展到无限境界，今天我们要依循传统从无限境界往下探讨。人所能经验到的最深、最客观的状态，便是所谓的终极实相。终极实相是永恒不变的，也是最根本的境界。你不可能体悟到更超越的状态了。某些修行传统称之为秘不可宣境界。

终极实相是最巅峰的存在次元，但并不是像山顶那样的状态，它反而是一种最根本的状态。譬如，当你在观察物质的时候，如果深入到最基本的元素时，你还会发现其他的东西吗？最终你到达的是什么状态——终极实相。

我们这里所说的体悟到终极实相，指的其实是终极实相碰见了自己；或者可以说它发现自己就是最终的实相，但又没有"就是"的感觉，因为里面根本没有主客的分别性。因此只有终极实相能够体悟到终极实相，或者可以说根本没有所谓体悟这件事，而这就是为什么它会被称为终极的原因！因为它空无一物，又何来经验呢？假设我真的体悟到自己就是终极实相，那么我的体悟将会是"我不知道"。我什么都不知道，甚至不知道我不知道。"我不知道"意味着我不再觉知。我不再觉知任何事物，而且也不觉知我不再觉知任何事物。那种状态和深睡很类似。当你深睡无梦时，根本不知道自己是在深睡，就好像什么都不存在似的。你不见了，彻底不见了——这便是终极实相的状态，也是万事万物最深的本质。

那种存在状态里面没有任何对存在的觉知。你就是存在本身，你进入了甚深境界，甚至不知道自己是存在的。终极实相只有在最深的禅定及深睡状态才会出现，其他任何一种方式都无法让它发生。处在这种状态里你什么也觉知不到，什么也看不见了。你不可能一边开车一边处在终极实相里，因为在那种状态里你连车也看不见了。

事物最根本的本质有时也被称为"空无"。有的传统称之为"神的源头"，苏菲教派则称其为"神圣本性"。万事万物以及人类的本质，都是无法被经验到的空无，甚至连这份认知都是不存在的。那是一种彻底失去自我意识的状态，而且也意识不到其他的事物了，这就是最根本的源头，但并不意味什么都不存在了。你仍然存在着，不过只有当你从那种状态出来时，才会觉知自己的存在。终极实相的特质就是无法觉知自己，因为终极实相里面还没有任何意识显化出来，因此又被称为"未显化状态"。意识或觉知都是从终极实相之中发展出来的。从终极实相之中发展出来的第一种能力就是意识或觉知，之前这份能力是不存在的。终极实相没有任何特质，也没有任何属性。

这无限量的终极实相会转化成纯粹意识或觉知。这种纯粹意识有能力觉知，但是它觉知不到任何概念或存有。它是在概念之前的一种状态。这个层次就是我所谓的无念次元。

无概念、无时空的终极实相

由于终极实相里面没有任何概念，所以我们才称之为无念实相；

它比无概念状态还要深刻。无概念状态与终极实相十分类似，但里面还是带有觉知的。我又称这种无概念状态为无名相境界，处在这种境界里我仍然知道我知道，但是我不知道我知道些"什么"。这个层次的"知"不涉及对事物的认知。但是处在终极实相之中，却是一无所知的，甚至不知道自己一无所知。处在无名相境界里，意识仍然能认出它自己，那是一种最基本的对存在的觉知，或者可以说是一种纯粹意识。我之所以称其为无概念状态，就是因为里面没有任何概念活动。一旦有了概念活动，你就会认出它的内涵，当你一说出"我知道这个东西"时，你已经制造出了一种概念，并且觉知到了这个概念。你已经把某种东西归类，对它做出了描述。

处在无概念状态里，你不会有时空的感觉，那种状态里没有形式、色彩、位置或大小。它是比时空更前面的一种状态。你必须有空间的概念，才会认出形状、大小和色彩。那种状态里只剩下了质感，而那种质感就是意识本身，你甚至不能称之为一种质感。虽然那时你还是有觉知，而且知道自己有觉知，但你觉知不到任何特定的东西。你只是觉知到觉知、意识到意识本身罢了。你并没有内外之分，也没有内或外的概念，更不会意识到有一个人在那里觉知。

我们必须有意识才能够有经验，如果觉知不到桌子，是无法认出桌子来的。除非你能意识到自己的身体，否则你不会有"我有一副身体"的概念。在概念出现之前，你只是经验着身体而认不出那是一副身体。因此无概念状态是纯粹而天真的。

无概念状态里面没有时间感，只有一种比较像是永恒的感觉，但所谓的永恒并不代表有个东西能一直延续下去。永恒指的是与时间无关的某种次元。从无概念状态的角度来看，你不能说某个东西存在或不存在，因为存在或不存在也只是个概念罢了。当你对自己的觉知进入无概念次元时，你不会说"我存在"或"我不存在"，因此那个次元是超越存在或不存在的。虽然里面仍然有意识，却没有对意识的概念。最后当你进入终极实相时，甚至连意识也消失了，剩下的只有一片漆黑。

终极实相与无名相境界都是无概念状态。无名相境界里仍然有意识，而终极实相则是超越意识的，那就像是白昼与黑夜之分。终极实相是黑夜，无名相境界或无概念状态则是白昼。这些状态里面都有光明，但那光明不会带来任何"知"的活动——那是一种纯粹的光。接下来纯粹意识又会显化成存在或临在，我们会觉知到自己是个存有，那就是我所谓的纯然的存在或至上的存在。那时存在感就出现了，而且我们能够觉知到这种存在感，此即概念性次元的开端。处在这种状态里仍然没有分别意识。你不会有我存在或你存在的感觉，你只是单纯地存在着。当你超越这种状态进入无概念状态时，就无法说出存在或不存在了。

纯然的存在会被体认成一种合一性。万物全都属于一个整体，那种感觉就像整副身体是由同一种东西——譬如水——所构成的。处在这种状态里你能够觉知到整体的局部，但这种区别能力并不会带来界分感。那就像是觉知到身体是由水元素构成的，里面有各种器官或原子，但不把这些元素区分开来。

因此处在合一状态是有区别能力的，例如，你可以觉知到色彩，而且色彩之间有差异性。由此我们发现区别能力并不代表界分性。譬如，一件衬衫有各种不同的色彩，或者身体里面有各种不同的元素，屋子里面有许多房间，等等；我们能够区别这些事物，但仍然把它们看成是一个整体。合一状态里面仍然有时间与空间感，纯然的存在则没有时空感，只有存在感。因为合一状态里面有空间感，所以才有区别能力。

在这个次元里概念是存在的。这里所谓的概念，指的是具有分别意识，也就是能够区分现象，继而显现成概念或观念，我们称之为"纯客观形式"。这些概念或纯客观形式并不是一种心智现象，它们和头脑里的思维活动不一样，但我们通常会把这些概念和头脑里的意象联结在一起。头脑对某些事物的概念，其实和真实存在的形式无关，从这个角度来看，房子是一种概念，但房子和它坐落的山丘是不一样的，对不对？因此它们是可以被区分和辨认的。房子与山丘都属于一个完整的现实，因此山丘只是个概念，房子也只是个概念罢了。区分与分辨都是借由概念达成的，在概念的次元里，你可以区分出完整的现实与个别存在的事物。

举个例子，我们所谓的椅子也只是一种概念罢了。椅子的意象和真正的椅子并不相同，因此当我说"只是一种概念"时，我指的是椅子这个概念本身。这个模式本来就在实相里面，它不是由我们的头脑创造出来的；这个次元便是我们所谓的"普世性概念"或"纯客观形式"。普世性概念并不是我的概念，不是我头脑里的概念。我头脑里的概念是带有个人性的，其内涵是由个人决定的，但椅子存在于眼前这个事实，并不是由个人决定的。任何一个人来到这里都会看见这个形象，但不一定会认为这是一张椅子。

纯客观形式会经由普世性概念被辨识出来

因此我们所谓的"纯客观形式"，指的就是真实存在、可以被辨认出来的事物。物质现实也是借由普世性概念辨识出来的——远方的那座山丘就是一种普世性概念。不只是我一个人看见了这座山丘，因为另一个人也不能说："那不是一座山丘，那是海洋。"因此这种辨识作用不是由我个人的经验决定的，而这就是一种纯客观形式。我们通称这种可以辨识的形式为普世性概念，因为全世界的人都可以觉知得到。我们之所以称这些形式为概念，是因为从无念实相的角度来看，这些形式都是从纯然的存在之中显化出来的概念。某些传统称之为"神圣心智"。对这点有所体悟的人则会说："我们全是上主心中的概念。"

物质现实的形式就是一种纯客观形式。门是一种客观形式，鸟是一种客观形式，人类也是一种客观形式，因为它们都是真实存在的东西。它们的存在并不是由我们的觉知或我们赋予它们的称谓而决定的；它们的确存在于那里，与我们的信念毫无关系。但是在合一性的层次上，它们并不是各自独立的事物，而是结为一体的。纯客观形式之所以能够被区分，是因为它具有自己的原始形式，并不是由我们个人的心智界定的。我们只能认知它们，但无法改变它们的类别。我们赋予这些事物的定义或许能改变，譬如，一座丘陵必须有某种高度才可以称为丘陵，但所谓的丘陵在另一个文化里却可能被称为山。

因此纯客观形式跟分别意识次元里的客观觉知有关。譬如，这张桌子上面有杯水，还有一个笔记本，某人看到这个场景可能会说这里有张桌子，另一个人则可能说："这里有张桌子，上面有个笔记本。"其实他们觉知到的都是同样的东西。头一个人把笔记本看成是桌子的一部分，但两人都看得见这个东西是黑色的，那个东西是咖啡色的。这种辨识作用和觉知有关，但是和事物的名相无关。

学生：我想的是海洋这种东西。水似乎是一种普世性概念，海洋则是一种抽象概念。海湾和海洋都是由水构成的，却是不同的东西。

阿玛斯：所以海洋是更大范围的水，对不对？另一种文化也许抱持的是不同的概念，但他们一定看得见那一大片水。

学生：水是一种普世性概念，海洋则似乎是一种看待水的特定方式。

阿玛斯：水是一种普世性概念，一种纯客观形式，但我所谓的纯客观形式，指的则是一种独立存在的东西，一种不被你的主观意识扭曲的看法。

你可以在这张地毯上画一道线，你也可以在这张桌子上画一道线。你可以让它们变得小一点，但你的觉知仍然是相同的。你仍然会看见不同的色彩和形式，能够区分地毯和桌子的颜色，并且知道它们是不同的东西，但不一定会把它们想成是两种截然不同的东西。

现在我指的是在未定名之前的辨识次元。这个次元很难理解，因为我们不习惯把定名和辨识东西的作用力分开。除非我们有能力从超越形式的次元来看事物，否则无法只是觉知形式而不被我们的心智影响。当你从无概念次元来看存有时，你不会为眼前的事物定名，也不会把事物看成是各自独立的东西。你会把一切都看成是整体而不去注意它们的差异。只有从纯客观形式的角度来看事物时，才会把分别意识结合进来；我指的是桌子的存在有别于桌子这个概念。

学生：你现在指的是客观现实。

阿玛斯：最显而易见的客观意识是存在于物质世界里的。我们虽然为事物冠上了不同的名称或建立了各种界线，但我们看见的事物是确实存在的。我们可能看着一棵树而不把上面的花区分成花；这整个东西都是一棵树。但另一个人却可能说："这些是花，那些是叶子。"还有一个人则可能说："真的吗？这里根本没有所谓的花和叶子。这里只有一棵树。"某个人也许有树的概念，却没有叶子的概念。你看见的是一棵有叶子的树，他看见的却不是这样。但如果你指着叶子说："这些是叶子。"他们很可能会说："哦，这就是你所谓的叶子。"而不再说："这上面没有任何叶子。"

保有辨识力，消除疆界感，见树也见林

因此纯客观形式和我们的个人倾向、学习历史以及分辨事物的方式无关。如同我们讨论过的，把经验中的元素概念化会创造出一个晦暗无明、事物各自独立的世界，而这会阻碍我们以无概念的方式经验实相或无概念次元。这也会阻碍我们看见一体性次元。有两种觉知的元素必须改变，才能从头脑的世界过渡到对纯客观形式的觉知：首先

要改变的是不再把形式看成各自独立的东西，然后我们才能觉知事物的一体性，但其中仍然保有辨识力，却没有对事物的疆界感。在这个层次的觉知里，形式和概念都可以被穿透。接下来我们必须有能力不带任何概念地觉知实相。这种觉知属于无概念次元，也就是所谓的"觉知的根基"。这两种能力不一定会按照特定的顺序发展出来，它们各自有许多相关的障碍及心理议题，我们在过去几次的聚会里都提到过。

除了那些晦暗无明能够决定我们经验的概念之外，还有一些存在于心智层面的障碍必须穿透，然后才能体悟到无概念次元以及一体性。如同我们探讨过的，我们对自己、对他人以及对世界的一些概念，都是从童年发展出来的，而且受到了本能和情感需求的影响。这个过程是由趋乐避苦的反应所掌控的。我们对自己以及对世界的概念发展，一向被心理动力议题以及各种反应所着染。心理动力议题往往和亲子关系有关，也和其他要素相关。

肉体与情感的苦乐经验，形成了我们对自己以及对世界的概念，其中的执著或逃避反应，则造成了心智的僵固和封闭倾向。有个例子是攸关于性和性别概念的：我们在成长的过程里学到了男孩或女孩的概念，这类概念往往会造成价值论断。我们对男性或女性的性别观念，以及对自己和他人的信念，通常是非常主观的。男性或女性虽然是带着差异性的纯客观形式，但每个人对男性或女性的观点都是相当主观的。这种纯个人性观点涉及到各式各样的论断、反应、意见、偏见及联想。这些反应和联想又会局限我们的观察，使我们无法在每个当下认清现实，继而令我们的概念变得愈来愈僵化。就像我们已经发现的那样，晦暗无明和僵固的概念会令我们更无法看见自己的真相，并且会造成我们的痛苦和异化倾向。

将抽象概念具体化和产生反应会形成一种恶性循环，我们的内在工作采取的对策是在本体的每个面向上下工夫。到目前为止我们已经探讨了物质现实纯客观形式的显化，另外一个有别于个人概念也属于

第十六章　宇宙意识

纯客观形式的次元，我们称之为本体的各个面向。举个例子，你体认到的慈悲和我体认到的慈悲往往是同样的感觉，但你我可能赋予它不同的称谓。然而慈悲的本质是相同的，它不是由我个人的心智决定的，也不需要仰赖我以往的认识。慈悲是一种客观的存在状态，本体的特质之一。

如果我们经验到的是本体的"价值"这个面向，那么一个属于本体次元的人可能会说："这是你个人的主观经验。"但本体的这个面向不只是一种主观经验；这是灵魂真实而特有的存在状态，它存在的次元比我对我自己的概念还要更根本。举个例子，我心中的自己是个受创的小孩，那个形象影响了我看待自己的方式，也影响了我的感受和反应，但它并不存在于当下这一刻的经验里。它只是我心中的一种概念罢了。如果当下的我体认到的自己是一种价值感，这代表我当下真的感觉自己有价值，这种价值感和任何一种物质现象同样具体。

到目前为止我们已经认清从无概念次元到概念性次元的显化过程。首先出现的是纯客观形式或普世性概念。这时我们是拥有区分能力的，但不为事物定名，也不界分事物。如果我是从无概念次元来觉知世界，我不会说："这是一张椅子，这是一只手臂。"我只是看着事物的差异性而不去区分它们。到了下一个阶段我们才开始区别事物，以便顺利地运作沟通。

心智里的概念多少可以和纯客观形式并存。这个演变成客观意识的过程——对我们自己以及实相——是非常漫长而艰辛的。这涉及将自己导向真相及客观性，其过程中我们必须不断质疑心智的内涵——其信念及反应，并且要试图认清经验的真相是什么。在过程里我们必须承认自己并不知道真相是什么，如此才能体认到内在的空间感和开放性。然后我们会进入无念实相的次元，处在这种境界里，个人的概念不再决定我们的觉知。在这个阶段我们会发现本体各个面向的意义，然后会逐渐进入宇宙意识的次元，希腊哲学家称之为纯理性（Nous）。在纯理性之中，概念是比头脑的思想还要更根本的层次。觉知到这个层次的概念，令我们有能力沟通运作而又不仰赖个人心智的内涵。

在本体次元，客观的辨识力是存在的，举个例子，手指甲可能是物质世界里的一种现象，但有的人也许不会认为它是一种独立存在的东西；他们可能视其为与手指合一的东西。他们会认为手指的这一节是软的，有指甲的那一节是硬的，甚至不会给指甲一个特别的名称。还有的人或许无法区分慈悲与爱，但它们的确有差别。

纯客观形式次元是独立于我们的定义和偏见之外的。我们的定义和偏见决定了我们注意的焦点，也决定了概念的内涵，以及我们对自己、他人和世界的意象，因此个人概念的内涵是可以改变的。

今天我们探讨的领域相当广泛。我们已经区分了无概念与概念性次元的差别，现在我们要描述的是客观现实的次元，这个次元有许多层次，从纯然的存在到本体的其他面向，然后到物质面向。我们可以把一切事物都经验成一种存在，同时又能察觉这些存在的差异性，譬如，椅子是一种存在，玻璃是一种存在，地毯是一种存在，它们虽然有区别，但都是一体的。

钻石指导方针：让灵魂接受纯理性的引导和影响

我们正在探索的这个领域究竟是什么？一种整体性存在，里面包含了各式各样的事物，也就是所谓的宇宙意识或纯理性。纯理性涵盖了现实里的一切事物。一切能够被觉知和经验到的事物，以及能够被概念化的事物，全都涵盖于纯理性之中。我们的内在工作称之为"钻石指导方针"，亦即让个人灵魂接受纯理性的引领和影响。无概念次元或无名相次元，则是超越纯理性的一种境界，它是纯理性的基础，缺少了它，纯理性就不存在了。无名相次元是超越心智活动的，终极实相则超越了无名相次元。

对比之下，个人心智的内涵或个人性事物并不是实际存在的现实。个人心智的内涵是由特定的历史和制约所决定的，里面有各式各样的文化形式及价值观，还有根据个人情况而形成的概念。把概念具体化的过程，会导致我们借由心中的概念来觉知自己和世界。此外个人心智里往往有许多论断、情绪性联想、偏好及各种反应。我们的心时常会说："哦，这张桌子很好，那块地毯很糟"，或者"这块地毯很美，那座山丘很丑陋"。

个人心智的基础就是纯理性，缺少了纯理性，它不可能存在。它是根据纯理性之中的区分能力、客观概念或形式而运作的，但它也会扭曲这些形式，把加诸形式之上的概念具体化，令它们变得晦暗无明。个人心智里的内涵和现实的差距，又会被我们的论断、反应和偏好所强化，继而导致情绪性反应，譬如，"我喜欢这个，讨厌那个""这个让我产生嫉妒，那个让我不舒服"等反应。我们已经认清这些论断的活动都是源自于趋乐避苦。然后我们又在这种分别意识上面建构一些概念，"这是好的，那是坏的，我喜欢这个，我不喜欢那个"。这种模式继而发展成个人心智的整个内涵，编织成了非常复杂的对错概念——整个哲学都是从个人观点发展出来的。

个人心智往往聚焦于纯理性的某个部分，然后视其为现实的全部。它把大部分的焦点都专注于物质宇宙。由于这种物化倾向，个人心智通常是扎根于实质性次元。它奠基于纯理性最具体、最有限的一个层次，而非最精微的次元。个人心智大部分源自于身体的苦乐感觉，即使受到本体的影响也是如此。决定自我的反应、感受与觉知的自我意象，都是奠基于对身体的认同。个人心智因而无法注意到理性或宇宙意识的精微次元，譬如本体和纯然的存在。我们需要接受许多教育，才能把这些次元纳入觉知。

个人心智是奠基于理性和概念之上的——包括普世性概念、纯客观形式以及个人心智建构出来的概念。举个例子，个人性概念和普世性概念的关系，可以拿美与和谐的议题来探讨一下。在纯理性次元之中，对美丑的论断及反应是不存在的，虽然对美学的重视会令我们更贴近纯理性一些。纯理性之中的确有美与和谐的感觉，但个人心智仍然带有主观历史的元素及情绪反应，因此会对善恶美丑产生论断和心理反应。如果能超越心智活动和个人偏见，甘愿接受宇宙意识的引领，我们的心中就会有美与和谐。一切事物都会变得光明而美好，里面没有一种东西是丑陋的。只有在个人心智的层次上，才有美与丑的分别意识，而美好的感觉往往能引领我们进入宇宙意识。

个人心智包含了我们自己的观点、信念、评量、论断、偏好和反应，其哲学思辨能力则是源自于宇宙意识。这些信念、评量以及编织成的故事，往往奠基于个人的历史。我们已经明白，个人心智是随着我们这个有机体的发展而建构出来的，它携带着过往历史的一切记录。但纯理性并不仰赖过往的历史，它和时间无关，因为它是一种对当下的纯然觉知。假设你看见一些人坐在屋子里，你可能会称他们为"人"，但你很明确地知道他们是在这间屋子里，而且知道这些人和他们的坐垫是不同的东西。因此你或许不会为不同的东西冠上相同的名称，但你很清楚它们是有差异的，除非你的觉知出了问题。而且即使你的辨识力很正确地反映出椅子和人的形式，你的头脑仍然会说人比椅子重要。这种评量作用就是一种个人心智活动，但是令我们辨认出个人与椅子差异的，却是宇宙意识的作用力。

首先我们谈到的是无概念次元，随即我们又检视了概念性次元。我们将其分成两个部分——其中之一取决于个人心智，另外一部分则是独立于个人心智之外，亦即所谓的纯理性或宇宙意识。纯理性涵盖了本体和存在的所有面向，以及我们所谓的一切灵性体验。所有的灵性次元都属于宇宙意识的范畴。我现在是在粗略地区分概念性次元与无概念次元；其实概念性次元还有许多面向没有谈到。

显化万物就是宇宙意识的运作方式

学生：我们现在所谈的似乎是在评量什么状态属于宇宙意识，一种纯客观的运作方式。我们可以说在纯客观的层次上，行动的背后自有支撑力量，而它和个人的偏好没什么关系。

阿玛斯：是的，我们可以说事物起不起作用与个人心智无关。我们可以把起作用定义为从这里到那里的作用力，譬如，这条路可以从这里走到那里，那条路则不能，这便是纯理性的作用力。但是说从这里走到那里很好，则是个人心智的作用力。甚至我们可以说"我应该活着"也是一种个人偏好，因为没有任何一种本体的面向会说出"我应该活着"这句话。我们愈是和本体联结，价值观愈会起变化。个人心智会因而得到转化，并且会更受纯理性影响。如果个人心智完全不存在，就不再有评量活动了。你只是从纯理性的角度在运作，而不是因为你认为某一种东西比另一种东西好。举个例子，树木本身有一种成长和保持健康的倾向，这种倾向并不是源自于树木认为成长和健康是应该做到的事。它自然会形成这种作用力。显化出万物就是宇宙意识的运作方式，我们称之为"道"（Logos）。

因此我们发现，个人心智停止活动并不会导致混乱。我们不会因此而伤害自己或罹患疾病。如同树木或其他的有机体一样，人类也有一种成长和保持健康的本能。树木不会说："我害怕死亡，我比较喜欢活着。"它只是自然地活着、成长和逐渐趋向死亡。

学生：那么选择能力又是什么呢？

阿玛斯：选择能力是从个人心智发展出来的，因为它依据的就是评量的能力。当然，个人心智和宇宙意识之间的关联是个很庞大的议题，我们的内在工作有一部分就是要处理这些议题。我们经常听到："我对本体已经有了体悟，接下来我该做什么呢？"我们可能以为："假如我解脱了，我就该做这个或那个。"或者"我联结上了本体，就不该工作了。"我们之所以会有这类想法，是因为我们仍然是从个人心智的角度在看实相。

学生：所以你的意思是，如果我们能关闭个人抉择的机制作用，不再想掌控事物，那么宇宙意识就会支持我们。我们会因此而繁荣兴盛。

阿玛斯：没错。宇宙意识的确有这种倾向——它显化出来的森罗万象都会繁荣兴盛，然后衰败死亡。这便是生命的自然律。

内在工作的目的就是要让个人心智不再运作，只是随顺事物的发生。这是很难描述的一种状态，我尽量试着多阐明一点……个人心智是纯理性的一部分，因为万事万物都是它的一部分。人类或人的灵魂只是宇宙意识里面的一种纯客观形式。

人类的灵魂或灵魂的纯客观形式（一种普世性概念），是跟其他概念不同的，因为它具备思考和形成概念的能力，也有创造自己的现实以及决定自己对事物之观点的能力。岩石做不到这一点，但人类的灵魂做得到。

同时灵魂还有能力封闭住对宇宙意识的大部分觉知，只把焦点缩小在物质现象上面。人类的整个视野都是奠基于对物质现实的觉知。我想这就是我们之所以有自由意志的原因——我们有能力对实相的某些部分说"不"，然后把自己有限的认知当成了全部。从这种有限的认知我们又做出了各种抉择，以这个角度来看，我们的确拥有自由意志。但是从纯理性层次来看，自由意志是不存在的。在灵魂层面纯理性会以特定的方式运作：灵魂阻绝了对某些次元的觉知，自认为能主宰大局，但蒙蔽住自己的灵魂，也有能力变得清明，继而发现自己的纯理性，让它重新运作。我们可以把这个过程称做臣服、允许上主的意志重新运作，也可以说是一种无为或纯然的存在。

因此借由内在工作，灵魂可以摆脱掉个人性的心智活动。这种灵魂的内在工作，就是我们一直在检视的客体关系、自我意象、反应模式及信念，还有种种的概念、梦想和认同活动。进行内在工作的过程里，灵魂会逐渐觉知个人心智的特定细节，包括它一贯的偏见与信念。同时灵魂也会发现自己的现实不必受过往历史操控。

让纯理性引导灵魂，脱去心智的捆绑

所以，我们愈是经验到本体，并将其统合进来，个人心智活动就愈受纯理性影响而被导正，进而能客观地认清现实是如何运作的。这个过程便是我所谓"灵魂的进化与发展"。如此一来，灵魂就不再受个人心智所主宰，而会根据纯理性来运作。我们会开始根据本体的真理及内在工作体认到的真相来生活。

我们愈是意识到纯理性，给它运作的空间，允许自己去觉知它的运作方式，就愈能感受到和谐、美与爱，以及所有本体的特质。我们会体认到一种开阔的解放感，一种不再受限的感觉。所有的局限都来自于和纯理性对抗、认为我们和它是分开的，或者总是根据与当下的真相无关的信念来运作。

思考一下"生比死要好"这个概念。谁说生比死要好？"纯理性"或"道"都不是这么说的。宇宙的动力形式便是所谓的道，这是在实相里产生变异与转化的一个层次，方式是按照纯理性的纯客观形式来运作。道里面有生也有死，它不说谁好谁坏，因为事物总是在不停地变异和转化。海洋会转变成雨水，雨水又会变成海洋，因此道从不说哪个更好一些。它是涵容两者的。

我们一旦明白和接纳了这个观点，制约就会愈来愈少。制约乃是源自于我们的偏好。我们总想让事情按自己的方式而非以道的方式运作。举个例子，如果道让你生病，这就是它运作的方式之一，但你可能会觉得："不，我不该生病。我不该死亡。我应该要担忧这些事。"

但总有一天你会死的。"你会死"就是宇宙意识的运作方式之一，而你却说："不，这件事不该发生。我不想死，我要对抗它。"于是你对抗它，然后就变得充满着恐惧。接纳现实就是接纳宇宙意识运作的方式，接纳一切发生的事。

从这个角度来看，解脱意味着灵魂被个人心智影响的程度逐渐减低，而且愈来愈跟宇宙意识和谐相融。我们会逐渐觉知到普世性概念，而不是我们自己建构出来的概念和反应。因此当下的存在会变得愈来愈重要，因为存在就是安住于当下的真相，亦即宇宙意识的本体场域。

学生：我可以理解为何人不该否认自己是必死的。这似乎和掌控议题有关，不过其中也有一种危险性，因为一旦被动地接受了宿命论及死亡，就可能不再为活下去而奋斗了，对不对？

阿玛斯：你的问题反映出一种信念，那就是个人心智如果停止运作的话，事情就不会朝着你认为好的方向去发展。宇宙意识自有其运作之道，它的运作方式之一就是当你生病时，才会开始顾及它。这是个人心智和宇宙意识之间的一种互动方式，是很难理解的一个部分。举个例子，让自然自己去运作，并不代表不发展科技，因为创造科技的就是宇宙意识本身。我们愈是能觉知宇宙意识，就愈能放掉对事物的僵固信念和想法，然后自然本身就会照料一切，我们的存在也会开始运作，而这就会带来健康。自然有自己的幸福与健康之道。

科技和文明不一定和宇宙意识相左

人有时很难分辨自然与文明或文化的差异，其实两者不必然是冲突的。科技和文明不一定和宇宙意识相左。如果我们不被自己的信念、无明或偏好所掌控，事情将会如何发生呢？我们将如何对待原子能？我们是要它还是不要它？答案是我们什么也不知道。有的人会说："文明是很糟糕的东西。我要生活在丛林里。"但这种选择不一定自然。宇宙意识是包含着机械与原子弹的，这一切都属于宇宙意识。

当我们逐渐转化到宇宙意识时，将如何看待事物？我们会如何生活？当我们觉知到当下的真相而不再有偏颇反应时，会如何看待事物？这些都是内在工作要探索的东西。

学生：我以为这会导致被动性，但后来我想到了真实不虚的意志力。我发现如果你真的和宇宙意识联结，就不再轻易采取行动。除非真实不虚的意志力生起了，否则你仍然会靠虚假的意志力来行动。

阿玛斯：没错。那时真正的行动一定会出现，或者你根本不会有任何行动。让宇宙意识自然运作，并不代表里面不再有任何行动，也不意味被动性。个人心智会把它看成一种被动性。

许多传统灵修体系会使你变得愈来愈被动，或者说接收性愈来愈强，但你接收的是宇宙意识而非个人心智。

假如你的身体需要被疗愈，宇宙意识就会在你之中显化成真正的意志、力量与智慧，于是你就能以最有效的方式疗愈自己。但你若是按照个人想法去运作，便可能障蔽住纯正的意志力和力量，而以不必要和无效的方式治疗自己，或者会过于努力、错置力量。

学生：当你把焦点从个人心智转向宇宙意识时，似乎会不清楚以何种方式与其相应，里面好像有许多灰色地带。

阿玛斯：没错。困惑通常出现在宇宙意识运作的层面，而看见当下的真相是比较容易做到的事。从某个角度来看。当你以特定的意象界定自我的时候，就是在告诉自己该如何存在——这就是一种个人性的心智活动。但若是将它们放下，不再以过往的意象来界定自己，只是让自己存在着，那时你经验到的自己又会是什么呢？答案是本体——一种存在，而且你会发现自己和其他事物是没有界分的。强烈的界分感只存在于心智活动里面，特别是认为身体足以定义自己之类的想法。

我们或许能看见这个真相,但探入运作的次元就比较困难了,因此最好从"目前的现实是什么?"或"存在于当下的是什么?"开始探索。当我们有了一些了解之后,才比较容易理解宇宙意识或道的运作及活动是什么。

我们已经发现自我会根据宇宙意识的物质次元来定义现实,这就是个人心智活动的基本内涵。你总是从这个角度在看自己和自己的生命。因此内在工作很显然就是要重新教育自己的心智,并且要抛掉童年接受过的错误思想,引进宇宙意识的影响力。

自我会执著于普世性概念,陷入晦暗无明

由于自我会利用概念来定义一切事物,因此它会紧紧抓住任何一种足以维持实存感的想法,甚至会抓住普世性概念,让自己继续存在。它会执著于对本体的体悟,然后对自己说:"我就是本体了。"这其实是把自己界定为本体而非经验成本体。因此你也许有过对本体的经验而认为自己就是本体,但那只是一种自我意象罢了,它和其他任何一种自我意象同样晦暗无明。虽然那份体悟是源自于宇宙意识,但你的头脑仍然在利用它继续定义自己。这就是我们必须超越宇宙意识进入无念实相的理由,因为后者里面已经没有足以让我们定义自己的东西。

因此内在工作必须从个人心智进入到宇宙意识,这意味着必须从人格次元进入本体次元,然后还得超越本体次元进入无念实相,否则自我仍然会利用客观的分别意识,紧紧抓住它们来确立自己。

如同我们曾经探讨过的,当我们从无念实相的层次来觉知物质及本体世界时,它们看上去仍然像是一种思想,这就是我们会称其为"宇宙意识"的理由。因此纯理性可以被看成是一种概念模式或结构。当我们穿透个人心智里的概念而觉知到头脑的意象时,我们会发现这些

在纯理性之中运作的概念，也都只是一些意象罢了。从无念实相的角度来看，宇宙意识也只是一种意象罢了，因此桌子并不是真的桌子，而是看似桌子的一种意象。从个人心智的角度来看，它似乎是真实存在的东西，但其真实性比不上无概念次元，因为无概念次元是更根本的实相，而物质世界及本体次元里的事物，也都只是无念实相里的一些意象罢了，这就是我们之所以称其为宇宙意识的原因。

我们称其为宇宙意识是因为当我们超越它的时候，才会发现它是有意识的，但这种意识并不是由我们的人格创造出来的。这种意识是真实存在又完整的，因此有人称之为"上主意识"。

从无概念次元的角度来看，物质世界、本体以及所有存在的事物，都是由概念或形式构成的意识，而且充满在无概念次元或原初意识里面。除非你能从无概念次元产生觉知和理解，否则仍然是佛家及西方哲学所谓的"本体论者"。你仍然相信事物和本体是存在的、各自具有永恒的本质。灵修和哲学系统经常提出人们一向会产生的某种误解——错把实相的某个层次当成了整体。从无概念次元来觉知，会让我们厘清不同的次元以及它们之间的关系。

因此无概念次元就像是一整片东西，里面没有任何区块，接着它就被切割成许多部分，而这便是所谓的宇宙意识，但是请记住，宇宙意识并不是个人性的心智活动。我们必须有能力区分个人心智活动和宇宙意识的差异，否则很难了解什么是宇宙意识。从宇宙意识中显化出来的一切事物，都可以说是一种概念。

举个例子，如果我们说心是一种概念，这代表什么呢？从某种程度来看：心的确是一种意象或概念，但不是一般的意象或概念。它是一种纯客观形式。但如果从惯常的角度来看它，则似乎是一种现实。

无概念次元能够强而有力地影响自我。自我会持续地认定物质和本体次元都是真实存在的东西，除非它进入无概念次元。那时你才发现原来一切都是意识，然后你又会质疑："如果一切都是意识，那我为什么会认为它们是真实的？"到了那个时刻，你对存在的终极信念就会遭到巨大挑战。如果你开始发现万事万物都是意识，就会开始质疑："死亡又代表什么呢？"当然这不意味生死不存在了，而是它们丧失了原来的重要性。它们不再像以往那么重要了。因此这份了悟会带来更大的自由。无概念次元带来的挑战，会从根本上动摇自我的僵固信念。当然进入到终极实相，挑战会更强烈一些。到了那个阶段，甚至连自我意识本身都不需要存在了。

如何既处在无分别状态中，又能观察到其他次元呢？

学生：既然无概念次元是经验不到分别意识的，那么你又如何能从这个次元观察到其他层次的意识活动？那不是落入了分别意识吗？

阿玛斯：我曾经说过处在无概念次元里既能经验到无概念状态，也能经验到概念性次元。我可以从终极实相的层次将自己化成终极实相，也就是说里面没有任何对自我或其他事物的觉知，但我也可以从终极实相来经验现象世界。那时我就不是纯粹的终极实相了，因为纯理性已经出现，所以产生了辨识力。就因为有了纯理性，我才认出了终极实相的存在，缺少了辨识力，我永远无法认出终极实相——我可能处在终极实相的状态里，但是对这种状态毫无所知。因此从某个角度来看，你必须从这个状态出来之后，才能认出它来。为了觉知到终极实相，另一个层次的觉知必须出现，而这就是无概念次元，一种纯然的觉知。处在无概念次元里，你才能觉知到终极实相，你会发现终极实相比你观察到的任何一个层次都要更深奥。

这就是为什么藏密传统会认为修行人必须有最后一层的精微意识，才能体解空无。这种精微意识便是所谓的净光。有了空无的净光，我们才能体解空无。缺少了净光或清净识，你根本不知道空无存在或不存在。

苏菲传统认为上主的本质就是终极实相。上主说："我是一个稀世珍宝，我希望被知道，所以我创造出了宇宙万物。"如果终极实相不变成别的东西，又如何能够被认出来呢？除非它变成有觉有知的意识以及宇宙万物，否则是无法被认出来的。身为终极实相本身，上主并不认识他自己，因此为了认识他自己，他创造出了万事万物。因为有了意识，他才能够说："啊，我们终于有了意识！这真是美妙极了！"当然这只是一种解说的方式，不过它可以帮助我们了解今天探讨的内涵。我不知道这是不是上主运作的方式，但听起来有点道理。这种说法可以解释创生的阶序。

终极实相是一种纯然的觉知，它无法觉知到自己，但却能觉知从它之中产生的东西。当意识出现的那一刻，终极实相才会察觉自己就是净光。因此你可能从终极实相的层次觉知无概念次元，但也可能失去终极实相的状态，完全变成了无概念次元的状态。你可以从无概念次元经验到自己，也就是一种纯然的觉知，但却没有觉知的对象。你也可能变成无概念状态，而可以觉知到终极实相。这就是为什么我们有能力探讨终极实相的理由。

处在任何一种层次的经验里，你都可以观察到更肤浅的次元以及下一个更深的次元，除非进入了终极实相。进入终极实相就到底了，那时你只能反过来观察更肤浅的次元。假如你是处在个人性的心智状态里，也只剩下一条路可走，那就是朝着更深的次元发展。终极实相是最根本的状态，个人心智则是最肤浅的状态。

摆脱个人心智，迎向令人惊叹的实相

当我们看见实相的所有层次时，真的会惊叹不已。我们会发现个人心智是非常受限、非常渺小、非常不完整的；这种局限就是痛苦和负面生活的肇因。我们把整个实相缩小成一个有限的东西，然后又企图透过这种狭隘的观点来生活。那就像是把某个手指当成了一整只手，这种信念势必会带来极大的痛苦。

逐渐觉知到最核心的部分，会让我们超越个人心智、体验到实相，因此才称之为我们内在的本质。当我们体认到自己的本质时，就能体会到当下的存在，而不再让历史延续下去。但这种能力是渐进的。你无法立即摆脱掉那些老旧的自我意象。你愈是能摆脱老旧的意象，愈能觉知当下的存在。如此一来你的心量就会更宽广，更具有包容性。

从根本上来看，整个过程就是在摆脱个人性的心智活动。你会很恐惧这种状态，因为当你进入终极实相时，个人心智里的一切东西都会消失。其实万物仍然存在于眼前，但它们不再属于个人心智。那时宇宙意识就变成了存在的内涵，因此苏菲传统才会说："当一个人解脱时，就从人变成了宇宙人。"

这整件事非常神秘而奇妙。不妨深思一下今天所探讨的内涵。我们的确有可能体验自己的终极实相，不再觉知自己或其他的事物。我们的确有可能彻底转化成终极实相，而发现世界完全消失了。但是当你睁开眼睛时，世界仍然在眼前。

当我们成为终极实相时，那种状态就像是深睡无梦。你也许会认为处在深睡无梦的状态时，世界仍然存在，但是当你醒来时，却发现世界根本不存在。这整件事比我描述的还要更神秘。我既能经验空无，又能经验万有……这到底是怎么一回事呢？

这不是一件透过线性思考可以了解的事。这些内在次元也不是一个个堆叠上去的。你可以把它们看成是一层又一层的状态，但真相并非如此。我们其实可能同时经验所有的阶层。有时你只能体验到某个阶层，有时你连一个阶层也体验不到。这是一种很难解释的状态，因为实相是非常神秘而奇妙的，里面充满着不可思议的美与神奇性。

这就是人类为何会被视为特殊存有的原因。人类比其他动物要特别得多，因为人有能力经验所有的次元，而动物只能待在特定的状态里。人类可以经验或看见所有的次元。

某些灵修传统甚至认为天使都不及人类，因为天使只能存在于特定的次元。譬如，某些天使只能存在于爱的次元，它们只能体验爱而无法体验其他的感觉。他们永远都充满着爱，可是没有其他的体认，人类则有能力经验所有的次元。

学生：通常我们会认为心灵的演化是从与上主合一降级到动物界、矿物界或更原始的状态，而我们人类似乎处于中间阶段。但是根据你的说法，动物界与矿物界似乎属于普世性概念的层次。

阿玛斯：其实个人心智才是最低的层次。未解脱的个人心智甚至比动物界还要低下。这就是为什么某些经典会说："我们把你创造成最高等的生物，但同时也把你降到了最低层。"个人的心智确实可能演变成最低下的状态，甚至连猫狗都不如。

当我说我们有可能变得更自由更美好时，我指的就是我们有可能存在于所有次元，因此人们才会说人类是根据上主的形象创造出来的。

上主这个概念可以借由某种方式来理解：上主基本上就是整个宇宙意识，他涵盖了所有的次元，人类的灵魂也能经验所有的次元。就我们所知，宇宙里只有人类能够经验所有的次元，从这个角度来看，我们和上主十分类似。你可以继续当人，但所有的次元都在你之内，而且你甚至能觉知所有的次元。人类就是一个小型的上主，而这便是所谓的完人，一个完整的人，因为他可以同时存在于所有次元。

由于人类是根据上主的形象创造出来，所以他是神子、上主的代表，也是终极实相的副摄政。人类虽然无法变成整体宇宙，但可以存在于所有次元。如果你已经体验到所有次元，就是在体验上主本身了。体验到合一境界就如同体验到上主一样。

第十七章 无我

我们通常认为圣诞精神就是给予和分享,但我们到底给出了什么?如果你给出的是钱或礼物,那并不符合基督所强调的给予方式。如果你给出的是自己,如果你为了真理而舍弃自我,那才是真正的给予。

今天要探讨的是无概念次元的核心议题，我们将采用《新约·路加福音》里的一段话："基督说：'若有人要跟从我，就当舍己，天天背起他的十字架来跟从我。因为，凡要救自己生命的，必丧掉生命；凡为我丧掉生命的，必得着生命。'"（《新约·路加福音》9章23～24节）由于现在是圣诞节期间，所以我觉得应该谈一谈和这个节日有关的议题。我认为圣经里的这段话，很贴切地描述了圣诞精神。我希望借由探讨"凡要救自己生命的，必丧掉生命；凡为我丧掉生命的，必得着生命"这段话，来发展一些更深入的理解。

自我是开悟的最大障碍

圣经里的这段话触及了内在工作的核心，以及任何一种开悟体系的核心。自我本是开悟最大的障碍，因为它永远为自己而活，但这为什么会是个问题呢？为什么企图保有自己的生命，反而会丧失生命，但牺牲自己，却能拯救自己？

即使是非常深入地修行，你仍然是为自己在修，仍然想获得某些东西。你必须质疑自己为什么想与上主合一，答案是你想获得更美好的感觉，或许你以为灵修可以使你成为上主的新娘。这种观点其实很正常，大部分人都是如此看待生命。你永远是为了自己而活，虽然你愿意为他人服务，但出发点仍然是为自己。

我认为基督所谓的"若有人要跟从我"，意思并不是要把他当成凡人来追随。因为跟从基督意味着追随真理，而基督就是真理或实相的代表。

若想追随真理,"就当舍己,天天背起十字架来",这是一段十分精微难解的话,因为我们通常会认为自己有两个主人,即使把自己奉献给真理也一样。我们以为人既可以为真理而活,又能同时拥有自己想要的东西。修行有一大部分就是要处理这种内在的挣扎。不过,真理的要求到底是什么?自我的需求又是什么?是否大部分时间我们都在向自我妥协?

基督曾经说过,你若是为自我而活,但又试图妥协而去侍奉两个主人,是绝对行不通的。你将会丧失你想拯救或拥有的生命。丧失你的生命,意味着无论自我怎么活,都不可能活出真实的生命。你的人生永远是空洞、无意义和不满足的。

另外还有一种解说的方式——我通常会用"死不掉"来替代死掉。因为你的自我如果死不掉,就会像行尸走肉一般,无法活出最真实的生命。

前面提到的"就当舍己"这句话,暗示着自我的需求若不是和真理的要求相反,就是和真理的要求相抗衡。如果我们更深入地去了解这句话,可能会发现它其实意味着:"我追求真理是为了自己。"如果你对自我有所了解的话,就会发现它和真理永远是背道而驰的。自我的存在方式和它自认为的方式是相左的。我们大部分人都认为:"这是我,这个我有它自己的生活。拥有自己的生活就是为了我这个人。"这个信念本身就意味着你不是为真理而是为自己在活。但是在基督意识或宇宙意识的层次上,自我并不是一个独自存在、拥有生命的存有。事实上它根本不存在。由于它不存在,所以为自我而活就代表你是在崇拜一个虚假或根本不存在的东西。当然,要认清我们的自我或人格根本不存在,并不是一件容易的事。

基督的那句话不仅仅在说明自我是不真实的,他其实用了一种特别的方法,让我们洞悉这整个情况的解决方式。他要我们思考,到底我们是为真理而活，还是为自我而活。

追随真理是要为真理舍己，背起十字架来

"若有人要跟从我，就当舍己，天天背起他的十字架来跟从我。因为，凡要救自己生命的，必丧掉生命；凡为我丧掉生命的，必得着生命。"基督这段话的意思就是要我们做真理的追随者，亦即我所谓的不断为真理牺牲生命，也就是要天天背起你的十字架来，天天都臣服于真理以及真理之道。

许多的宗教和灵修传统都强调这种精神，我在本章要介绍的就是这部分的内在工作。如果你一直想拯救自己，这部分的内在工作是无法生效的。你修行若是为了追求自我或为了得到好处，那是行不通的，事情就是这么简单。内在工作的目的本是要舍弃自我、交出自我，以及为真理牺牲自己。

这并不是一种道德观，也不代表为自我修行是件坏事，或者会遭到上主惩罚。可能有某些人是这么想的，但我不认为如此。我把它看成是一种自然律。一个渴望追随真理的人，怎能为自我而努力呢？自我根本是个虚假的东西，这么做不可能有效果的。

如果你修行是为了自我，是为自我而活，并不代表你是个很糟糕的人，或者需要被惩罚。你只不过就是为自我而活罢了。但是，你获得的必定是一种小我的生活，你不可能活出真理来。我并不认为这是很糟糕的事，也没人会要求你停止这么做。

刚才我们读到的那段圣经，指的并不是"应该"跟从基督。基督的意思是如果任何人"愿意"跟从我，因此这如果真的是你的选择，就必须弄清楚自己选择的是什么。你必须弄清楚其中的意义以及势必会发生的事——天天背起十字架来。

我说的自我牺牲，并不是要你成为一个受害者，或者必须受苦。

这不是我的意思。自我牺牲最深的意义是选择真理而非幻觉。你要牺牲掉的是幻觉，然后要选择真理。

基督所谓的选择，并不是指偏好灵性上的洞见或体悟。基督的意思其实是要我们学会如何生活。因此你究竟是依照真理而活，还是依照小我的观点在活？"凡要救自己生命的"意味着如果为了小我而去救自己的生命，"必丧掉生命"；但"凡为我丧掉生命的"则会因为追寻真理而"得着生命"。到目前为止我还未充分解释这段经文。

你的选择，决定了你是跟随真理或是跟随小我

就日常生活的每个当下而言，这段经文究竟带来了什么启示？假设你结束工作回到家，拥有两三个小时的放松时间，你会做什么？你会为自己，还是为真理而活？也许你会去看场电影、探望朋友、看电视、读书，或是做些其他的事。在上述的这些活动中，你服务的对象是谁？你的动机是什么？你的驱力是什么？你是在满足自己，还是把自己交出来、臣服于真理？

当然基督的意思并不是"如果你的确是为真理而活，就不能看电视"。我不认为这是他话中的意思。几乎所有的灵修传统都强调自我必须舍弃，欲望必须否绝掉。这就是弃世苦修的基础。但我认为这段经文背后的原理是：只要我们还在为自己效劳，而且把自己当成了真实的存有，就会不由自主地忽略真理，转而以纯物质次元的角度运作。换句话说，我们会认为的确有一个独立存在的自我，它有许多需求和想做的事，也有各式各样的发展。

基督并不是说自我不该存在，他说的是自我应该为真理而活，应该跟从真理。我们必须弄清楚这个观点，因为基督并没有说自我必须消失，灵性才能重生。

然而，他所说的死亡究竟是什么？死亡意味着把对自我的身份认

同舍弃掉，不再活在自我中心的状态里。从属灵的角度来看，自我的死亡就是不再活在自我中心的状态，而选择活在本体、上主和真理之中。

这是一个很容易误解的议题，因为我们总是强调以无我的态度活出自己的生命，但如何才能办到呢？以无我的态度来生活，意思就是要为真理而活，因此你不能为了小我而活，也不能有"我的人生"之类的观点。当然你仍旧会去做许多事情，但中心点在哪里？服侍的对象是谁？目标是什么？

我们认识的自己通常是一个有中心点的存有或意识体，它有一个自我，也有特定的身份或倾向。这个自我和他人、宇宙或其他生命是有界线的，而我们的人生就是为了让这个自我活下去，因此我们很难想象如何能不为了自我或自我的满足而活。

即使当你有了美妙无比的开悟经验，仍然是一种自我中心的活动。那时你是处在一种开阔无边的状态里——你的自我感消失了，于是你终于领悟万物皆是一体的。五分钟之后你对先前发生的这件事开始感到兴奋不已。你察觉这件事只发生在你的身上而非别人身上——这是具有重大意义的。但如果你并不是为自我而活，那么这个经验发生在你身上和发生在别人身上，又有什么不同呢？它发生在别人身上和发生在你身上是一样美好的。

我不认为你们马上就能按照这种观点来生活，马上就能以无我的生活为目标，也就是活在实相中。但我们必须把这个目标弄得更清楚一点，看看我们的内在工作究竟要做些什么。我们必须了解自我牺牲为什么是必要的。请留意，我们并不是为某个人、某个组织、某位老师、学校或团体牺牲自己，我们是为了真理或实相而牺牲自己。

自我牺牲代表的是臣服于真理

我们的文化通常会把"牺牲"理解成被剥削或变成受害者，因此我们很难了解为什么自我牺牲是正确的生活方式。如果某人采取自我牺牲的生活方式，人们就会认为他有烈士情结或容易受人操控。人们很难了解自我牺牲代表的是臣服于真理。

自我牺牲不仅仅意味着臣服于真理，从某个角度来看，这个观点本身就是真理。若想真的洞悉真理，必须有某种程度的自我牺牲，因为洞悉真理就是领悟到实相是超越自我，最终会把自我废除掉的一种更宏大的状态。所以，认清真理就是认清自我并不是以我们认为的方式存在着。然后我们就会发现，真实不虚的生活并非我们认为的那种生活。

自我牺牲不是要我们受苦，如果把自我牺牲看成是痛苦的事，就尚未彻底认清真相。但是有一段时间我们势必会感到痛苦，不过痛苦会愈来愈减轻。一段时间过后，自我牺牲会变成一种自然产生的驱力，原因是我们对实相有了真挚的爱。当我们有了真实的体认之后，为真理牺牲自己就会是一件喜悦的事了。为真理放弃你的生命，意味着活出真人的生活方式，从这个角度来看，放弃自己的生命就等于拯救生命。

当我们以自我的角度考量事情时，我们的观点通常是自我中心的，也就是灵修传统所谓的被动物本能或欲望所操纵——奠基于物质现实的倾向，其目标就是要满足本能需求，譬如，追求生活保障、安全感、享乐以及社交生活带来的慰藉。满足自我基本上就是满足这些需求。当这些需求产生时，你会发现它们通常是奠基于小我的信念，也就是认为自己和实相的其他部分是分开的，因此必须支持它才能生存下去。我们通常无法区分身体和自我的身份认同。

但如果从无念实相来看这整件事，就会发现自我只是心中的一种概念罢了。长久以来我们对这个概念一直信以为真，认为身体和其他物质事物是分开的，因而下了一个结论——我有一个自我以及它的本能需求。我们的许多需求若不是出于本能，就是出自对这些基本需求的反应。虽然这些需求都是真实的，但若是变成了生活的目标，你就会像基督所说的"必丧掉生命"。于是就不可能拥有真实的生活了。

就大部分人而言，这种舍弃自我的生活方式，感觉上就像是丧失了生命一样，但你原本的人生究竟是什么状态呢？只不过是一些本能需求的满足罢了。考虑自己该如何在物质世界存活下去，如何获得安全保障和享受，如何拥有社交上的慰藉及社会的认可，如何得到伴侣的抚慰，等等，就是我们一般认为的生活方式。但基督的意思却是：若想活出真实的你，这些考量都不应该是最主要的，也不该是你行动的理由或生活的重心。

不过我们在物质需求上也必须满足到某种程度才行，因为我们仍然得活下去，而且必须拥有某种程度的慰藉，才能发现真实的人生是什么。人生是为了开悟而不是为了其他目的。开悟不是为了拥有更美好的关系或更令人满意的工作。我们追求开悟并不是要得到更好的朋友或更成功。基督要我们跟从他，意思是要把开悟当成人生的核心目的，因此本能需求必须臣服于真理之下。自我牺牲或是背起十字架来，意味着你的性需求、社交需求或自保本能若是和真理起了冲突，那么很显然你必须放弃这些需求。不是暂时放弃，而是不间断地每天都要做到这一点。

内在工作不能停留在心理治疗上

在圣诞节期间谈这个主题是很恰当的，因为这能提醒我们内在工作的目的是什么。有时我们会忘了我们的目的，而开始认为内在工作是为了改善我们的关系。我们希望内在工作能让我们快乐一点，或帮助我们改善和上司及其他人的关系。没错，钻石途径的确很注重这些心理议题，但最终的目的并不是为了改善关系，而是要借由对心理议题的了解，来看到更深的实相。因为了解了所有的心理议题，才能看见埋藏在底端的核心部分。

拥有更理想的婚姻生活，或是更能享受工作，都是很美好的事，但并不是我们做内在工作最终的目的。如果这就是你的目的，那么你想要的只是一种心理治疗罢了。心理治疗的确有其重要性，然而内在工作并不是一种心理治疗，它的目的也不是为了解除痛苦，让人生变得更美好。它其实是要你和实相产生关系，让实相变成你生命的核心，让实相成为你的上主、你祈祷的对象，以及牺牲自己的理由和存活下去的目的。

我们可能会觉得若是侍奉真理，自我就会丧失一些东西，"如果我静坐两个小时，就没办法和朋友相处了。我会因此而失去谈八卦的乐趣"。我们是不是经常处在这种矛盾中？每当团体静坐的时间来临时，你就会想去做其他更有趣的事。

投入于内在工作会带来长期的挣扎，这种挣扎就是内在工作要转化的部分。一段时间之后，我们自然会选择跟随真理，但过程里仍然会有矛盾冲突。一开始我们会把对自我的认同当成对真理的认同。我们看不出谬误所在。

昨天晚上我读了一段有关13世纪的一位苏菲女性的故事。她的名字叫拉比雅。她是一位开了悟的圣人。在她临死之前，有三位著名的苏菲圣者去探望她，这三位圣者都给了她有关人会遭逢不幸的忠告。第一位是这么说的："臣服于真理就是不再抱怨自己遭遇了不幸，因为上主的旨意就是要你经历不幸。"这位女士回答道："这似乎是一种自我中心的态度。"第二位圣者告诉她说："臣服于真理就是要让自己快乐起来，因为这是上主的旨意。"女士的回答是："对我而言，这是行不通的。"第三位圣者的建议则是："侍奉真理就是对上主感恩，因为他以带给你不幸来眷顾你。"女士的回答是："我已经快要死了，这句话对我来说仍然是无意义的。"于是三位圣者同时问她："那么你就说说你的想法吧。"她答道："对我而言，臣服于真理就是彻底面对真相，乃至于根本不认为有所谓不幸这件事，因为我的眼中只有真相。"由此可见她有多么爱真理了。对拉比雅而言，真理才是最重要、最有价值的东西。

我们愈是深入思考，就愈会发现这种生活方式很困难，因为它跟人格的本质是对立的。因此圣诞节可以有另一种获得喜乐的方式：为了爱真理而享受自我牺牲。但我们爱真理并不是为了获得什么，我们只是为了爱真理而爱真理。

为真理而活，也是为真我而活

有两种要素可以促成我们依照真理而活，一是对真相的洞察，二是觉知到自己无法洞察所有真相时，宁愿舍弃自我。首先，若想看到自我的真相，必须明白自我并不像我们以为的那么真实、重要或根本。自我基本上只是奠基于肉身的一种结构罢了，其中最肤浅的部分是自我意象，最深的本质则是实相。因此为真理而活，某种程度上就是为自己而活，但并不是属于尘世的那个自我。你会发现为自己而活以及为真理而活，其实是同一回事。我的真我和宇宙的本质并不是分开的，也不是跟你的真我分开的，它就是一切存在的本质。如果我的行动是真实不虚的，自然能够为你我服务，而不会去思考你我的分别，因为实相是属于大家的。因此牺牲你的生命，意味着采取真实的行动，做出客观和正确的事情。

依照真理而活，亦即客观地生活，同时要根据实相来采取行动。然而，一旦明白牺牲的不是自我时，你就不会有被牺牲的感觉了。你会发现自我并不是你的实相或核心部分，而透过自我牺牲，反倒能获得更根本、更真实、更令你满足的东西。

一段时间之后你甚至会说："我不再想获得满足，我只想让上主快乐。我不想让自己快乐，只想让他快乐。"于是你不再向上主祈祷说："主啊，请赐给我这个东西，让我快乐起来。"你的祈祷会变成："告诉我该怎么做，才能让你快乐？"因此，每当你想要满足自我的时候，界分感便产生了，那时你就是为外在的自我而活，这意味着你已经舍弃了更深的实相。基督把跟随他称为一种牺牲——背起十字架来。但是从实相的观点来看，却不是一种牺牲，而是领悟了实相是什么。由于我们领悟了实相，所以生命得到了拯救。你会发现什么也没牺牲，因为你舍弃的东西都不是真正的你。你内在那个最深的东西才是最重要的，外在的一切都是为内在的那个东西服务。我们会错把外在的一切当成真实的自我，只因为大家都这么认为。基督十分了解这个道理，他知道即使是最客观的实相，人类还是很难依照它来行动。他选择了一种简单的方式帮助人们了解真相，所以采用了"牺牲"这个字眼。虽然，你的确会有这样的感觉，但事实上并不是一种牺牲。基督说："跟从我。"当你真的跟从他时，你会发现你其实是在跟从自己。虽然他说"就当舍己"，但其实你并没有丧失什么，反倒是体验了宇宙的合一性。因此我们必须心甘情愿地为真理牺牲自我。

举个例子，你静坐了两个小时后有了某些体悟，而突然产生一种洞见。你发现实相才是存在的价值及本质。或许你确有体悟，但根据体悟而活又意味着什么呢？可能是必须舍弃生命，但你发现你并没有舍掉自我。从禅定出来之后，你发现世俗的自我仍然健在。它势必再度确立自己，而且会继续带来矛盾冲突。所以，你虽有体悟，仍旧会面临挣扎，因为你深信自己就是那个表层的自我，所以还要下许多工夫，才能真的牺牲自我。

事实上，我们要舍弃的并不是肉身，而是概念或信念。但我们的心智并不能区分肉身与心理上的信念，因此舍弃掉这些信念，感觉上就像肉身死亡了一般。所以，根据真理而活，意味着宁愿放下对肉身及其生活的执著。举个例子，穷或富与真理的生活毫无关系，但由于世俗性的自我很喜欢富有，喜欢过舒服日子，因此若是放下财富才能活出真理，就必须接受贫穷。

不过，真理从不强调要抛弃家庭生活，或是不能拥有爱人及婚姻。只是世俗性的自我格外关切这些事情，所以你必须牺牲它们来活出真理。世俗性的自我对外在的满足非常执著和认同，甚至会以其来定义自己，因此我们才会认为必须拿这些东西来换取真理。臣服不代表要把钱捐给别人，只是当这类挑战降临时，必须心甘情愿地奉行。凡是面临选择时，我们选择的都应该是真理。

世俗需求与灵性需求，二者不能兼顾

根据纯客观真理而活是很困难的事，因为世俗性的道理往往会扭曲它。虽然我们外在的一切全都属于世俗世界，但我们的内心可以变得愈来愈不世俗，愈来愈属灵，愈来愈接近存在的本质。

我们的确有生理需求，但灵性上的需求是更深切的，因此我们可能认为两者可以兼顾，其实是行不通的。我们必须为灵性需求而舍弃外在需求。但我到底该把多少注意力放在灵性层次上，多少注意力放在物质层面上呢？除非你已经彻底整合，否则不可能有解答，因为世俗性的需求永远想确立自己，永远想持续下去。它一直在你的心中运作，影响着你看事情的方式。它的本质就是不断想满足本能需求。它根本不关切灵性生活或内在生活，甚至连灵性是什么都不知道。当这个以生存为导向的自我操控大局时，你却想起了自己的灵性体悟，这就会有一种如梦似幻的感觉。你不但会觉得本体经验没有意义，和你赚钱谋生毫无关系，而且也不能让你找到更合适的人做爱。

我们必须认清我们都有求生本能，这个在物质世界运作的部分，可以帮助我们存活，我们的确需要它，但是它很想掌控大局。求生本能应该是个随从，却想做主。除非它获得适当的教育，并且有了成长，否则它的本质就是想当主人。因此内在工作的目的就是要教育它。我们已经花了很长的时间探索内在工作里的客观现实,以及看见真相的可能性。现在我们是从基督的观点来看内在工作;也就是我们必须甘心舍己跟从基督或真理。

因此首先我们必须认清,根本没有牺牲这回事。我们认为的那个会被牺牲掉的自我,并不是按照我们所想的方式存在着,所以并没有牺牲这回事。第二个要认清的事就是,臣服于实相感觉上就像是放弃生存需求或欲望一样,因此即使能活出真理,仍然会有一种舍弃生命的感觉。

在内在工作的过程里,每个人都会遭逢一些挑战,总有一天我们会来到十字路口,必须做出一些改变。这些挑战会帮助我们成长和发展,也会让我们了悟什么才是符合真理的生活。我们的挑战愈多,就愈有机会发展出真实的洞见。

如果你的生活一直很舒服,一直能得到自己想要的东西,便可能认为:"每件事都很顺利,现在我可以灵修了。"但事情不是这么运作的。你愈感觉舒服,愈是无法选择灵修,变得清明。如果每件事都很顺利,你势必很难认清自己是在为真理服务,还是为自己服务,因此某位苏菲圣者才会说:"若是遭逢不幸,就该对其感恩。"因为那会提供你一个机会,看看自己会选择真理或是自我。我认为基督教的观点也很强调受苦的价值,以及背起十字架的意义。我不知道教会里的神父是怎么想的,但是以我来看,跟从真理并不代表必须自找苦吃,因为困境自然会给我们机会,使我们认清什么是真实,什么是虚妄。

苦难给了我们选择真理的机会

圣十字若望经常谈到受难与痛苦,他一直很欢迎这类挑战。当痛苦降临时他总是很欢喜,因为这给了他一个为真理放弃自我的机会。如果你真的渴望见到实相,就会因遭逢不幸而感到快乐,因为你会把挑战当成是一种引领和帮助。但大体而言我们并不需要出去自讨苦吃，其实挑战一向都在眼前。我不认为我们需要找苦头吃，因为我们的内在工作已经提供了许多挑战，不过这些挑战比起真实生活的困境还是小得多。譬如，我们会要求你彻夜不眠地探索下去，有时也可能把聚会时间拖到六点半，而你的约会是五点半。这就可能带给你一些小小的挑战，但是和真实生活的挑战比起来，仍然是微不足道的。因此我设计这些活动的目的并不是想给你们苦头吃，如果我真想给你们一点苦头吃，就该设计出更有效的方式才对。真正的关键其实在于如何过自己的生活。你的选择究竟是什么？你是从什么观点在做内在工作的？你是以内在工作的哪个角度在过日子？你的目标与目的是什么？你的中心点与动机又是什么？你是为了什么而奉献？

真的在进行内在工作，感觉上就像是离开了家一样。大部分的人对母亲都已经不再执著了，许多人甚至完全不再谈及他们的母亲，因此你必须摆脱的其实是内化的母亲形象。但自我很难把头脑里的建构和物质现实区分开来，我们以为头脑建构出来的东西就是物质现实，所以选择依真理而活才会带来牺牲自我的感觉，我想学员都有这方面的经验。你原先来到这里是想获得一些东西，年复一年却失去了许多东西，一段时日过后有些人甚至会感觉："我不知道自己还剩下了什么。"

基督说："把你的生命交给我，为我牺牲。"我们这里不要求你这么做。我不要求你为我牺牲生命，只要你认清真相、放弃虚妄不实的东西。当你真的愿意放下外在的执著时，就代表你已经拥有了足够的爱，然后你才会说："我愿意放弃我的孩子、我的祖父、我的工作、我的汽车、我的声望、我的成就、我的未来、我的美貌、我的功勋……"如果你真能做到这一点，如果你有了足够的爱而愿意让这些事发生，你就会发现你并不像自己想的那么一无所有。

你会发现身上的重担突然消失了，黑暗突然不见了，那时你才察

第十七章　无　我

觉你的整个人生——你周围的人、房子、汽车、种种的活动、兴趣以及投入的事物——就像乌云罩顶一般。在没有真正领悟之前，你很怕失去这些东西。你会基于恐惧而想象："我将会穷困潦倒，染上重病，没有任何人会来照顾我。我会又老又穷，没有一文钱，也没有任何保险。我无处可以投靠，外面已经冷得下雪了，而我连保暖的衣服都没有，上面尽是一些破洞。"这些都是你想象出来的情况，你认为自己不可能接受这样的生活方式。

甘愿舍去一切，才能看见万物的合一性

如果你甘愿失去所有的东西，经过一段时日之后就会发现，你放弃的东西都不像你想象的那么真实。你并非真的拥有一辆汽车，没有任何人真的拥有汽车，你知道为什么吗？因为你的车子其实是基督意识的。你的房子属于基督意识，父母属于基督意识，孩子属于基督意识，而你所有的活动也都属于基督意识，因为存在的只有一个实相。万物皆为一体，这便是我们最终的发现。若是能放下以往当真的事物，我们就会看见这一体性。

当这件事发生时，并不代表你再也看不见汽车了。或许有一阵子汽车会消失不见，或许所有的东西都会消失不见，这便是钉上十字架的真谛。然后你会重生，那时所有的东西又出现了，但出现的方式和以往截然不同。这种重生是从灭绝自我、丧失一切之中出现的。

但小我的观点却是这里有个我，那里有个你，我拥有一辆车，你也拥有自己的车子。你的车子登记在你的名下，我的车子在我的名下。如果我的车子出了状况，不但会损失金钱，甚至连自己是谁都不知道了。你有没有发现当你失去某个东西时，会有一种丧失方向的感觉。假如你失去了一份关系，或是房子着火了、母亲过世了，那时你的感觉往往是："我不知道我是谁了。"

我们通常认为圣诞精神就是给予和分享，但我们到底给出了什么？如果你给出的是钱或礼物，那并不符合基督所强调的给予方式。如果你给出的是自己，如果你为了真理而舍弃自我，那才是真正的给予。你的给予可能是基于每个人都在这么做，因为圣诞节就应该做这件事，或者做这件事令你觉得很舒服，甚至因为别人送了你礼物，所以必须回报，等等，但这真的是圣诞精神吗？我相信许多人都这么认为。但根据我的了解，这可不是基督的本意。

内在工作乃是要客观地认清实相是什么，并且要认清物质次元和灵性有什么关系，真我和外在的我有什么关系，以及我们扮演的是什么角色。其实内在工作的真谛就是要为内在而舍弃外在。由于我们认同的是外在世界，所以才把这件事诠释成了自我牺牲。

责任编辑：陈　曦
装帧设计：朱　锷

图书在版编目（CIP）数据

钻石途径. 4，无可摧毁的纯真／（科威特）阿玛斯（Almaas, A. H.）著；胡因梦译. —深圳：深圳报业集团出版, 2009.9

ISBN 978-7-80709-281-0

Ⅰ．钻… Ⅱ．①阿…②胡… Ⅲ．心理学－研究 Ⅳ．B84

中国版本图书馆CIP数据核字（2009）第158665号

钻石途径系列之四
无可摧毁的纯真

阿玛斯（A. H. Almaas）著　胡因梦　译

深圳报业集团出版社出版发行
（518009　深圳市深南大道6008号）
三河市华晨印务有限公司印制　新华书店经销
2009年9月第1版　2010年11月第2次印刷
开本：787mm×1092mm　1/16
印张：20.5　字数：242千字
ISBN 978-7-80709-281-0　定价：32.00元

深报版图书版权所有，侵权必究。
深报版图书凡是有印装质量问题，请随时向承印厂调换。

DIAMOND HEART BOOK 4: INDESTRUCTIBLE INNOCENCE
by A. H. Almaas
Copyright © 1997 by A-Hameed Ali
Published by arrangement with Shambhala Publications, Inc.
Horticultural Hall, 300 Massachusetts Avenue, Boston, MA 02115, U.S.A.,
www.shambhala.com
Simplified Chinese translation copyright © 2009
by Lipin Publishing Company
ALL RIGHTS RESERVED

中文译稿经由心灵工坊文化事业股份有限公司
授权北京立品图书有限公司使用
在中国大陆地区出版发行